2015

中国文化及相关产业统计年鉴

China Statistical Yearbook on Culture and Related Industries

国家统计局社会科技和文化产业统计司
中宣部文化体制改革和发展办公室 编

Compiled by
Department of Social, Science and Technology, and Cultural Statistics
National Bureau of Statistics of China
Cultural Reform and Development Office
Publicity Department of CPC Central Committee

中国统计出版社
China Statistics Press

图书在版编目（CIP）数据

中国文化及相关产业统计年鉴. 2015 : 汉英对照 / 国家统计局社会科技和文化产业统计司, 中宣部文化体制改革和发展办公室编. -- 北京 : 中国统计出版社, 2015.11
ISBN 978-7-5037-7665-6

Ⅰ. ①中… Ⅱ. ①国… ②中… Ⅲ. ①文化产业－中国－2015－年鉴－汉、英 Ⅳ. ①G124-54

中国版本图书馆 CIP 数据核字(2015)第 234735 号

中国文化及相关产业统计年鉴—2015

作　　者/国家统计局社会科技和文化产业统计司，中宣部文化体制改革和发展办公室
责任编辑/徐　涛
封面设计/李雪燕
出版发行/中国统计出版社
通信地址/北京市丰台区西三环南路甲 6 号　邮政编码/100073
电　　话/邮购（010）63376909　书店（010）68783171
网　　址/http://csp.stats.gov.cn
印　　刷/河北天普润印刷厂
经　　销/新华书店
开　　本/880mm×1230mm　1/16
字　　数/616 千字
印　　张/19.25
版　　别/2015 年 11 月第 1 版
版　　次/2015 年 11 月第 1 次印刷
定　　价/280.00 元

本书附同版本 CD-ROM 一张，光盘内容以书面文字为准。
如有印装差错，由本社发行部调换。

《中国文化及相关产业统计年鉴-2015》
编辑委员会和编辑部

编辑委员会

编　辑　部

China Statistical Yearbook on Culture and Related Industries-2015

Editorial Board and Editorial Staff

编者说明

《中国文化及相关产业统计年鉴-2015》由国家统计局和中宣部共同编辑。本年鉴收录了2014年全国和各省、自治区、直辖市与文化产业相关的统计数据，以及2005-2013年全国主要统计数据，是一部全面反映我国文化改革发展情况的资料性年刊。

本年鉴内容分为六个部分。第一部分为经济和社会发展概况；第二部分为文化及相关产业发展情况；第三部分为文化及相关产业法人单位发展情况；第四部分主要文化行业发展情况；第五部分为港澳台地区统计资料；第六部分为国际统计资料。最后附录了中国入选世界文化遗产项目、主要统计指标解释和文化及相关产业分类（2012）。

本年鉴对部分总计和分项因小数取舍而产生的误差，均未做配平处理。年鉴各表中的“空格”表示该统计指标数据不足本表最小单位数、数据不详或无该项数据；“#”表示其中的主要项；“*”或“1、2、3”表示本表的注解。

参与本年鉴编辑的部门还有：工业和信息化部、民政部、财政部、住房和城乡建设部、商务部、文化部、国家工商总局、国家新闻出版广电总局、国家知识产权局和国家档案局。我们对上述部门有关人员在本年鉴编辑过程中给予的大力支持，表示衷心地感谢！

EDITOR'S NOTES

Ⅰ.China Statistical Yearbook on Culture and Related Industries 2015 is compiled by National Bureau of Statistics of China and Publicity Department of CPC Central Committee. It covers data relevant with cultural industries for 2014 at national level and local level of province, autonomous region and municipality directly under the Central Government, and national key statistical data from 2005 to 2013.The yearbook is an annual statistical publication reflecting comprehensively the development and reform of culture of China.

Ⅱ.The yearbook contains six chapters: 1. Economic and Social Development; 2. Development of Culture and Related Industries; 3. Condition on Legal Entities of Culture and Related Industries; 4. Development of Main Cultural Industries; 5. Statistical Indicators of Hongkong, Macao and Taiwan of China; 6.International Statistical Indicators. Items Listing in World Cultural Heritage of China, Explanatory Notes on Main Statistical Indicators, Classification of Culture and related Industryies(2012) are listed as Appendices.

Ⅲ.Statistical discrepancies on totals and relative figures due to rounding are not adjusted in the yearbook. Notations used in the yearbook: (blank space) indicates that the figure is not large enough to be measured with the smallest unit in the table, or data are unknown, or are not available; "#" indicates a major breakdown of the total.

Ⅳ. Data in the yearbook are also source from the following departments: Ministry of Industry and Information Technology, Ministry of Civil Affairs, Ministry of Finance, Ministry of Housing and Urban-Rural Development, Ministry of Commerce, Ministry of Culture, State Administration for Industry & Commerce, State Administration of Press, Publication, Radio, Film and Television, State Intellectual Property Office and the State Archives Administration. Here we want to express our deep appreciation to these departments!

目　录

Contents

一、经济和社会发展概况

Economic and Social Development

二、文化及相关产业发展情况
Development of Culture and Related Industries

三、文化及相关产业法人单位发展情况

Condition on Legal Entities of Culture and Related Industries

四、主要文化行业发展情况
Development of Main Cultural Industries

五、港澳台地区统计资料
Statistical Indicators of Hong Kong, Macao and Taiwan, China

六、国际统计资料
International Statistical Indicators

1

经济和社会发展概况

Economic and Social Development

1-1 国内生产总值
Gross Domestic Product

单位：亿元 (100 million yuan)

年 份 Year	国内生产总值 Gross Domestic Product	第一产业 Primary Industry	第二产业 Secondary Industry	#工业 Industry	#制造业 Manufacturing	第三产业 Tertiary Industry	#批发零售业 Wholesale and Retail Trades
2005	185895.8	21803.5	87127.3	77034.4	60118.0	76964.9	13966.2
2006	217656.6	23313.0	103163.5	91078.8	71212.9	91180.1	16530.7
2007	268019.4	27783.0	125145.4	110253.9	87465.0	115090.9	20937.8
2008	316751.7	32747.0	148097.9	129929.1	102539.5	135906.9	26182.3
2009	345629.2	34154.0	157850.1	135849.0	110118.5	153625.1	29001.5
2010	408903.0	39354.6	188804.9	162376.4	130282.5	180743.4	35904.4
2011	484123.5	46153.3	223390.3	191570.8	153062.7	214579.9	43730.5
2012	534123.0	50892.7	240200.4	204539.5	165652.8	243030.0	49831.0
2013	588018.8	55321.7	256810.0	217263.9	177012.8	275887.0	56284.1
2014	636138.7	58336.1	271764.5	228122.9		306038.2	62215.6

注：1.本表按当年价格计算(以下相关表同)。
2.2013年及以前年度的GDP数据在第三次经济普查后作了系统修订(以下相关表同)。
3.2014年为初步核实数据(以下相关表同)。

a) Data in this table are calculated at current prices.The same applies to the relevant tables following.
b) The figures of GDP in 2013 and before have been revised according to the results of the 3rd National Economic Census. The same applies to the relevant tables following.
c) Data of 2014 were preliminary estimation. The same applies to the relevant tables following.

1-2 国内生产总值构成
Composition of Gross Domestic Product

单位：% (%)

年 份 Year	国内生产总值 Gross Domestic Product	第一产业 Primary Industry	第二产业 Secondary Industry	#工业 Industry	#制造业 Manufacturing	第三产业 Tertiary Industry	#批发零售业 Wholesale and Retail Trades
2005	100.00	11.73	46.87	41.44	32.51	41.40	7.51
2006	100.00	10.71	47.40	41.85	32.92	41.89	7.59
2007	100.00	10.37	46.69	41.14	32.91	42.94	7.81
2008	100.00	10.34	46.76	41.02	32.65	42.91	8.27
2009	100.00	9.88	45.67	39.30	32.30	44.45	8.39
2010	100.00	9.62	46.17	39.71	31.86	44.20	8.78
2011	100.00	9.53	46.14	39.57	31.62	44.32	9.03
2012	100.00	9.53	44.97	38.29	31.01	45.50	9.33
2013	100.00	9.41	43.67	36.95	30.10	46.92	9.57
2014	100.00	9.17	42.72	35.86		48.11	9.78

1-3 地区生产总值
Gross Regional Product

单位：亿元 (100 million yuan)

地 区	Region	2005	2006	2007	2008	2009	2010	2011	2012	2013	2014
北 京	Beijing	6969.5	8117.8	9846.8	11115.0	12153.0	14113.6	16251.9	17879.4	19800.8	21330.8
天 津	Tianjin	3905.6	4462.7	5252.8	6719.0	7521.9	9224.5	11307.3	12893.9	14442.0	15726.9
河 北	Hebei	10012.1	11467.6	13607.3	16012.0	17235.5	20394.3	24515.8	26575.0	28443.0	29421.2
山 西	Shanxi	4230.5	4878.6	6024.5	7315.4	7358.3	9200.9	11237.6	12112.8	12665.3	12761.5
内蒙古	Inner Mongolia	3905.0	4944.3	6423.2	8496.2	9740.3	11672.0	14359.9	15880.6	16916.5	17770.2
辽 宁	Liaoning	8047.3	9304.5	11164.3	13668.6	15212.5	18457.3	22226.7	24846.4	27213.2	28626.6
吉 林	Jilin	3620.3	4275.1	5284.7	6426.1	7278.8	8667.6	10568.8	11939.2	13046.4	13803.1
黑龙江	Heilongjiang	5513.7	6211.8	7104.0	8314.4	8587.0	10368.6	12582.0	13691.6	14454.9	15039.4
上 海	Shanghai	9247.7	10572.2	12494.0	14069.9	15046.5	17166.0	19195.7	20181.7	21818.2	23567.7
江 苏	Jiangsu	18598.7	21742.1	26018.5	30982.0	34457.3	41425.5	49110.3	54058.2	59753.4	65088.3
浙 江	Zhejiang	13417.7	15718.5	18753.7	21462.7	22990.4	27722.3	32318.9	34665.3	37756.6	40173.0
安 徽	Anhui	5350.2	6112.5	7360.9	8851.7	10062.8	12359.3	15300.7	17212.1	19229.3	20848.7
福 建	Fujian	6554.7	7583.9	9248.5	10823.0	12236.5	14737.1	17560.2	19701.8	21868.5	24055.8
江 西	Jiangxi	4056.8	4820.5	5800.3	6971.1	7655.2	9451.3	11702.8	12948.9	14410.2	15714.6
山 东	Shandong	18366.9	21900.2	25776.9	30933.3	33896.7	39169.9	45361.9	50013.2	55230.3	59426.6
河 南	Henan	10587.4	12362.8	15012.5	18018.5	19480.5	23092.4	26931.0	29599.3	32191.3	34938.2
湖 北	Hubei	6590.2	7617.5	9333.4	11328.9	12961.1	15967.6	19632.3	22250.5	24791.8	27379.2
湖 南	Hunan	6596.1	7688.7	9439.6	11555.0	13059.7	16038.0	19669.6	22154.2	24621.7	27037.3
广 东	Guangdong	22557.4	26587.8	31777.0	36796.7	39482.6	46013.1	53210.3	57067.9	62474.8	67809.9
广 西	Guangxi	3984.1	4746.2	5823.4	7021.0	7759.2	9569.9	11720.9	13035.1	14449.9	15672.9
海 南	Hainan	918.8	1065.7	1254.2	1503.1	1654.2	2064.5	2522.7	2855.5	3177.6	3500.7
重 庆	Chongqing	3467.7	3907.2	4676.1	5793.7	6530.0	7925.6	10011.4	11409.6	12783.3	14262.6
四 川	Sichuan	7385.1	8690.2	10562.4	12601.2	14151.3	17185.5	21026.7	23872.8	26392.1	28536.7
贵 州	Guizhou	2005.4	2339.0	2884.1	3561.6	3912.7	4602.2	5701.8	6852.2	8086.9	9266.4
云 南	Yunnan	3462.7	3988.1	4772.5	5692.1	6169.8	7224.2	8893.1	10309.5	11832.3	12814.6
西 藏	Tibet	248.8	290.8	341.4	394.9	441.4	507.5	605.8	701.0	815.7	920.8
陕 西	Shaanxi	3933.7	4743.6	5757.3	7314.6	8169.8	10123.5	12512.3	14453.7	16205.5	17689.9
甘 肃	Gansu	1934.0	2277.4	2704.0	3166.8	3387.6	4120.8	5020.4	5650.2	6330.7	6836.8
青 海	Qinghai	543.3	648.5	797.4	1018.6	1081.3	1350.4	1670.4	1893.5	2122.1	2303.3
宁 夏	Ningxia	612.6	725.9	919.1	1203.9	1353.3	1689.7	2102.2	2341.3	2577.6	2752.1
新 疆	Xinjiang	2604.2	3045.3	3523.2	4183.2	4277.1	5437.5	6610.1	7505.3	8443.8	9273.5

1-4 按三次产业分地区生产总值(2014年)

Gross Regional Product by Three Strata of Industry (2014)

单位：亿元 (100 million yuan)

地区	Region	地区生产总值 Gross Regional Product	第一产业 Primary Industry	第二产业 Secondary Industry	#工业 Industry	第三产业 Tertiary Industry
北京	Beijing	21330.8	159.0	4544.8	3746.8	16627.0
天津	Tianjin	15726.9	199.9	7731.9	7079.1	7795.2
河北	Hebei	29421.2	3447.5	15012.9	13330.7	10960.8
山西	Shanxi	12761.5	788.9	6293.9	5471.0	5678.7
内蒙古	Inner Mongolia	17770.2	1627.9	9119.8	7904.4	7022.5
辽宁	Liaoning	28626.6	2285.8	14384.6	12656.8	11956.2
吉林	Jilin	13803.1	1524.0	7286.6	6424.9	4992.5
黑龙江	Heilongjiang	15039.4	2611.4	5544.4	4783.9	6883.6
上海	Shanghai	23567.7	124.3	8167.7	7362.8	15275.7
江苏	Jiangsu	65088.3	3634.3	30854.5	26963.0	30599.5
浙江	Zhejiang	40173.0	1777.2	19175.1	16771.9	19220.8
安徽	Anhui	20848.7	2392.4	11077.7	9455.5	7378.7
福建	Fujian	24055.8	2014.8	12515.4	10426.7	9525.6
江西	Jiangxi	15714.6	1683.7	8247.9	6848.6	5783.0
山东	Shandong	59426.6	4798.4	28788.1	25340.9	25840.1
河南	Henan	34938.2	4160.0	17816.6	15809.1	12961.7
湖北	Hubei	27379.2	3176.9	12852.4	10992.8	11349.9
湖南	Hunan	27037.3	3148.7	12482.1	10749.9	11406.5
广东	Guangdong	67809.9	3166.8	31419.8	29144.2	33223.3
广西	Guangxi	15672.9	2413.4	7325.0	6065.3	5934.5
海南	Hainan	3500.7	809.5	876.0	514.4	1815.2
重庆	Chongqing	14262.6	1061.0	6529.1	5175.8	6672.5
四川	Sichuan	28536.7	3531.1	13962.4	11852.0	11043.2
贵州	Guizhou	9266.4	1280.5	3857.4	3140.9	4128.5
云南	Yunnan	12814.6	1990.1	5281.8	3899.0	5542.7
西藏	Tibet	920.8	91.6	336.8	66.2	492.3
陕西	Shaanxi	17689.9	1564.9	9577.2	7993.4	6547.8
甘肃	Gansu	6836.8	900.8	2926.5	2263.2	3009.6
青海	Qinghai	2303.3	215.9	1234.3	954.3	853.1
宁夏	Ningxia	2752.1	217.0	1341.2	973.5	1193.9
新疆	Xinjiang	9273.5	1538.6	3949.0	3179.6	3785.9

1-5 按三次产业分地区生产总值构成(2014年)

Composition of Gross Regional Product by Three Strata of Industry(2014)

单位：% (%)

地 区	Region	地 区 生产总值 Gross Regional Product	第一产业 Primary Industry	第二产业 Secondary Industry	#工业 Industry	第三产业 Tertiary Industry
北 京	Beijing	100.00	0.75	21.31	17.57	77.95
天 津	Tianjin	100.00	1.27	49.16	45.01	49.57
河 北	Hebei	100.00	11.72	51.03	45.31	37.25
山 西	Shanxi	100.00	6.18	49.32	42.87	44.50
内蒙古	Inner Mongolia	100.00	9.16	51.32	44.48	39.52
辽 宁	Liaoning	100.00	7.98	50.25	44.21	41.77
吉 林	Jilin	100.00	11.04	52.79	46.55	36.17
黑龙江	Heilongjiang	100.00	17.36	36.87	31.81	45.77
上 海	Shanghai	100.00	0.53	34.66	31.24	64.82
江 苏	Jiangsu	100.00	5.58	47.40	41.43	47.01
浙 江	Zhejiang	100.00	4.42	47.73	41.75	47.85
安 徽	Anhui	100.00	11.47	53.13	45.35	35.39
福 建	Fujian	100.00	8.38	52.03	43.34	39.60
江 西	Jiangxi	100.00	10.71	52.49	43.58	36.80
山 东	Shandong	100.00	8.07	48.44	42.64	43.48
河 南	Henan	100.00	11.91	50.99	45.25	37.10
湖 北	Hubei	100.00	11.60	46.94	40.15	41.45
湖 南	Hunan	100.00	11.65	46.17	39.76	42.19
广 东	Guangdong	100.00	4.67	46.34	42.98	48.99
广 西	Guangxi	100.00	15.40	46.74	38.70	37.86
海 南	Hainan	100.00	23.12	25.02	14.69	51.85
重 庆	Chongqing	100.00	7.44	45.78	36.29	46.78
四 川	Sichuan	100.00	12.37	48.93	41.53	38.70
贵 州	Guizhou	100.00	13.82	41.63	33.90	44.55
云 南	Yunnan	100.00	15.53	41.22	30.43	43.25
西 藏	Tibet	100.00	9.95	36.58	7.19	53.47
陕 西	Shaanxi	100.00	8.85	54.14	45.19	37.01
甘 肃	Gansu	100.00	13.18	42.80	33.10	44.02
青 海	Qinghai	100.00	9.37	53.59	41.43	37.04
宁 夏	Ningxia	100.00	7.88	48.74	35.37	43.38
新 疆	Xinjiang	100.00	16.59	42.58	34.29	40.83

1-6 人口数及城乡构成
Population in Urban and Rural Areas

单位：万人，% (10 000 persons,%)

年 份 Year	总人口(年末) Total Population (year-end)	城镇 Urban	乡村 Rural	构成 Composition 城镇 Urban	乡村 Rural
2005	130756	56212	74544	42.99	57.01
2006	131448	58288	73160	44.34	55.66
2007	132129	60633	71496	45.89	54.11
2008	132802	62403	70399	46.99	53.01
2009	133450	64512	68938	48.34	51.66
2010	134091	66978	67113	49.95	50.05
2011	134735	69079	65656	51.27	48.73
2012	135404	71182	64222	52.57	47.43
2013	136072	73111	62961	53.73	46.27
2014	136782	74916	61866	54.77	45.23

1-7 人口数及年龄结构
Population and Age Composition

单位：万人，% (10 000 persons,%)

年 份 Year	总人口(年末) Total Population (year-end)	按年龄组分 by Age 0-14岁 Aged 0-14 人口数 Population	比重 Proportion	15-64岁 Aged 15-64 人口数 Population	比重 Proportion	65岁及以上 Aged 65 and Over 人口数 Population	比重 Proportion
2005	130756	26504	20.3	94197	72.0	10055	7.7
2006	131448	25961	19.8	95068	72.3	10419	7.9
2007	132129	25660	19.4	95833	72.5	10636	8.1
2008	132802	25166	19.0	96680	72.7	10956	8.3
2009	133450	24659	18.5	97484	73.0	11307	8.5
2010	134091	22259	16.6	99938	74.5	11894	8.9
2011	134735	22164	16.5	100283	74.4	12288	9.1
2012	135404	22287	16.5	100403	74.1	12714	9.4
2013	136072	22329	16.4	100582	73.9	13161	9.7
2014	136782	22558	16.5	100469	73.4	13755	10.1

1-8 分地区年末人口数

Population at Year-end by Region

单位：万人 (10 000 persons)

地 区	Region	2005	2006	2007	2008	2009	2010	2011	2012	2013	2014
全 国	**National Total**	**130756**	**131448**	**132129**	**132802**	**133450**	**134091**	**134735**	**135404**	**136072**	**136782**
北 京	Beijing	1538	1581	1633	1695	1755	1962	2019	2069	2115	2152
天 津	Tianjin	1043	1075	1115	1176	1228	1299	1355	1413	1472	1517
河 北	Hebei	6851	6898	6943	6989	7034	7194	7241	7288	7333	7384
山 西	Shanxi	3355	3375	3393	3411	3427	3574	3593	3611	3630	3648
内蒙古	Inner Mongolia	2403	2415	2429	2444	2458	2472	2482	2490	2498	2505
辽 宁	Liaoning	4221	4271	4298	4315	4341	4375	4383	4389	4390	4391
吉 林	Jilin	2716	2723	2730	2734	2740	2747	2749	2750	2751	2752
黑龙江	Heilongjiang	3820	3823	3824	3825	3826	3833	3834	3834	3835	3833
上 海	Shanghai	1890	1964	2064	2141	2210	2303	2347	2380	2415	2426
江 苏	Jiangsu	7588	7656	7723	7762	7810	7869	7899	7920	7939	7960
浙 江	Zhejiang	4991	5072	5155	5212	5276	5447	5463	5477	5498	5508
安 徽	Anhui	6120	6110	6118	6135	6131	5957	5968	5988	6030	6083
福 建	Fujian	3557	3585	3612	3639	3666	3693	3720	3748	3774	3806
江 西	Jiangxi	4311	4339	4368	4400	4432	4462	4488	4504	4522	4542
山 东	Shandong	9248	9309	9367	9417	9470	9588	9637	9685	9733	9789
河 南	Henan	9380	9392	9360	9429	9487	9405	9388	9406	9413	9436
湖 北	Hubei	5710	5693	5699	5711	5720	5728	5758	5779	5799	5816
湖 南	Hunan	6326	6342	6355	6380	6406	6570	6596	6639	6691	6737
广 东	Guangdong	9194	9442	9660	9893	10130	10441	10505	10594	10644	10724
广 西	Guangxi	4660	4719	4768	4816	4856	4610	4645	4682	4719	4754
海 南	Hainan	828	836	845	854	864	869	877	887	895	903
重 庆	Chongqing	2798	2808	2816	2839	2859	2885	2919	2945	2970	2991
四 川	Sichuan	8212	8169	8127	8138	8185	8045	8050	8076	8107	8140
贵 州	Guizhou	3730	3690	3632	3596	3537	3479	3469	3484	3502	3508
云 南	Yunnan	4450	4483	4514	4543	4571	4602	4631	4659	4687	4714
西 藏	Tibet	277	283	287	292	297	301	303	308	312	318
陕 西	Shaanxi	3690	3699	3708	3718	3727	3735	3743	3753	3764	3775
甘 肃	Gansu	2545	2547	2548	2551	2555	2560	2564	2578	2582	2591
青 海	Qinghai	543	548	552	554	557	563	568	573	578	583
宁 夏	Ningxia	596	604	610	618	625	633	639	647	654	662
新 疆	Xinjiang	2010	2050	2095	2131	2159	2185	2209	2233	2264	2298

注：2010年数据为当年人口普查数据推算数；其余年份数据为年度人口抽样调查推算数据。2005年起各地区数据为常住人口口径。

a) Data of 2010 are the census year estimates; the rest are the estimates from the annual national sample survey of population. Since 2005, data by region are of usual residents.

1-9 分地区人口数及城乡构成(2014年)

Population at Year-end in Urban and Rural Areas by Region (2014)

单位：万人，%　　　　(10 000 persons,%)

地 区	Region	总人口(年末) Total Population (year-end)	城镇人口 Urban Population 人口数 Population	比重 Proportion	乡村人口 Rural Population 人口数 Population	比重 Proportion
全 国	**National Total**	**136782**	**74916**	**54.77**	**61866**	**45.23**
北 京	Beijing	2152	1858	86.35	294	13.65
天 津	Tianjin	1517	1248	82.27	269	17.73
河 北	Hebei	7384	3642	49.33	3741	50.67
山 西	Shanxi	3648	1962	53.79	1686	46.21
内蒙古	Inner Mongolia	2505	1491	59.51	1014	40.49
辽 宁	Liaoning	4391	2944	67.05	1447	32.95
吉 林	Jilin	2752	1509	54.81	1244	45.19
黑龙江	Heilongjiang	3833	2224	58.01	1609	41.99
上 海	Shanghai	2426	2173	89.60	252	10.40
江 苏	Jiangsu	7960	5191	65.21	2769	34.79
浙 江	Zhejiang	5508	3573	64.87	1935	35.13
安 徽	Anhui	6083	2990	49.15	3093	50.85
福 建	Fujian	3806	2352	61.80	1454	38.20
江 西	Jiangxi	4542	2281	50.22	2261	49.78
山 东	Shandong	9789	5385	55.01	4404	44.99
河 南	Henan	9436	4265	45.20	5171	54.80
湖 北	Hubei	5816	3238	55.67	2578	44.33
湖 南	Hunan	6737	3320	49.28	3417	50.72
广 东	Guangdong	10724	7292	68.00	3432	32.00
广 西	Guangxi	4754	2187	46.01	2567	53.99
海 南	Hainan	903	486	53.76	418	46.24
重 庆	Chongqing	2991	1783	59.60	1209	40.40
四 川	Sichuan	8140	3769	46.30	4371	53.70
贵 州	Guizhou	3508	1404	40.01	2104	59.99
云 南	Yunnan	4714	1967	41.73	2747	58.27
西 藏	Tibet	318	82	25.75	236	74.25
陕 西	Shaanxi	3775	1985	52.57	1791	47.43
甘 肃	Gansu	2591	1080	41.68	1511	58.32
青 海	Qinghai	583	290	49.78	293	50.22
宁 夏	Ningxia	662	355	53.61	307	46.39
新 疆	Xinjiang	2298	1059	46.07	1240	53.93

注：1.本表数据根据2014年人口变动情况抽样调查数据推算。全国总人口根据抽样误差和调查误差进行了修正，分地区人口未作修正。

2.全国总人口包括现役军人数，分地区数字中未包括。

a) Data in the table are estimates from the 2014 National Sample Survey on Population Changes. The national total population was adjusted on the basis of sampling errors and survey errors. Similar adjustments were not made to regional figures.

b) The military personnel were included in the national total population, but were not included in the population by region.

1-10 按三次产业分就业人员数及构成（年底数）

Number of Employed Persons at Year-end and Composition by Three Strata of Industry

单位：万人，%　　(10 000 persons,%)

年份 Year	经济活动人口 Economically Active Population	就业人员 Total Employed Persons	第一产业 Primary Industry	第二产业 Secondary Industry	第三产业 Tertiary Industry	构成 Composition 第一产业 Primary Industry	第二产业 Secondary Industry	第三产业 Tertiary Industry
2005	76120	74647	33442	17766	23439	44.8	23.8	31.4
2006	76315	74978	31941	18894	24143	42.6	25.2	32.2
2007	76531	75321	30731	20186	24404	40.8	26.8	32.4
2008	77046	75564	29923	20553	25087	39.6	27.2	33.2
2009	77510	75828	28890	21080	25857	38.1	27.8	34.1
2010	78388	76105	27931	21842	26332	36.7	28.7	34.6
2011	78579	76420	26594	22544	27282	34.8	29.5	35.7
2012	78894	76704	25773	23241	27690	33.6	30.3	36.1
2013	79300	76977	24171	23170	29636	31.4	30.1	38.5
2014	79690	77253	22790	23099	31364	29.5	29.9	40.6

1-11 按城乡分就业人员数（年底数）

Number of Employed Persons at Year-end in Urban and Rural Areas

单位：万人　　(10 000 persons)

年份 Year	合计 Total	城镇小计 Subtotal of Urban Areas	内资单位 Domestic Units	#国有单位 State-owned Units	#私营企业 Private Enterprises	港澳台商投资单位 Units with Funds from Hong Kong, Macao and Taiwan	外商投资单位 Foreign Funded Units	个体 Self-employed Individuals	乡村小计 Subtotal of Rural Areas	#私营企业 Private Enterprises	#个体 Self-employed Individuals
2005	74647	28389	24366	6488	3458	557	688	2778	46258	2366	2123
2006	74978	29630	25210	6430	3954	611	796	3012	45348	2632	2147
2007	75321	30953	26060	6424	4581	680	903	3310	44368	2672	2187
2008	75564	32103	26872	6447	5124	679	943	3609	43461	2780	2167
2009	75828	33322	27379	6420	5544	721	978	4245	42506	3063	2341
2010	76105	34687	28396	6516	6071	770	1053	4467	41418	3347	2540
2011	76420	35914	28538	6704	6912	932	1217	5227	40506	3442	2718
2012	76704	37102	29244	6839	7557	969	1246	5643	39602	3739	2986
2013	76977	38240	29135	6365	8242	1397	1566	6142	38737	4279	3193
2014	77253	39310	29346	6312	9857	1393	1562	7009	37943	4533	3575

1-12 按行业分城镇单位就业人员数(年底数)

Number of Employed Persons in Urban Units at Year-end by Sector

单位：万人 (10 000 persons)

年份 地区	Year Region	合计 Total	农、林、牧、渔业 Agriculture, Forestry, Animal Husbandry and Fishery	采矿业 Mining	制造业 Manufacturing	电力、热气、燃气及水生产和供应业 Production and Supply of Electricity, Heat, Gas and Water
	2005	11404.0	446.3	509.2	3210.9	299.9
	2006	11713.2	435.2	529.7	3351.6	302.5
	2007	12024.4	426.3	535.0	3465.4	303.4
	2008	12192.5	410.1	540.4	3434.3	306.5
	2009	12573.0	373.7	553.7	3491.9	307.7
	2010	13051.5	375.7	562.0	3637.2	310.5
	2011	14413.3	359.5	611.6	4088.3	334.7
	2012	15236.4	338.9	631.0	4262.2	344.6
	2013	18108.4	294.8	636.5	5257.9	404.5
	2014	18277.8	284.6	596.5	5243.1	403.7
北 京	Beijing	755.9	3.2	6.1	100.0	8.2
天 津	Tianjin	295.5	0.5	6.6	119.0	4.5
河 北	Hebei	656.2	4.6	27.3	147.7	19.2
山 西	Shanxi	452.1	2.0	98.5	69.1	11.8
内蒙古	Inner Mongolia	301.5	23.8	20.4	46.3	14.0
辽 宁	Liaoning	665.2	23.1	31.3	166.9	15.9
吉 林	Jilin	334.4	13.3	14.3	86.7	13.5
黑龙江	Heilongjiang	450.9	71.1	35.9	61.3	18.1
上 海	Shanghai	648.9	2.4	0.1	206.1	4.6
江 苏	Jiangsu	1602.4	6.3	11.8	612.3	18.1
浙 江	Zhejiang	1102.7	0.6	0.9	350.6	13.4
安 徽	Anhui	521.7	4.5	31.3	122.6	10.8
福 建	Fujian	654.6	4.5	2.5	245.3	9.1
江 西	Jiangxi	465.3	5.2	7.8	133.5	14.3
山 东	Shandong	1266.3	1.7	71.2	425.8	23.7
河 南	Henan	1108.9	5.1	56.3	337.1	25.5
湖 北	Hubei	706.8	9.3	7.8	193.3	16.6
湖 南	Hunan	597.9	2.2	12.6	130.7	16.5
广 东	Guangdong	1973.3	5.7	3.0	1015.2	30.8
广 西	Guangxi	401.5	8.3	3.8	78.2	14.1
海 南	Hainan	101.5	10.4	0.7	9.7	2.3
重 庆	Chongqing	414.5	1.2	9.0	89.3	7.0
四 川	Sichuan	808.7	3.2	23.5	175.4	26.7
贵 州	Guizhou	304.7	1.5	17.6	44.1	13.0
云 南	Yunnan	419.6	6.7	17.3	72.1	10.3
西 藏	Tibet	32.5	1.1	0.6	1.1	1.0
陕 西	Shaanxi	516.5	2.4	36.1	106.1	12.7
甘 肃	Gansu	264.7	5.0	12.6	37.5	12.9
青 海	Qinghai	63.2	1.4	4.2	11.3	1.9
宁 夏	Ningxia	73.2	1.5	6.3	12.9	3.7
新 疆	Xinjiang	316.6	52.9	19.2	36.0	9.5

注：本表数据不含私营单位。
a) Data of employed persons in urban units do not include those of private enterprises.

1-12 续表 1 continued

单位：万人 (10 000 persons)

年 份 地 区	Year Region	建筑业 Construction	批发和零售业 Wholesale and Retail Trades	交通运输、仓储和邮政业 Transport, Storage and Post	住宿和餐饮业 Hotels and Catering Services	信息传输、软件和信息技术服务业 Information Transmission, Software and Information Technology
	2005	926.6	544.0	613.9	181.2	130.1
	2006	988.7	515.7	612.7	183.9	138.2
	2007	1050.8	506.9	623.1	185.8	150.2
	2008	1072.6	514.4	627.3	193.2	159.5
	2009	1177.5	520.8	634.4	202.1	173.8
	2010	1267.5	535.1	631.1	209.2	185.8
	2011	1724.8	647.5	662.8	242.7	212.8
	2012	2010.3	711.8	667.5	265.1	222.8
	2013	2921.9	890.8	846.2	304.4	327.3
	2014	2921.2	888.6	861.4	289.3	336.3
北 京	Beijing	45.6	72.3	60.2	30.3	61.1
天 津	Tianjin	31.3	17.3	14.3	6.0	3.8
河 北	Hebei	89.0	28.2	29.0	6.3	8.6
山 西	Shanxi	35.5	19.0	24.6	5.0	5.5
内蒙古	Inner Mongolia	22.9	10.5	21.3	4.3	5.0
辽 宁	Liaoning	102.3	26.7	37.6	7.4	13.0
吉 林	Jilin	33.2	12.5	16.4	3.0	6.6
黑龙江	Heilongjiang	33.8	18.7	27.7	4.5	7.6
上 海	Shanghai	37.3	78.0	51.4	24.4	24.8
江 苏	Jiangsu	450.2	59.4	49.8	19.8	29.0
浙 江	Zhejiang	329.5	41.7	32.7	13.8	16.4
安 徽	Anhui	97.1	23.4	21.7	6.0	7.4
福 建	Fujian	154.8	27.0	24.0	9.9	7.1
江 西	Jiangxi	94.4	17.6	20.8	4.1	7.2
山 东	Shandong	177.5	62.8	49.7	15.6	17.0
河 南	Henan	189.6	53.3	44.5	11.2	9.7
湖 北	Hubei	144.2	40.3	34.4	10.6	10.5
湖 南	Hunan	107.9	20.7	25.2	8.5	7.6
广 东	Guangdong	149.4	95.8	85.4	37.1	34.6
广 西	Guangxi	61.0	13.3	20.9	5.0	4.5
海 南	Hainan	7.3	5.9	5.4	6.5	1.6
重 庆	Chongqing	103.8	22.8	27.3	6.8	4.7
四 川	Sichuan	155.6	32.3	41.3	11.5	16.3
贵 州	Guizhou	42.8	13.9	11.1	3.9	3.3
云 南	Yunnan	67.6	26.0	17.1	8.7	5.2
西 藏	Tibet	1.9	1.0	0.9	0.5	0.5
陕 西	Shaanxi	71.0	26.4	28.7	11.8	10.4
甘 肃	Gansu	45.7	8.2	12.4	3.4	2.8
青 海	Qinghai	7.6	2.3	4.1	0.6	0.9
宁 夏	Ningxia	6.0	2.7	3.9	0.7	0.8
新 疆	Xinjiang	25.4	8.3	17.4	2.4	2.8

1-12 续表 2 continued

单位：万人 (10 000 persons)

年份 地区	Year Region	金融业 Financial Intermediation	房地产业 Real Estate	租赁和商务服务业 Leasing and Business Services	科学研究和技术服务业 Scientific Research and Technical Services	水利、环境和公共设施管理业 Management of Water Conservancy, Environment and Public Facilities
	2005	359.3	146.5	218.5	227.7	180.4
	2006	367.4	153.9	236.7	235.5	187.0
	2007	389.7	166.5	247.2	243.4	193.5
	2008	417.6	172.7	274.7	257.0	197.3
	2009	449.0	190.9	290.5	272.6	205.7
	2010	470.1	211.6	310.1	292.3	218.9
	2011	505.3	248.6	286.6	298.5	230.3
	2012	527.8	273.7	292.3	330.7	243.8
	2013	537.9	373.7	421.9	387.8	259.2
	2014	566.3	402.2	449.4	408.0	269.1
北京	Beijing	43.2	41.0	70.8	59.8	9.9
天津	Tianjin	8.9	6.7	6.7	10.7	4.1
河北	Hebei	27.7	10.5	13.8	14.5	11.4
山西	Shanxi	15.6	3.6	8.0	7.3	9.4
内蒙古	Inner Mongolia	11.3	5.0	4.5	6.2	8.3
辽宁	Liaoning	24.4	14.5	12.8	16.9	16.1
吉林	Jilin	11.5	6.3	5.8	7.9	8.2
黑龙江	Heilongjiang	16.9	6.0	6.2	11.5	10.2
上海	Shanghai	33.0	25.6	48.9	22.5	8.6
江苏	Jiangsu	33.3	22.1	31.2	21.5	15.0
浙江	Zhejiang	38.0	19.7	28.4	16.1	11.7
安徽	Anhui	17.7	10.4	6.0	9.6	8.2
福建	Fujian	16.5	14.3	11.7	8.5	5.8
江西	Jiangxi	12.2	5.7	4.7	5.5	7.1
山东	Shandong	38.8	25.6	21.6	18.4	16.8
河南	Henan	24.0	18.4	15.1	16.4	13.2
湖北	Hubei	18.0	12.4	9.4	15.2	10.4
湖南	Hunan	22.4	12.0	9.1	12.9	9.5
广东	Guangdong	43.2	55.8	60.6	31.9	17.3
广西	Guangxi	11.8	8.0	11.1	9.8	9.6
海南	Hainan	3.4	7.4	2.5	2.2	2.8
重庆	Chongqing	13.2	12.4	12.1	7.7	5.5
四川	Sichuan	24.2	17.7	12.7	21.1	13.2
贵州	Guizhou	8.4	7.9	4.5	7.7	5.0
云南	Yunnan	10.1	11.1	9.3	10.1	7.6
西藏	Tibet	0.9	0.15	0.5	1.1	0.2
陕西	Shaanxi	16.1	10.7	8.5	17.8	9.8
甘肃	Gansu	7.2	4.5	3.1	7.0	5.9
青海	Qinghai	2.2	0.8	0.8	2.3	1.0
宁夏	Ningxia	3.4	1.5	1.9	1.4	2.1
新疆	Xinjiang	8.9	4.5	7.4	6.6	5.6

1-12 续表 3 continued

单位：万人 (10 000 persons)

年份 Year / 地区 Region		居民服务、修理和其他服务业 Services to Households, Repair and Other Services	教育 Education	卫生和社会工作 Health and Social Service	文化、体育和娱乐业 Culture, Sports and Entertainment	公共管理、社会保障和社会组织 Public Management, Social Security and Social Organization
	2005	53.9	1483.2	508.9	122.5	1240.8
	2006	56.6	1504.4	525.4	122.4	1265.6
	2007	57.4	1520.9	542.8	125.0	1291.2
	2008	56.5	1534.0	563.6	126.0	1335.0
	2009	58.8	1550.4	595.8	129.5	1394.3
	2010	60.2	1581.8	632.5	131.4	1428.5
	2011	59.9	1617.8	679.1	135.0	1467.6
	2012	62.1	1653.4	719.3	137.7	1541.5
	2013	72.3	1687.2	770.0	147.0	1567.0
	2014	75.4	1727.3	810.4	145.5	1599.3
北京	Beijing	8.8	45.8	25.4	17.4	46.7
天津	Tianjin	11.0	17.4	9.3	2.1	15.4
河北	Hebei	1.5	89.9	35.4	5.3	86.4
山西	Shanxi	1.4	52.7	19.5	4.9	58.5
内蒙古	Inner Mongolia	0.9	35.4	14.8	3.5	43.0
辽宁	Liaoning	2.8	59.9	34.5	5.3	53.8
吉林	Jilin	1.7	36.6	17.9	3.5	35.6
黑龙江	Heilongjiang	4.3	45.4	22.6	4.1	44.8
上海	Shanghai	6.6	29.4	19.0	5.7	20.5
江苏	Jiangsu	3.8	94.6	46.7	7.8	69.8
浙江	Zhejiang	2.6	70.1	41.6	7.2	67.7
安徽	Anhui	0.9	64.7	28.2	3.4	47.8
福建	Fujian	1.5	50.1	21.0	4.0	37.0
江西	Jiangxi	0.8	50.9	21.5	3.0	49.0
山东	Shandong	3.1	120.3	58.7	7.1	111.0
河南	Henan	2.4	119.0	50.0	7.5	110.6
湖北	Hubei	1.6	69.4	38.6	5.7	59.3
湖南	Hunan	1.8	73.7	38.1	5.3	81.3
广东	Guangdong	7.5	124.5	59.7	11.5	104.3
广西	Guangxi	0.8	61.9	29.9	3.4	46.4
海南	Hainan	0.4	12.9	5.7	1.2	13.2
重庆	Chongqing	1.5	40.7	17.8	2.6	29.2
四川	Sichuan	1.8	94.6	45.1	6.3	86.3
贵州	Guizhou	1.3	51.1	18.1	2.0	47.7
云南	Yunnan	1.4	59.9	24.6	3.4	51.1
西藏	Tibet	0.2	4.7	1.8	0.7	13.7
陕西	Shaanxi	1.7	59.6	25.5	4.5	56.9
甘肃	Gansu	0.3	38.1	13.7	2.5	41.9
青海	Qinghai	0.1	7.4	3.8	0.9	9.8
宁夏	Ningxia	0.1	8.9	4.3	0.9	10.1
新疆	Xinjiang	0.7	37.9	17.5	3.0	50.6

1-13 全社会固定资产投资实际到位资金及构成
Actual Funds for Investment in Fixed Assets in the Whole Country and Composition

年 份 Year	实际到位资金小计 Subtotal of Actual Funds for Investment	国家预算资金 State Budget	国内贷款 Domestic Loans	利用外资 Foreign Investment	自筹和其他资金 Self-raising Fund and Others
总量(亿元) Total (100 million yuan)					
2005	94590.8	4154.3	16319.0	3978.8	70138.7
2006	118957.0	4672.0	19590.5	4334.3	90360.2
2007	150803.6	5857.1	23044.2	5132.7	116769.7
2008	182915.3	7954.8	26443.7	5311.9	143204.9
2009	250229.7	12685.7	39302.8	4623.7	193617.4
2010	285779.2	13012.7	44020.8	4703.6	224042.0
2011	345984.2	14843.3	46344.5	5062.0	279734.4
2012	409675.6	18958.7	51593.5	4468.8	334654.7
2013	491612.5	22305.3	59442.0	4319.4	405545.8
2014	543480.6	26745.4	65221.0	4052.9	447461.2
构成(%) Percentage					
2005	100.0	4.4	17.3	4.2	74.1
2006	100.0	3.9	16.5	3.6	76.0
2007	100.0	3.9	15.3	3.4	77.4
2008	100.0	4.3	14.5	2.9	78.3
2009	100.0	5.1	15.7	1.8	77.4
2010	100.0	4.7	15.2	1.6	78.5
2011	100.0	4.3	13.4	1.5	80.9
2012	100.0	4.6	12.6	1.1	81.7
2013	100.0	4.5	12.1	0.9	82.5
2014	100.0	4.9	12.0	0.7	82.3

1-14 分地区全社会固定资产投资实际到位资金(2014年)

Actual Funds for Investment in Fixed Assets in the Whole Country by Region(2014)

单位：亿元 (100 million yuan)

地区	Region	本年实际到位资金 Subtotal of Actual Funds for Investment	国家预算资金 State Budget	国内贷款 Domestic Loans	利用外资 Foreign Investment	自筹资金 Self-raising Funds	其他资金 Others
全国	**National Total**	**543480.6**	**26745.4**	**65221.0**	**4052.9**	**379737.8**	**67723.4**
北京	Beijing	9648.6	859.2	2732.9	28.8	3212.8	2814.9
天津	Tianjin	11634.0	169.8	2016.3	92.5	7753.6	1601.9
河北	Hebei	26321.5	684.7	1966.3	104.9	21687.4	1878.2
山西	Shanxi	10664.7	625.2	833.7	43.6	8329.8	832.4
内蒙古	Inner Mongolia	17269.4	848.6	1913.9	14.7	13699.0	793.3
辽宁	Liaoning	26449.0	1111.5	3645.7	180.6	19569.3	1941.9
吉林	Jilin	11493.2	290.8	535.4	11.4	9873.8	781.8
黑龙江	Heilongjiang	10366.9	370.1	219.9	31.4	9109.4	636.1
上海	Shanghai	7961.6	417.9	2068.1	205.0	3243.6	2027.1
江苏	Jiangsu	47097.7	627.3	5382.2	1152.0	33686.9	6249.3
浙江	Zhejiang	26574.5	1403.6	3766.3	214.5	16666.4	4523.7
安徽	Anhui	23176.5	1167.6	1562.2	82.8	17167.9	3196.1
福建	Fujian	19142.3	1334.6	2001.4	187.3	12647.4	2971.5
江西	Jiangxi	16790.3	550.7	1206.9	85.8	13079.7	1867.2
山东	Shandong	44732.4	818.8	4299.2	342.9	35414.3	3857.2
河南	Henan	30932.7	861.2	4000.9	94.7	23784.4	2191.5
湖北	Hubei	24094.3	909.1	2737.8	77.6	18222.9	2146.8
湖南	Hunan	22685.4	1149.8	1908.4	55.4	17106.0	2465.7
广东	Guangdong	30486.3	1366.5	4387.1	405.0	18054.4	6273.2
广西	Guangxi	14936.4	929.4	1887.4	14.0	10161.0	1944.6
海南	Hainan	3551.1	173.6	744.7	15.3	1838.7	778.8
重庆	Chongqing	14561.4	773.7	2562.1	282.4	7980.8	2962.3
四川	Sichuan	25231.6	1357.6	2407.5	95.1	16848.0	4523.4
贵州	Guizhou	9665.0	491.8	1620.0	34.4	5963.7	1555.1
云南	Yunnan	10269.2	986.8	1226.3	25.9	6538.8	1491.4
西藏	Tibet	1248.7	814.1	5.8	1.4	367.6	59.8
陕西	Shaanxi	17154.9	1064.6	1292.3	110.3	12969.9	1717.9
甘肃	Gansu	7599.4	844.5	954.5	34.5	4971.5	794.5
青海	Qinghai	2781.0	530.5	596.0	4.2	1353.8	296.6
宁夏	Ningxia	2961.7	237.3	734.0	2.9	1608.7	378.8
新疆	Xinjiang	9482.1	1361.0	1314.5	3.1	5819.4	984.1
不分地区	Not Classified by Region	6516.7	1613.7	2691.5	18.3	1006.6	1186.7

1-15 按主要行业分全社会固定资产投资
Total Investment in Fixed Assets in the Whole Country by Sector

单位：亿元 (100 million yuan)

年份 地区	Year Region	合计 Total	农、林、牧、渔业 Agriculture, Forestry, Animal Husbandry and Fishery	采矿业 Mining	制造业 Manufacturing	电力、燃气及水生产和供应业 Production and Supply of Electricity, Heat, Gas and Water
	2005	88773.6	2323.7	3587.4	26576.0	7554.4
	2006	109998.2	2749.9	4678.4	34089.5	8585.7
	2007	137323.9	3403.5	5878.8	44505.1	9467.6
	2008	172828.4	5064.5	7705.8	56702.4	10997.2
	2009	224598.8	6894.9	9210.8	70612.9	14434.6
	2010	278121.9	7923.1	11000.9	88619.2	15679.7
	2011	311485.1	8757.8	11747.0	102712.9	14659.7
	2012	374694.7	10996.4	13300.8	124550.0	16672.7
	2013	446294.1	13478.8	14650.8	147705.0	19634.7
	2014	512020.7	16573.8	14538.9	167025.3	22829.7
北京	Beijing	6924.2	145.8	7.2	303.4	353.1
天津	Tianjin	10518.2	214.3	314.9	2851.1	277.7
河北	Hebei	26671.9	1204.3	659.8	11420.2	1030.3
山西	Shanxi	12354.5	997.7	1414.8	2678.3	959.7
内蒙古	Inner Mongolia	17591.8	1125.7	1702.0	5249.4	1849.3
辽宁	Liaoning	24730.8	662.2	617.4	8869.1	771.8
吉林	Jilin	11339.6	608.5	505.5	5102.8	485.0
黑龙江	Heilongjiang	9829.0	841.6	508.4	2610.9	444.1
上海	Shanghai	6016.4	11.9	0.1	978.4	178.0
江苏	Jiangsu	41938.6	323.3	106.5	19170.4	1018.3
浙江	Zhejiang	24262.8	305.0	45.1	6827.5	1012.3
安徽	Anhui	21875.6	667.0	319.2	8378.3	573.0
福建	Fujian	18177.9	472.8	247.1	5108.6	909.2
江西	Jiangxi	15079.3	394.7	289.4	7230.6	387.5
山东	Shandong	42495.5	1166.3	646.7	18717.7	1280.2
河南	Henan	30782.2	1343.2	574.0	14112.7	702.2
湖北	Hubei	22915.3	639.6	320.0	9146.5	544.2
湖南	Hunan	21242.9	811.4	626.2	7157.8	724.3
广东	Guangdong	26293.9	366.6	248.7	7056.9	1095.5
广西	Guangxi	13843.2	630.9	337.3	4623.2	625.9
海南	Hainan	3112.2	47.4	25.5	166.7	147.4
重庆	Chongqing	12285.4	414.2	282.6	3215.0	413.7
四川	Sichuan	23318.6	608.9	423.1	4991.1	1538.9
贵州	Guizhou	9025.8	135.6	236.1	1215.9	423.2
云南	Yunnan	11498.5	512.8	383.2	1537.2	866.6
西藏	Tibet	1069.2	48.2	52.4	62.1	232.2
陕西	Shaanxi	17191.9	891.4	1088.7	3379.6	735.8
甘肃	Gansu	7884.1	430.4	403.6	1356.8	905.1
青海	Qinghai	2861.2	128.1	167.0	699.9	334.8
宁夏	Ningxia	3173.8	128.7	167.4	789.7	440.3
新疆	Xinjiang	9447.7	295.4	1024.0	2017.8	1481.8
不分地区	Not Classified by Region	6268.4		795.0		88.5

1-15 续表 1 continued

单位: 亿元 (100 million yuan)

年份 地区	Year Region	建筑业 Construction	批发和零售业 Wholesale and Retail Trades	交通运输、仓储和邮政业 Transport, Storage and Post	住宿和餐饮业 Hotels and Catering Services	信息传输、软件和信息技术服务业 Information Transmission, Software and Information Technology
	2005	1119.0	1716.4	9614.0	808.8	1581.8
	2006	1125.5	2265.3	12138.1	1095.7	1875.9
	2007	1302.3	2880.3	14154.0	1519.4	1848.1
	2008	1555.9	3741.8	17024.4	1959.2	2162.6
	2009	1992.5	5132.8	24974.7	2625.4	2589.0
	2010	2802.2	6032.2	30074.5	3366.8	2454.5
	2011	3357.1	7439.4	28291.7	3956.6	2174.4
	2012	3739.0	9810.7	31444.9	5153.5	2692.0
	2013	3669.8	12720.5	36790.1	6041.1	3084.9
	2014	4125.8	15800.2	43215.7	6230.1	4110.0
北 京	Beijing	4.8	33.9	768.0	65.1	178.0
天 津	Tianjin	171.4	337.5	750.6	66.9	126.4
河 北	Hebei	5.4	879.8	2046.5	242.6	133.5
山 西	Shanxi	6.0	254.5	855.7	56.8	58.6
内蒙古	Inner Mongolia	180.2	638.4	1342.5	163.3	246.9
辽 宁	Liaoning	149.1	1060.0	1808.5	406.8	213.1
吉 林	Jilin	213.2	501.9	779.9	101.1	112.7
黑龙江	Heilongjiang	266.5	501.7	733.0	201.9	169.4
上 海	Shanghai	0.8	31.9	459.2	33.3	110.0
江 苏	Jiangsu	58.8	987.4	2169.7	424.4	504.9
浙 江	Zhejiang	83.1	432.8	1736.6	254.8	210.3
安 徽	Anhui	154.2	797.9	1136.7	234.0	150.5
福 建	Fujian	209.5	396.0	1783.7	232.8	142.0
江 西	Jiangxi	85.2	689.2	703.4	258.1	73.9
山 东	Shandong	739.2	2050.8	2196.1	340.6	171.4
河 南	Henan	8.2	981.4	1427.6	319.0	106.7
湖 北	Hubei	106.5	633.6	1879.7	285.4	84.1
湖 南	Hunan	249.0	870.9	1435.3	288.5	112.4
广 东	Guangdong	52.3	848.3	2589.9	472.2	430.8
广 西	Guangxi	68.4	479.4	1301.6	232.1	134.6
海 南	Hainan	109.2	54.4	351.2	135.2	27.7
重 庆	Chongqing	4.5	210.2	1202.7	194.9	57.8
四 川	Sichuan	13.5	577.7	2979.8	371.9	91.8
贵 州	Guizhou	6.6	105.6	1319.9	107.0	14.0
云 南	Yunnan	1.6	265.8	1538.9	224.0	75.8
西 藏	Tibet		9.2	209.5	28.1	6.6
陕 西	Shaanxi	126.9	652.7	987.6	298.7	164.3
甘 肃	Gansu	870.9	289.0	793.7	105.3	55.4
青 海	Qinghai	75.1	23.0	446.8	18.9	15.0
宁 夏	Ningxia	15.5	53.1	217.2	14.8	30.9
新 疆	Xinjiang	89.9	152.3	753.5	51.6	100.6
不分地区	Not Classified by Region			4510.5		

1-15 续表 2 continued

单位：亿元 (100 million yuan)

年份 地区	Year Region	金融业 Financial Intermediation	房地产业 Real Estate	租赁和商务服务业 Leasing and Business Services	科学研究和技术服务业 Scientific Research and Technical Services	水利、环境和公共设施管理业 Management of Water Conservancy, Environment and Public Facilities
	2005	109.5	19505.3	549.6	435.1	6274.3
	2006	121.4	24524.4	725.6	495.3	8152.7
	2007	157.6	32438.9	949.3	560.0	10154.3
	2008	260.6	40441.8	1355.9	782.0	13534.3
	2009	360.2	49358.5	2036.2	1200.8	19874.4
	2010	489.4	64877.3	2692.6	1379.3	24827.6
	2011	638.7	81686.1	3382.8	1679.8	24523.1
	2012	923.9	99159.3	4700.4	2475.8	29621.6
	2013	1242.0	118809.4	5893.2	3133.2	37663.9
	2014	1363.0	131348.2	7965.2	4219.1	46225.0
北　京	Beijing	54.3	4068.8	47.5	115.8	451.4
天　津	Tianjin	64.8	2646.1	955.9	168.8	1061.9
河　北	Hebei	25.9	5538.7	320.5	207.6	1865.9
山　西	Shanxi	2.3	3039.4	78.8	45.8	1416.9
内蒙古	Inner Mongolia	37.9	1987.6	125.8	147.1	1956.6
辽　宁	Liaoning	106.0	5789.7	557.7	261.0	2459.3
吉　林	Jilin	56.7	1297.2	116.4	123.8	819.8
黑龙江	Heilongjiang	29.0	1687.4	153.3	92.3	926.1
上　海	Shanghai	20.5	3224.1	186.6	54.7	471.4
江　苏	Jiangsu	173.3	10128.6	880.2	606.6	3541.3
浙　江	Zhejiang	92.5	9415.5	447.4	91.5	2229.3
安　徽	Anhui	102.4	5845.4	333.3	219.5	1908.5
福　建	Fujian	46.6	5606.3	233.2	52.7	1787.8
江　西	Jiangxi	33.7	2309.5	270.7	54.4	1478.0
山　东	Shandong	83.8	8638.1	671.0	691.1	2139.0
河　南	Henan	28.8	7387.1	311.4	132.6	2179.4
湖　北	Hubei	84.2	5560.4	451.7	94.3	1894.2
湖　南	Hunan	68.4	4272.1	394.0	206.1	2564.5
广　东	Guangdong	96.2	9527.9	250.1	164.8	2025.9
广　西	Guangxi	45.4	2686.7	231.3	70.5	1456.4
海　南	Hainan	1.6	1663.1	16.4	11.8	195.0
重　庆	Chongqing	3.7	4382.4	103.2	29.7	1325.3
四　川	Sichuan	27.7	7546.9	235.6	83.1	2723.1
贵　州	Guizhou	2.9	2989.7	81.4	15.2	2002.1
云　南	Yunnan	7.0	4117.9	78.8	32.2	1138.7
西　藏	Tibet	12.6	136.8	10.4	11.3	75.1
陕　西	Shaanxi	31.9	5168.4	245.7	338.3	2030.1
甘　肃	Gansu	17.2	1186.6	77.6	66.2	608.1
青　海	Qinghai	0.8	462.3	47.8	6.9	230.0
宁　夏	Ningxia	2.9	907.8	19.6	7.0	260.1
新　疆	Xinjiang	2.0	2129.4	31.7	13.0	894.5
不分地区	Not Classified by Region				3.4	109.2

1-15 续表 3 continued

单位: 亿元 (100 million yuan)

年份 地区	Year Region	居民服务、修理和其他服务业 Services to Households, Repair and Other Services	教育 Education	卫生和社会工作 Health and Social Service	文化、体育和娱乐业 Culture, Sports and Entertainment	公共管理、社会保障和社会组织 Public Management, Social Security and Social Organizations	国际组织 International Organization
	2005	363.5	2209.2	661.8	857.0	2926.8	0.2
	2006	389.5	2270.2	769.0	955.4	2990.5	0.1
	2007	434.7	2375.6	885.0	1243.4	3166.1	
	2008	522.0	2523.8	1155.6	1589.9	3748.5	0.3
	2009	801.9	3521.2	1858.6	2383.4	4735.9	0.2
	2010	1114.1	4033.6	2119.0	2959.4	5676.6	
	2011	1443.3	3894.6	2330.3	3162.0	5647.8	
	2012	1905.0	4613.0	2617.1	4271.3	6047.4	
	2013	2099.3	5433.0	3139.3	5231.1	5874.1	
	2014	2371.7	6708.7	3991.5	6178.4	7200.5	
北京	Beijing	11.6	124.2	67.0	80.2	44.0	
天津	Tianjin	120.1	180.1	49.7	85.1	75.0	
河北	Hebei	57.7	254.6	231.7	362.8	184.1	
山西	Shanxi	52.8	140.7	69.5	171.3	54.8	
内蒙古	Inner Mongolia	78.6	153.2	116.4	184.3	306.8	
辽宁	Liaoning	211.9	254.4	127.3	254.0	151.4	
吉林	Jilin	76.9	116.0	84.4	80.7	156.9	
黑龙江	Heilongjiang	60.0	135.8	141.8	107.8	218.0	
上海	Shanghai	5.3	107.2	31.8	104.7	6.5	
江苏	Jiangsu	152.9	479.8	271.4	578.9	362.0	
浙江	Zhejiang	50.1	340.6	175.4	284.9	228.0	
安徽	Anhui	95.9	235.8	171.2	195.1	357.7	
福建	Fujian	53.4	214.5	118.6	257.9	305.2	
江西	Jiangxi	70.2	182.4	105.3	251.7	211.5	
山东	Shandong	337.5	518.1	340.0	860.2	907.8	
河南	Henan	179.9	361.8	244.0	309.5	72.6	
湖北	Hubei	176.7	198.3	177.2	253.0	385.7	
湖南	Hunan	83.1	366.3	226.3	248.0	538.2	
广东	Guangdong	49.9	408.5	231.8	260.3	117.2	
广西	Guangxi	86.9	308.9	140.9	164.7	218.0	
海南	Hainan	0.8	44.2	27.1	65.9	21.6	
重庆	Chongqing	25.3	162.4	90.7	83.2	83.8	
四川	Sichuan	55.0	411.7	208.0	183.0	247.7	
贵州	Guizhou	11.8	205.4	35.3	87.3	30.8	
云南	Yunnan	59.6	236.3	101.5	194.1	126.7	
西藏	Tibet	17.7	28.8	14.2	12.8	101.3	
陕西	Shaanxi	77.4	221.6	227.7	203.6	321.8	
甘肃	Gansu	86.4	107.2	69.3	140.9	314.3	
青海	Qinghai	10.5	50.8	13.2	20.2	110.0	
宁夏	Ningxia	6.2	29.0	28.5	22.5	32.9	
新疆	Xinjiang	9.7	129.9	54.3	69.9	146.4	
不分地区	Not Classified by Region					761.7	

1-16 城乡居民人均收入
Per Capita Annual Income of Urban and Rural Households

年 份 Year	城镇居民人均可支配收入 Per Capita Annual Disposable Income of Urban Households		农村居民人均纯收入 Per Capita Annual Net Income of Rural Households	
	绝对数(元) Value (yuan)	指数(2005＝100) Index	绝对数(元) Value (yuan)	指数(2005＝100) Index
2005	10493	100.0	3255	100.0
2006	11760	112.1	3587	110.2
2007	13786	131.4	4140	127.2
2008	15781	150.4	4761	146.3
2009	17175	163.7	5153	158.3
2010	19109	182.1	5919	181.8
2011	21810	207.9	6977	214.4
2012	24565	234.1	7917	243.2
2013	26955	256.9	8896	273.3
2014	29381	280.0	9892	303.9

1-17 城乡居民人均消费支出及恩格尔系数
Per Capita Annual Consumption Expenditure and Engle's Coefficient of Urban and Rural Households

年 份 Year	城镇居民 Urban Households		农村居民 Rural Households		
	人均现金消费支出(元) Per Capita Annual Cash Consumption Expenditure (yuan)	恩格尔系数(%) Engle's Coefficient (%)	人均消费支出(元) Per Capita Annual Living Expenditure (yuan)	#现金消费支出 Cash Consumption Expenditure	恩格尔系数(%) Engle's Coefficient (%)
2005	7943	36.7	2555	2135	45.5
2006	8697	35.8	2829	2416	43.0
2007	9997	36.3	3224	2767	43.1
2008	11243	37.9	3661	3159	43.7
2009	12265	36.5	3993	3505	41.0
2010	13471	35.7	4382	3859	41.1
2011	15161	36.3	5221	4733	40.4
2012	16674	36.2	5908	5414	39.3
2013	15453	35.0	7485	5979	37.7
2014	16691		8383	6717	

注：2012年及以前数据来源于国家统计局农村、城市住户调查，2013、2014年数据来源于国家统计局开展的城乡一体化住户收支与生活状况调查。

a) The data prior to 2012 are compiled on the basis of rural and urban household surveys of the NBS,and the data in 2013 and 2014 are compiled on the basis of the integrated household income and expenditure surveys of the NBS,including both urban and rural households.

1-18 分地区居民人均可支配收入与消费消费(2014年)

Per Capita Disposable Income and Consumption Expenditure by Region (2014)

单位：元 (yuan)

地区	Region	全国居民 Nationwide Households		城镇居民 Urban Households		农村居民 Rural Households	
		人均可支配收入 Per Capita Annual Disposable Income	人均消费支出 Per Capita Annual Consumption Expenditure	人均可支配收入 Per Capita Annual Disposable Income	人均消费支出 Per Capita Annual Consumption Expenditure	人均可支配收入 Per Capita Annual Disposable Income	人均消费支出 Per Capita Annual Consumption Expenditure
全 国	**National Total**	**20167.1**	**14491.4**	**28843.9**	**19968.1**	**10488.9**	**8382.6**
北 京	Beijing	44488.6	31102.9	48531.8	33717.5	18867.3	14535.1
天 津	Tianjin	28832.3	22343.0	31506.0	24289.6	17014.2	13738.6
河 北	Hebei	16647.4	11931.5	24141.3	16203.8	10186.1	8248.0
山 西	Shanxi	16538.3	10863.8	24069.4	14636.9	8809.4	6991.7
内蒙古	Inner Mongolia	20559.3	16258.1	28349.6	20885.2	9976.3	9972.2
辽 宁	Liaoning	22820.2	16068.0	29081.7	20519.6	11191.5	7800.7
吉 林	Jilin	17520.4	13026.0	23217.8	17156.1	10780.1	8139.8
黑龙江	Heilongjiang	17404.4	12768.8	22609.0	16466.6	10453.2	7830.0
上 海	Shanghai	45965.8	33064.8	48841.4	35182.4	21191.6	14820.1
江 苏	Jiangsu	27172.8	19163.6	34346.3	23476.3	14958.4	11820.3
浙 江	Zhejiang	32657.6	22552.0	40392.7	27241.7	19373.3	14497.8
安 徽	Anhui	16795.5	11727.0	24838.5	16107.1	9916.4	7980.8
福 建	Fujian	23330.9	17644.5	30722.4	22204.1	12650.2	11055.9
江 西	Jiangxi	16734.2	11088.9	24309.2	15141.8	10116.6	7548.3
山 东	Shandong	20864.2	13328.9	29221.9	18322.6	11882.3	7962.2
河 南	Henan	15695.2	11000.4	23672.1	16184.5	9966.1	7277.2
湖 北	Hubei	18283.2	12928.3	24852.3	16681.4	10849.1	8680.9
湖 南	Hunan	17621.7	13288.7	26570.2	18334.7	10060.2	9024.8
广 东	Guangdong	25685.0	19205.5	32148.1	23611.7	12245.6	10043.2
广 西	Guangxi	15557.1	10274.3	24669.0	15045.4	8683.2	6675.1
海 南	Hainan	17476.5	12470.6	24486.5	17513.8	9912.6	7029.0
重 庆	Chongqing	18351.9	13810.6	25147.2	18279.5	9489.8	7982.6
四 川	Sichuan	15749.0	12368.4	24234.4	17759.9	9347.7	8301.1
贵 州	Guizhou	12371.1	9303.4	22548.2	15254.6	6671.2	5970.3
云 南	Yunnan	13772.2	9869.5	24299.0	16268.3	7456.1	6030.3
西 藏	Tibet	10730.2	7317.0	22015.8	15669.4	7359.2	4822.1
陕 西	Shaanxi	15836.7	12203.6	24365.8	17546.0	7932.2	7252.4
甘 肃	Gansu	12184.7	9874.6	21803.9	15942.3	6276.6	6147.8
青 海	Qinghai	14374.0	12604.8	22306.6	17492.9	7282.7	8235.1
宁 夏	Ningxia	15906.8	12484.5	23284.6	17216.2	8410.0	7676.5
新 疆	Xinjiang	15096.6	11903.7	23214.0	17684.5	8723.8	7365.3

1-19 货物进出口总额

Total Value of Imports and Exports

年 份 Year	人民币（亿元） CNY 100 million				美元（亿美元） USD 100 million			
	进出口总额 Total Imports & Exports	出口总额 Total Exports	进口总额 Total Imports	差 额 Balance	进出口总额 Total Imports & Exports	出口总额 Total Exports	进口总额 Total Imports	差 额 Balance
2005	116921.8	62648.1	54273.7	8374.4	14219.1	7619.5	6599.5	1020.0
2006	140974.0	77597.2	63376.9	14220.3	17604.4	9689.8	7914.6	1775.2
2007	166863.7	93563.6	73300.1	20263.5	21765.7	12204.6	9561.2	2643.4
2008	179921.5	100394.9	79526.5	20868.4	25632.6	14306.9	11325.7	2981.2
2009	150648.1	82029.7	68618.4	13411.3	22075.4	12016.1	10059.2	1956.9
2010	201722.1	107022.8	94699.3	12323.5	29740.0	15777.5	13962.4	1815.1
2011	236402.0	123240.6	113161.4	10079.2	36418.6	18983.8	17434.8	1549.0
2012	244160.2	129359.3	114801.0	14558.3	38671.2	20487.1	18184.1	2303.1
2013	258168.9	137131.4	121037.5	16094.0	41589.9	22090.0	19499.9	2590.1
2014	264241.8	143883.7	120358.0	23525.7	43015.3	23422.9	19592.3	3830.6

注：本表为海关进出口统计数(下表同)。

a)Data in this table are from Customs statistics. The same applies to the table following.

1-20 分地区货物进出口总额(2014年)

Total Value of Imports and Exports by Region (2014)

单位：万美元 (USD 10 000)

地 区	Region	按经营单位所在地分 By Location of Importers/Exporters			按境内目的地和货源地分 By Place of Destination or Origin in China		
		进出口 Total	出 口 Exports	进 口 Imports	进出口 Total	出 口 Exports	进 口 Imports
全 国	**National Total**	**430152735**	**234229270**	**195923465**	**430152735**	**234229270**	**195923465**
北 京	Beijing	41551859	6233842	35318018	14311066	3164897	11146169
天 津	Tianjin	13388608	5259066	8129542	14442068	5201145	9240923
河 北	Hebei	5987736	3571020	2416716	9426876	4913785	4513091
山 西	Shanxi	1623281	894087	729194	1851160	1160944	690216
内蒙古	Inner Mongolia	1455632	639355	816277	1529478	640018	889460
辽 宁	Liaoning	11399826	5874518	5525307	12538878	5566061	6972816
吉 林	Jilin	2638079	577759	2060320	2703680	624616	2079065
黑龙江	Heilongjiang	3890093	1733524	2156569	2942394	1216656	1725737
上 海	Shanghai	46639984	21013386	25626598	45260273	19194665	26065608
江 苏	Jiangsu	56355308	34183250	22172058	60912947	35055845	25857102
浙 江	Zhejiang	35503977	27332705	8171272	37826956	28110404	9716552
安 徽	Anhui	4917730	3148537	1769193	4320262	2650946	1669316
福 建	Fujian	17740784	11345229	6395555	16450372	9758460	6691912
江 西	Jiangxi	4273082	3202532	1070550	3911316	2708856	1202460
山 东	Shandong	27692940	14470865	13222074	32841013	15499712	17341301
河 南	Henan	6497221	3938303	2558918	6847515	4253352	2594162
湖 北	Hubei	4303962	2664242	1639720	4084718	2398034	1686684
湖 南	Hunan	3083160	1994300	1088860	2830014	1709068	1120946
广 东	Guangdong	107658447	64608701	43049746	124194253	74530955	49663299
广 西	Guangxi	4054885	2432743	1622143	4488752	1304259	3184493
海 南	Hainan	1586266	441674	1144592	1692781	418531	1274251
重 庆	Chongqing	9543158	6340080	3203078	8255857	5190301	3065556
四 川	Sichuan	7020297	4483913	2536384	6123689	3668402	2455287
贵 州	Guizhou	1077133	939726	137407	513809	358005	155804
云 南	Yunnan	2960742	1878747	1081996	1991378	1051669	939709
西 藏	Tibet	225495	210087	15408	213562	204719	8842
陕 西	Shaanxi	2736449	1392980	1343469	2768833	1413742	1355092
甘 肃	Gansu	864062	532948	331113	526673	208026	318646
青 海	Qinghai	171789	112790	58999	62005	31555	30450
宁 夏	Ningxia	543521	430285	113236	401292	266659	134633
新 疆	Xinjiang	2767232	2348076	419155	3888867	1754986	2133881

1-21 一般公共预算收入及增速

General Public Budget Revenue and Its Increase Rate

年 份 Year	一般公共预算收入(亿元) General Public Budget Revenue (100 million yuan)			构成 (%) Composition (%)		一般公共预算收入增长速度(%) Increase Rate (%)
		中央 Central Government	地方 Local Governments	中央 Central Government	地方 Local Governments	
2005	31649.3	16548.5	15100.8	52.3	47.7	19.9
2006	38760.2	20456.6	18303.6	52.8	47.2	22.5
2007	51321.8	27749.2	23572.6	54.1	45.9	32.4
2008	61330.4	32680.6	28649.8	53.3	46.7	19.5
2009	68518.3	35915.7	32602.6	52.4	47.6	11.7
2010	83101.5	42488.5	40613.0	51.1	48.9	21.3
2011	103874.4	51327.3	52547.1	49.4	50.6	25.0
2012	117253.5	56175.2	61078.3	47.9	52.1	12.9
2013	129209.6	60198.5	69011.2	46.6	53.4	10.2
2014	140370.0	64493.5	75876.6	45.9	54.1	8.6

注：预算收入中不包括国内外债务收入。
a)Budget Revenue does not include the receipts of domestic and foreign debts.

1-22 一般公共预算支出及增速

General Public Budget Expenditure and Its Increase Rate

年 份 Year	一般公共预算支出(亿元) General Public Budget Expenditure (100 million yuan)			构成 (%) Composition (%)		一般公共预算支出增长速度(%) Increase Rate (%)
		中央 Central Government	地方 Local Governments	中央 Central Government	地方 Local Governments	
2005	33930.3	8776.0	25154.3	25.9	74.1	19.1
2006	40422.7	9991.4	30431.3	24.7	75.3	19.1
2007	49781.4	11442.1	38339.3	23.0	77.0	23.2
2008	62592.7	13344.2	49248.5	21.3	78.7	25.7
2009	76299.9	15255.8	61044.1	20.0	80.0	21.9
2010	89874.2	15989.7	73884.4	17.8	82.2	17.8
2011	109247.8	16514.1	92733.7	15.1	84.9	21.6
2012	125953.0	18764.6	107188.3	14.9	85.1	15.3
2013	140212.1	20471.8	119740.3	14.6	85.4	11.3
2014	151785.6	22570.1	129215.5	14.9	85.1	8.3

注：预算支出中包括国内外债务付息支出。
a) Budget expenditures include the interest payment on domestic and foreign debts.

1-23 分地区一般公共预算收入和支出（2014年）
General Public Budget Revenue and Expenditure by Region (2014)

单位：亿元 (100 million yuan)

地 区	Region	地方一般公共预算收入 General Public Budget Revenue	税收收入 Tax Revenue	非税收入 Non-tax Revenue	地方一般公共预算支出 General Public Budget Expenditure
地方合计	**Region Total**	**75876.58**	**59139.91**	**16736.67**	**129215.49**
北 京	Beijing	4027.16	3861.29	165.87	4524.67
天 津	Tianjin	2390.35	1486.88	903.47	2884.70
河 北	Hebei	2446.62	1866.06	580.56	4677.30
山 西	Shanxi	1820.64	1134.34	686.29	3085.28
内蒙古	Inner Mongolia	1843.67	1251.07	592.60	3879.98
辽 宁	Liaoning	3192.78	2330.57	862.21	5080.49
吉 林	Jilin	1203.38	884.40	318.98	2913.25
黑龙江	Heilongjiang	1301.31	977.40	323.92	3434.22
上 海	Shanghai	4585.55	4219.05	366.50	4923.44
江 苏	Jiangsu	7233.14	6006.05	1227.10	8472.45
浙 江	Zhejiang	4122.02	3853.96	268.06	5159.57
安 徽	Anhui	2218.44	1692.52	525.92	4664.10
福 建	Fujian	2362.21	1893.73	468.48	3306.70
江 西	Jiangxi	1881.83	1381.13	500.70	3882.70
山 东	Shandong	5026.83	3965.76	1061.07	7177.31
河 南	Henan	2739.26	1951.46	787.80	6028.69
湖 北	Hubei	2566.90	1873.11	693.78	4934.15
湖 南	Hunan	2262.79	1438.52	824.27	5017.38
广 东	Guangdong	8065.08	6510.47	1554.61	9152.64
广 西	Guangxi	1422.28	978.07	444.21	3479.79
海 南	Hainan	555.31	480.55	74.75	1099.74
重 庆	Chongqing	1922.02	1281.83	640.19	3304.39
四 川	Sichuan	3061.07	2312.46	748.61	6796.61
贵 州	Guizhou	1366.67	1026.70	339.97	3542.80
云 南	Yunnan	1698.06	1233.23	464.83	4437.98
西 藏	Tibet	124.27	85.86	38.41	1185.51
陕 西	Shaanxi	1890.40	1335.68	554.72	3962.50
甘 肃	Gansu	672.67	490.26	182.41	2541.49
青 海	Qinghai	251.68	199.39	52.28	1347.43
宁 夏	Ningxia	339.86	250.33	89.54	1000.45
新 疆	Xinjiang	1282.34	887.79	394.54	3317.79

1-24 旅游业发展情况
Development of Tourism

年 份 Year	国际旅游(外汇)收入(亿美元) Foreign Exchange Earnings from International Tourism (100 million USD)	国内旅游收 入(亿元) Earnings from Domestic Tourism (100 million yuan)	国内游客(亿人次) Number of Domestic Visitors (100 million person-times)	入境游客(万人次) Number of Overseas Visitors Arrivals (10 000 person-times)	国内居民出境人数(万人次) Number of Chinese Outbound Visitors (10 000 person-times)	旅行社数(个) Number of Travel Agencies (unit)
2005	293.0	5285.9	12.1	12029.2	3102.6	16245
2006	339.5	6229.7	13.9	12494.2	3452.4	17957
2007	419.2	7770.6	16.1	13187.3	4095.4	18943
2008	408.4	8749.3	17.1	13002.7	4584.4	20110
2009	396.8	10183.7	19.0	12647.6	4765.6	20399
2010	458.1	12579.8	21.0	13376.2	5738.7	22784
2011	484.6	19305.4	26.4	13542.4	7025.0	23690
2012	500.3	22706.2	29.6	13240.5	8318.2	24944
2013	516.6	26276.1	32.6	12907.8	9818.5	26054
2014	569.1	30311.9	36.1	12849.8	10727.6	

1-25 国内旅游情况
Domestic Tourism

年 份 Year	国内游客(百万人次) Domestic Tourists (million person-times)	城镇居民 Urban Residents	农村居民 Rural Residents	旅游总花费(亿元) Tourism Expenditure (100 million yuan)	城镇居民 Urban Residents	农村居民 Rural Residents	人均花费(元) Per Capita Expenditure (yuan)	城镇居民 Urban Residents	农村居民 Rural Residents
2005	1212	496	716	5285.9	3656.1	1629.7	436.1	737.1	227.6
2006	1394	576	818	6229.7	4414.7	1815.0	446.9	766.4	221.9
2007	1610	612	998	7770.6	5550.4	2220.2	482.6	906.9	222.5
2008	1712	703	1009	8749.3	5971.7	2777.6	511.0	849.4	275.3
2009	1902	903	999	10183.7	7233.8	2949.9	535.4	801.1	295.3
2010	2103	1065	1038	12579.8	9403.8	3176.0	598.2	883.0	306.0
2011	2641	1687	954	19305.4	14808.6	4496.8	731.0	877.8	471.4
2012	2957	1933	1024	22706.2	17678.0	5028.2	767.9	914.5	491.0
2013	3262	2186	1076	26276.1	20692.6	5583.5	805.5	946.6	518.9
2014	3611	2483	1128	30311.9	24219.8	6092.1	839.7	975.4	540.2

1-26 分地区接待入境过夜游客

Number of Overseas Visitor Arrivals by Region

单位：万人次 (10 000 person-times)

地 区	Region	2010		2011		2012		2013		2014	
		总计 Total	#外国人 Foreigners	总计 Total	#外国人 Foreigners	总计 Total	#外国人 Foreigners	总计 Total	#外国人 Foreigners	总计 Total	#外国人 Foreigners
北 京	Beijing	490.1	421.6	520.4	447.4	500.9	434.4	450.1	387.6	427.5	365.5
天 津	Tianjin	166.1	153.0	73.1	63.6	73.8	63.7	75.9	66.0	76.6	67.5
河 北	Hebei	97.7	85.3	114.1	98.3	129.3	106.7	84.3	70.0	75.6	60.3
山 西	Shanxi	130.3	82.1	155.3	98.3	189.2	120.4	53.8	38.9	56.6	36.1
内蒙古	Inner Mongolia	142.8	140.0	151.5	147.6	159.2	151.5	161.6	155.3	167.3	160.2
辽 宁	Liaoning	361.8	307.0	405.3	339.4	473.1	388.6	256.0	173.6	260.7	200.6
吉 林	Jilin	82.0	72.2	99.3	85.5	118.3	100.9	124.3	107.6	130.6	113.3
黑龙江	Heilongjiang	172.4	164.8	206.5	197.8	207.6	194.7	152.9	145.0	141.7	132.3
上 海	Shanghai	733.7	593.1	668.6	555.0	651.2	539.6	614.1	511.1	639.6	523.3
江 苏	Jiangsu	653.5	473.5	737.3	537.9	791.5	575.2	288.0	193.4	297.1	197.0
浙 江	Zhejiang	684.7	447.4	773.7	515.0	865.9	570.5	337.6	252.1	370.9	269.8
安 徽	Anhui	198.4	117.4	262.9	151.7	331.5	190.4	272.0	167.1	280.2	160.8
福 建	Fujian	368.1	115.3	427.4	140.0	493.7	167.0	294.0	114.5	318.9	127.4
江 西	Jiangxi	114.0	39.9	135.8	44.0	156.2	50.4	123.9	40.3	147.7	44.7
山 东	Shandong	366.8	277.9	424.2	312.3	469.9	342.2	286.0	206.1	300.2	218.1
河 南	Henan	146.8	96.1	168.3	104.3	190.8	118.7	127.4	73.0	124.8	71.8
湖 北	Hubei	181.7	138.5	213.5	160.1	264.7	193.0	268.0	204.7	277.1	213.3
湖 南	Hunan	189.9	103.3	227.6	119.8	224.6	90.6	230.7	87.7	219.5	100.1
广 东	Guangdong	3140.9	733.3	3331.6	749.3	3489.4	773.1	3397.9	760.5	3355.4	775.2
广 西	Guangxi	250.2	141.4	302.8	171.5	350.3	192.7	281.7	150.9	295.8	146.8
海 南	Hainan	66.3	47.4	81.4	56.2	81.6	52.0	75.6	50.1	66.1	42.2
重 庆	Chongqing	137.0	104.0	186.4	132.6	224.3	152.6	115.2	77.0	126.4	80.6
四 川	Sichuan	104.9	75.0	164.0	113.7	227.3	151.3	209.6	147.3	240.2	169.7
贵 州	Guizhou	50.0	18.6	58.5	23.6	70.5	30.4	62.4	27.2	65.3	28.5
云 南	Yunnan	329.2	231.2	395.4	281.0	457.8	329.8	287.9	212.5	286.6	206.2
西 藏	Tibet	22.8	21.4	27.1	24.9	19.5	17.5	22.3	18.7	24.4	20.0
陕 西	Shaanxi	212.2	155.2	270.4	189.9	335.2	233.7	253.5	178.9	266.3	185.8
甘 肃	Gansu	7.0	5.0	9.1	5.5	10.2	6.7	9.8	6.3	4.9	2.9
青 海	Qinghai	4.7	3.4	5.2	4.1	4.7	3.8	4.7	4.1	5.2	4.1
宁 夏	Ningxia	1.8	1.3	1.9	1.4	1.9	1.4	2.5	1.5	3.4	1.5
新 疆	Xinjiang	50.9	45.4	56.4	48.8	62.5	49.0	68.9	60.1	54.0	47.7

1-27 分地区国际旅游(外汇)收入
Foreign Exchange Earnings from International Tourism by Region

单位：百万美元 (USD million)

地 区	Region	2008	2009	2010	2011	2012	2013	2014
北 京	Beijing	4459.1	4356.7	5044.6	5416.0	5149.0	4794.7	4608.0
天 津	Tianjin	1001.4	1182.6	1419.5	1755.5	2226.4	2591.3	2992.1
河 北	Hebei	274.0	307.8	350.7	447.7	544.9	585.8	534.2
山 西	Shanxi	300.7	377.9	464.6	567.2	720.2	822.7	280.7
内蒙古	Inner Mongolia	577.2	558.3	601.9	671.0	772.0	962.3	1003.0
辽 宁	Liaoning	1526.2	1856.2	2259.3	2713.1	3263.7	3477.1	1618.0
吉 林	Jilin	211.4	242.9	304.9	385.3	494.8	552.4	583.9
黑龙江	Heilongjiang	870.0	638.7	762.5	917.6	835.5	604.4	563.6
上 海	Shanghai	4971.7	4744.0	6340.9	5751.2	5493.2	5244.7	5601.9
江 苏	Jiangsu	3880.2	4016.0	4783.4	5653.0	6299.7	2379.9	3032.7
浙 江	Zhejiang	3024.1	3223.6	3930.2	4541.7	5151.7	5392.9	5753.5
安 徽	Anhui	454.5	565.8	709.0	1179.2	1562.7	1660.4	1840.3
福 建	Fujian	2393.5	2599.2	2978.2	3634.4	4225.7	4573.4	4911.8
江 西	Jiangxi	251.7	289.8	346.0	415.0	484.7	525.1	556.9
山 东	Shandong	1391.1	1765.3	2155.0	2550.8	2923.7	2731.2	2330.1
河 南	Henan	374.4	433.0	498.8	549.0	611.4	660.0	538.4
湖 北	Hubei	442.6	510.2	751.2	940.2	1203.0	1218.9	1238.5
湖 南	Hunan	617.4	672.7	906.2	1014.3	928.4	822.7	800.0
广 东	Guangdong	9175.0	10028.1	12382.6	13906.2	15610.7	16278.1	17106.4
广 西	Guangxi	601.7	643.3	806.2	1051.9	1278.9	1547.3	1572.1
海 南	Hainan	313.9	276.7	322.4	376.2	348.0	337.5	268.6
重 庆	Chongqing	449.8	537.2	703.2	968.1	1168.3	1268.3	1354.4
四 川	Sichuan	153.9	288.6	354.1	593.8	798.2	764.8	857.7
贵 州	Guizhou	117.0	110.4	129.6	135.1	168.9	201.4	188.8
云 南	Yunnan	1007.6	1172.2	1323.7	1608.6	1947.1	2418.2	2420.7
西 藏	Tibet	31.1	78.7	103.6	129.6	105.7	127.9	144.7
陕 西	Shaanxi	660.1	771.1	1016.0	1295.1	1597.5	1676.2	1768.7
甘 肃	Gansu	16.0	12.5	14.8	17.4	22.4	20.4	10.2
青 海	Qinghai	10.2	15.4	20.5	26.6	24.3	19.4	24.7
宁 夏	Ningxia	3.0	4.4	6.0	6.2	5.5	12.1	18.5
新 疆	Xinjiang	135.8	136.6	185.4	465.2	550.6	585.0	497.0

2

文化及相关产业发展情况

Development of Culture and Related Industries

2-1-1　文化及相关产业法人单位数

Number of Legal Entities Engaged in Culture and Related Industries

年　份	Year	法人单位数 Number of Legal Entities	文化制造业 Culture Manufacture	文化批发和零售业 Culture Wholesale and Retail Trade	文化服务业 Culture Service
绝对数(万个)	Number (10 000 units)				
	2004	31.79	6.89	5.11	19.79
	2008	46.08	8.88	5.53	31.66
	2012	66.30	13.30	11.34	41.66
	2013	91.85	16.25	13.99	61.61
	2014	99.62	17.26	15.28	67.08
构成(%)	Composition(%)				
	2004	100.00	21.67	16.07	62.25
	2008	100.00	19.27	12.00	68.71
	2012	100.00	20.06	17.10	62.84
	2013	100.00	17.69	15.23	67.08
	2014	100.00	17.33	15.34	67.33

注：1.2004年和2008年数据分别来自第一、第二次全国经济普查，统计范围为2004年《文化及相关产业分类》规定的行业范围。

2.2012年数据来自国家统计局2012年文化及相关产业法人单位核查认定结果，统计范围为《文化及相关产业分类(2012)》规定的行业范围。

3.2013年数据来自第三次全国经济普查，统计范围为《文化及相关产业分类(2012)》规定的行业范围。

a)Data of 2004 and 2008 are based on the first and second National Economic Census,and the statistical scope of data follows Classification of Culture and Related Industries issued in 2004.

b)Data of 2012 are based on the verification of legal entities of culture and related industries in 2012,… and the statistical scope of data follows Classification of Culture and Related Industries (2012).

c)Data of 2013 are based on the third National Economic Census, and the statistical scope of data follows Classification of Culture and Related Industries(2012).

2-1-2　文化及相关产业法人单位数(2014年)

Number of Legal Entities Engaged in Culture and Related Industries (2014)

单位：个，%　　(unit,%)

类　别	Category	法人单位数 Number of Legal Entities	构成 Composition
合　计	**Total**	**996208**	**100.0**
一、新闻出版发行服务	News,Publishing and Issuing Service	24262	2.4
二、广播电视电影服务	Radio,TV and Films Service	20264	2.0
三、文化艺术服务	Culture and Arts	132619	13.3
四、文化信息传输服务	Transmission of Culture Information	26007	2.6
五、文化创意和设计服务	Culture Originality and Design	268576	27.0
六、文化休闲娱乐服务	Culture Leisure and Entertainment	143697	14.4
七、工艺美术品的生产	Manufacture of Arts and Crafts Products	97261	9.8
八、文化产品生产的辅助生产	Supplementary Manufacture of Culture Products	147023	14.8
九、文化用品的生产	Manufacture of Culture Article	122959	12.3
十、文化专用设备的生产	Manufacture of Culture Equipment	13540	1.4

注：具体类别参见附录三：《文化及相关产业分类(2012)》(以下相关表同)。

a)Details on more categories refer to Appendix 3: Classification of Culture and Related Industries (2012). The same applies to the relevant tables following.

2-1-3 分地区文化及相关产业法人单位数(2014年)

Number of Legal Entities Engaged in Culture and Related Industries by Region (2014)

单位：个 (unit)

地 区	Region	法人单位数 Number of Legal Entities	文化制造业 Culture Manufacture	文化批发和零售业 Culture Wholesale and Retail Trade	文化服务业 Culture Service
全 国	**National Total**	**996208**	**172619**	**152836**	**670753**
北 京	Beijing	97886	2398	16786	78702
天 津	Tianjin	22118	3120	4020	14978
河 北	Hebei	32673	5391	5565	21717
山 西	Shanxi	14435	1063	1738	11634
内蒙古	Inner Mongolia	10393	623	1537	8233
辽 宁	Liaoning	29198	3248	4319	21631
吉 林	Jilin	8480	985	910	6585
黑龙江	Heilongjiang	9484	1003	965	7516
上 海	Shanghai	43079	4321	8995	29763
江 苏	Jiangsu	97599	23072	15686	58841
浙 江	Zhejiang	95982	33624	15266	47092
安 徽	Anhui	44407	5709	5681	33017
福 建	Fujian	36080	9176	5146	21758
江 西	Jiangxi	14968	4055	1000	9913
山 东	Shandong	71268	13970	16591	40707
河 南	Henan	38382	5528	5310	27544
湖 北	Hubei	36304	3039	5736	27529
湖 南	Hunan	41041	6358	3558	31125
广 东	Guangdong	110945	31257	17212	62476
广 西	Guangxi	19719	1957	2635	15127
海 南	Hainan	3142	186	413	2543
重 庆	Chongqing	25192	2599	3809	18784
四 川	Sichuan	26673	2654	1752	22267
贵 州	Guizhou	11686	2150	840	8696
云 南	Yunnan	15578	1094	2033	12451
西 藏	Tibet	798	97	129	572
陕 西	Shaanxi	17703	1637	2301	13765
甘 肃	Gansu	9771	1162	1392	7217
青 海	Qinghai	1949	229	217	1503
宁 夏	Ningxia	2884	260	423	2201
新 疆	Xinjiang	6391	654	871	4866

2-1-4 文化及相关产业增加值及占GDP比重

Value-added of Culture and Related Industries and Its Percentage to GDP

年 份 Year	增加值 (亿元) Value-added (100 million yuan)	增长 (现价，%) Increase Rate (current price,%)	占GDP比重 (%) as Percentage of GDP (%)
2004	3440		2.15
2005	4253	37.1	2.30
2006	5123	20.5	2.37
2007	6455	26.0	2.43
2008	7630	18.2	2.43
2009	8786	22.6	2.52
2010	11052	25.8	2.75
2011	13479	22.0	2.85
2012	18071	16.5	3.48
2013	21351	11.1	3.63
2014	23940	12.1	3.76

注：1. 2004-2011年按2004年《文化及相关产业分类》规定的行业范围进行测算，2012年按《文化及相关产业分类(2012)》规定的行业范围进行测算(下表同)。
2. 2004年、2008年根据经济普查数据测算，其他年份根据年报数据测算(下表同)。
3. 2009-2012年仅包括法人单位数据(下表同)。
4. 2011年按新标准调整为15516亿元、占GDP比重修正为3.28%。2012年的增长速度按新标准进行测算。
5. 2013-2014年为包括个体经营户在内的全口径数据（下表同）。2013年的增长仅指法人单位增加值的增长速度。

a)Data of 2004-2011 are caculated according to the scope of Classification of Culture and Related Industries issued in 2004, and data of 2012 is calculated accoring to new Classfication of Culture and Relate Industries (2012).The same applies to the table following.
b)Data of 2004 and 2008 are based on National Economic Census, and other data are base on annual report.The same applies to the table following.
c)Data of 2009-2012 only include legal entities. The same applies to the table following.
d)Following the new Classification of Culture and Related Industries(2012),value-added of culture and related industry in 2011 is revised as 1551600 million yuan, and its percentage to GDP is revised as 3.28%.The increase rate of 2012 is calculated with the revised data.
e)Data of 2013-2014 are caculated of the full aperture data, including individual enterprises.The same applies to the table following. Growth in 2013 only refers to the growth rate of the legal entities.

2-1-5 文化及相关产业法人单位增加值及构成

Value-added and Composition of Culture and Related Industries

单位：亿元，% (100 million yuan,%)

年 份 Year	增加值 Total Value-added	文化制造业 Culture Manufacture	文化批发和零售业 Culture Wholesale and Retail Trade	文化服务业 Culture Service	构成 Composition 文化制造业 Culture Manufacture	文化批发和零售业 Culture Wholesale and Retail Trade	文化服务业 Culture Service
2004	3102	1481	328	1241	47.7	10.6	40.0
2008	7166	2945	527	3639	41.1	7.4	50.8
2009	8786	3555	522	4642	40.5	5.9	52.8
2010	11052	4391	638	5937	39.7	5.8	53.7
2011	13479	5123	725	7536	38.0	5.4	55.9
2012	18071	7253	1187	9631	40.1	6.6	53.3
2013	21351	9166	2146	10039	42.9	10.1	47.0
2014	23940	9913	2386	11641	41.4	10.0	48.6

2-1-6 分地区文化及相关产业法人单位主要指标(2004年)

Basic Statistics on Legal Entities Engaged in Culture and Related Industries by Region (2004)

行 业 地 区	Sector Region	法人单位数 (万个) Number of Legal Entities (10 000 units)	从业人员 (万人) Number of Engaged Persons (10 000 persons)	资产总计 (亿元) Total Assets (100 million yuan)
全　国	**National Total**	**31.79**	**873.26**	**18316.6**
文化制造业	Culture Manufacture	6.89	500.29	7862.6
文化批发和零售业	Culture Whole and Retail Trade	5.11	71.50	2778.2
文化服务业	Culture Service	19.79	301.47	7675.9
北　京	Beijing	3.03	55.51	2942.4
天　津	Tianjin	0.58	15.10	389.8
河　北	Hebei	0.71	25.53	360.5
山　西	Shanxi	0.57	14.42	142.9
内蒙古	Inner Mongolia	0.32	10.11	78.1
辽　宁	Liaoning	1.20	28.25	551.0
吉　林	Jilin	0.41	12.29	155.4
黑龙江	Heilongjiang	0.45	15.94	190.2
上　海	Shanghai	3.00	50.12	1747.5
江　苏	Jiangsu	2.66	71.57	1349.8
浙　江	Zhejiang	3.13	79.22	1523.3
安　徽	Anhui	0.68	21.61	286.7
福　建	Fujian	1.27	48.33	675.0
江　西	Jiangxi	0.50	15.69	162.0
山　东	Shandong	1.72	75.17	1268.3
河　南	Henan	0.93	36.93	366.2
湖　北	Hubei	0.74	24.88	369.7
湖　南	Hunan	0.75	25.76	438.6
广　东	Guangdong	3.63	231.14	3428.6
广　西	Guangxi	0.80	19.14	226.9
海　南	Hainan	0.18	4.62	152.8
重　庆	Chongqing	0.43	14.26	204.3
四　川	Sichuan	1.57	36.97	729.5
贵　州	Guizhou	0.30	7.69	74.4
云　南	Yunnan	0.61	14.66	240.5
西　藏	Tibet	0.03	1.50	8.5
陕　西	Shaanxi	0.58	16.35	229.0
甘　肃	Gansu	0.37	8.50	78.1
青　海	Qinghai	0.10	2.93	16.3
宁　夏	Ningxia	0.14	3.88	61.8
新　疆	Xinjiang	0.39	8.30	104.2

注：本表数据根据第一次全国经济普查数据测算。
a)Data in the table above are based on the first National Economic Census.

2-1-6 续表 continude

行业 地区	Sector Region	营业收入(亿元) Business Revenue (100 million yuan)	#主营业务收入 Revenue from Principal Business	增加值(亿元) Value-added (100 million yuan)	占GDP比重(%) as Percentage of GDP (%)
全 国	**National Total**	**16561.5**	**16225.2**	**3101.7**	**1.94**
文化制造业	Culture Manufacture	8911.2	8720.0	1480.7	0.93
文化批发和零售业	Culture Whole and Retail Trade	4227.0	4169.2	327.8	0.21
文化服务业	Culture Service	3423.3	3336.0	1293.1	0.81
北 京	Beijing	1749.2		385.9	6.37
天 津	Tianjin	331.4		62.1	2.00
河 北	Hebei	256.2		75.0	0.89
山 西	Shanxi	107.7		36.4	1.02
内蒙古	Inner Mongolia	85.7		32.3	1.07
辽 宁	Liaoning	406.3		89.6	1.34
吉 林	Jilin	102.2		40.6	1.30
黑龙江	Heilongjiang	139.2		47.8	1.01
上 海	Shanghai	1782.3		269.5	3.34
江 苏	Jiangsu	1570.4		258.6	1.72
浙 江	Zhejiang	1366.6		273.1	2.34
安 徽	Anhui	217.3		55.5	1.17
福 建	Fujian	727.7		137.6	2.39
江 西	Jiangxi	130.1		42.0	1.22
山 东	Shandong	1628.6		286.9	1.91
河 南	Henan	381.3		101.4	1.19
湖 北	Hubei	231.1		71.3	1.27
湖 南	Hunan	318.9		108.8	1.93
广 东	Guangdong	4286.2		698.9	3.70
广 西	Guangxi	163.0		51.1	1.49
海 南	Hainan	51.7		13.4	1.68
重 庆	Chongqing	163.5		37.6	1.40
四 川	Sichuan	484.5		85.4	1.34
贵 州	Guizhou	58.7		24.1	1.43
云 南	Yunnan	157.3		47.3	1.54
西 藏	Tibet	4.6		4.6	2.08
陕 西	Shaanxi	151.6		45.7	1.44
甘 肃	Gansu	50.5		18.1	1.07
青 海	Qinghai	11.2		5.1	1.09
宁 夏	Ningxia	33.7		9.8	1.82
新 疆	Xinjiang	65.1		24.6	1.09

2-1-7 分地区文化及相关产业法人单位主要指标(2008年)

Basic Statistics on Legal Entities Engaged in Culture and Related Industries by Region (2008)

行 业 地 区	Sector Region	法人单位数 (万个) Number of Legal Entities (10 000 units)	从业人员 (万人) Number of Engaged Persons (10 000 persons)	资产总计 (亿元) Total Assets (100 million yuan)
全 国	**National Total**	**46.07**	**1008.22**	**27486.6**
文化制造业	Culture Manufacture	8.88	508.14	10438.2
文化批发和零售业	Culture Whole and Retail Trade	5.53	63.59	3177.4
文化服务业	Culture Service	31.66	436.49	13870.9
北 京	Beijing	3.77	58.20	3584.9
天 津	Tianjin	0.91	15.71	918.2
河 北	Hebei	1.22	24.10	475.2
山 西	Shanxi	0.84	13.45	207.0
内蒙古	Inner Mongolia	0.60	9.84	167.8
辽 宁	Liaoning	1.79	27.46	687.1
吉 林	Jilin	0.67	12.89	307.0
黑龙江	Heilongjiang	0.74	13.52	258.6
上 海	Shanghai	2.90	47.37	2261.1
江 苏	Jiangsu	3.72	78.24	2084.9
浙 江	Zhejiang	4.43	87.16	2694.2
安 徽	Anhui	1.30	23.11	447.7
福 建	Fujian	1.80	45.65	1092.2
江 西	Jiangxi	0.69	19.68	349.6
山 东	Shandong	3.38	77.45	1895.3
河 南	Henan	1.62	39.97	618.7
湖 北	Hubei	1.69	25.31	465.0
湖 南	Hunan	1.57	27.48	592.0
广 东	Guangdong	4.91	240.33	5413.3
广 西	Guangxi	1.14	19.56	363.9
海 南	Hainan	0.25	4.76	242.7
重 庆	Chongqing	0.91	12.91	275.2
四 川	Sichuan	1.87	28.29	943.4
贵 州	Guizhou	0.46	6.41	105.9
云 南	Yunnan	0.77	13.27	353.2
西 藏	Tibet	0.05	0.96	18.7
陕 西	Shaanxi	0.88	16.72	354.9
甘 肃	Gansu	0.41	7.39	88.4
青 海	Qinghai	0.12	2.06	19.7
宁 夏	Ningxia	0.16	2.64	84.3
新 疆	Xinjiang	0.51	6.31	116.6

注：本表数据根据第二次全国经济普查数据测算。
a)Data in the table above are based on the second National Economic Census.

2-1-7 续表 continued

行 业 地 区	Sector Region	营业收入（亿元） Business Revenue (100 million yuan)	#主营业务收入 Revenue from Principal Business	增加值（亿元） Value-added (100 million yuan)	占GDP比重（%） as Percentage of GDP (%)
全 国	**National Total**	**27244.3**	**26802.2**	**7166.1**	**2.28**
文化制造业	Culture Manufacture	14477.6	14201.3	2944.8	0.94
文化批发和零售业	Culture Whole and Retail Trade	4504.1	4454.5	526.7	0.17
文化服务业	Culture Service	8262.6	8146.3	3694.6	1.18
北 京	Beijing	2678.0	2634.6	641.4	5.77
天 津	Tianjin	549.3	545.5	92.4	1.38
河 北	Hebei	359.0	355.8	122.4	0.76
山 西	Shanxi	115.7	114.1	72.1	0.99
内蒙古	Inner Mongolia	275.4	273.1	111.2	1.31
辽 宁	Liaoning	688.5	672.1	179.7	1.31
吉 林	Jilin	222.8	220.6	108.9	1.69
黑龙江	Heilongjiang	235.1	231.3	104.1	1.25
上 海	Shanghai	2459.9	2429.1	378.4	2.69
江 苏	Jiangsu	2551.5	2523.0	644.8	2.08
浙 江	Zhejiang	2334.2	2294.1	529.7	2.47
安 徽	Anhui	376.8	371.5	117.8	1.33
福 建	Fujian	1039.4	1029.7	296.5	2.74
江 西	Jiangxi	398.7	396.1	159.2	2.28
山 东	Shandong	2547.0	2453.4	651.0	2.10
河 南	Henan	767.1	759.3	249.7	1.39
湖 北	Hubei	383.8	376.2	158.9	1.40
湖 南	Hunan	611.0	607.0	283.9	2.46
广 东	Guangdong	6565.2	6469.0	1545.0	4.20
广 西	Guangxi	266.5	259.4	99.4	1.42
海 南	Hainan	82.5	81.8	21.7	1.45
重 庆	Chongqing	288.0	284.1	103.8	1.79
四 川	Sichuan	719.4	709.5	182.5	1.45
贵 州	Guizhou	77.8	75.7	26.6	0.75
云 南	Yunnan	224.6	216.3	77.2	1.36
西 藏	Tibet	5.6	5.5	8.7	2.21
陕 西	Shaanxi	235.5	232.6	116.0	1.59
甘 肃	Gansu	57.2	55.1	28.9	0.91
青 海	Qinghai	12.8	12.5	10.3	1.01
宁 夏	Ningxia	35.6	35.3	13.8	1.14
新 疆	Xinjiang	80.6	78.8	30.1	0.72

2-1-8 分地区文化及相关产业法人单位主要指标(2013年)

Basic Statistics on Legal Entities Engaged in Culture and Related Industries by Region (2013)

行业 地区	Sector Region	法人单位数(万个) Number of Legal Entities (10 000 units)	从业人员(万人) Number of Engaged Persons (10 000 persons)	资产总计(亿元) Total Assets (100 million yuan)	营业收入(亿元) Business Revenue (100 million yuan)	#主营业务收入 Revenue from Principal Business
全　国	**National Total**	**918482**	**1760.0**	**95422.1**	**83743.4**	**82611.0**
文化制造业	Culture Manufacture	162478	805.5	32478.1	43501.9	42916.3
文化批发和零售业	Culture Whole and Retail Trade	139885	146.1	12290.0	18479.6	18336.7
文化服务业	Culture Service	616119	808.4	50654.0	21762.0	21358.0
北　京	Beijing	97752	94.2	9295.8	6408.5	6319.9
天　津	Tianjin	19912	36.0	3749.3	2287.6	2256.4
河　北	Hebei	28826	48.5	1869.9	1575.2	1556.3
山　西	Shanxi	14227	21.1	718.4	306.1	301.6
内蒙古	Inner Mongolia	9396	13.9	558.9	346.3	337.4
辽　宁	Liaoning	26565	38.1	1737.6	1507.4	1492.0
吉　林	Jilin	7920	13.2	481.8	271.4	266.3
黑龙江	Heilongjiang	9673	14.6	405.4	274.5	270.6
上　海	Shanghai	38551	71.0	7703.2	7763.2	7681.0
江　苏	Jiangsu	94856	193.1	11884.4	11101.8	10952.1
浙　江	Zhejiang	85683	134.3	8335.7	6580.7	6488.7
安　徽	Anhui	35100	51.1	2290.7	2251.6	2234.7
福　建	Fujian	34194	77.3	2666.8	3037.6	3010.6
江　西	Jiangxi	15969	50.9	1424.2	1793.3	1783.6
山　东	Shandong	59169	130.1	9411.5	8078.0	7949.7
河　南	Henan	35082	84.8	3047.4	2839.6	2817.0
湖　北	Hubei	33683	49.1	3207.3	1930.5	1903.5
湖　南	Hunan	35978	93.2	2710.5	3480.0	3426.0
广　东	Guangdong	104311	332.4	13550.4	15030.2	14793.8
广　西	Guangxi	17464	29.5	808.8	733.3	723.1
海　南	Hainan	3566	6.0	899.7	217.4	209.7
重　庆	Chongqing	21110	32.2	1792.5	1830.4	1815.2
四　川	Sichuan	26339	48.8	2653.0	2021.3	1994.1
贵　州	Guizhou	9941	13.1	701.6	259.8	251.3
云　南	Yunnan	14200	21.6	1052.2	521.7	505.3
西　藏	Tibet	846	1.7	41.2	23.1	22.7
陕　西	Shaanxi	17118	27.9	1476.8	751.1	741.5
甘　肃	Gansu	8859	13.8	346.3	169.5	164.1
青　海	Qinghai	2162	4.1	187.4	144.5	143.3
宁　夏	Ningxia	2756	4.1	165.5	53.0	48.7
新　疆	Xinjiang	7274	10.1	248.0	154.8	150.7

注：本表数据根据第三次全国经济普查数据测算。
a)Data in the table above are based on the third National Economic Census.

2-2-1 文化及相关产业固定资产投资实际到位资金

Actual Funds for Investment in Fixed Assets of Culture and Related Industries

单位：亿元 (100 million yuan)

年 份 Year	合计 Total	国家预算资金 State Budget	国内贷款 Domestic Loans	利用外资 Foreign Investment	自筹资金 Self-raising Fund	其他资金 Others	新增固定资产 Newly Increased Fixed Assets	固定资产交付使用率 (%) of Fixed Assets Completed and Put into Use (%)
2005	2892.3	103.1	297.3	237.5	2063.1	191.2	1796.7	64.3
2006	3404.5	129.4	361.6	173.5	2539.3	200.8	1948.1	59.0
2007	4301.1	186.7	400.3	237.2	3200.0	276.9	2273.0	54.8
2008	5725.7	285.9	431.8	279.8	4359.4	368.8	3142.3	56.0
2009	7803.8	383.8	804.0	209.2	5916.8	490.0	4757.5	63.1
2010	9583.7	496.2	822.1	238.8	7492.5	534.2	5453.9	60.0
2011	11003.6	562.8	895.3	249.9	8741.8	553.7	6609.4	63.3
2012	16256.6	836.9	1284.0	313.0	13095.5	727.1	9567.5	61.2
2013	19862.3	1038.4	1559.4	329.1	16197.3	738.0	12165.3	63.9
2014	24356.0	1029.3	1736.9	312.3	20302.7	974.8	15999.5	67.5

注：不含农户数据(以下相关表同)。
a)Data in the table above exclude rural households.The same applies to the relevent tables following.

2-2-2 文化及相关产业主要行业固定资产投资实际到位资金(2014年)

Actual Funds for Investment in Fixed Assets of Culture and Related Industries by Sector (2014)

单位：亿元,% (100 million yuan,%)

主要行业	Sector	合计 Total	国家预算资金 State Budget	国内贷款 Domestic Loans	利用外资 Foreign Investment	自筹资金 Self-raising Fund	其他资金 Others	新增固定资产 Newly Increased Fixed Assets	固定资产交付使用率 of Fixed Assets Completed and Put into Use
新闻出版业	News and Publishing	106.3	5.2	9.2		89.1	2.8	64.8	63.3
广播、电视、电影和音像业	Radio,TV,Films and Audio-vedio Service	586.8	20.3	65.0	2.5	492.8	6.3	252.1	44.6
文化艺术业	Culture and Arts	2822.8	329.4	198.6	13.4	2104.0	177.2	1784.4	66.0
娱乐业	Entertainment	1844.5	24.1	141.2	39.9	1585.3	54.0	963.6	54.9

2-2-3 按类别分文化及相关产业固定资产投资情况(2014年)
Investment in Fixed Assets of Culture and Related Industries by Category (2014)

类 别	Category	投资额 (万元) Investment (10 000 yuan)	构成 (%) Composition (%)
合 计	**Total**	**236950339**	**100.00**
一、新闻出版发行服务	News,Publishing and Issuing Service	1353446	0.57
二、广播电视电影服务	Radio,TV and Films Service	5650320	2.38
三、文化艺术服务	Culture and Arts	31827433	13.43
四、文化信息传输服务	Transmission of Culture Information	4387147	1.85
五、文化创意和设计服务	Culture Originality and Design	12298235	5.19
六、文化休闲娱乐服务	Culture Leisure and Entertainment	84712558	35.75
七、工艺美术品的生产	Manufacture of Arts and Crafts Products	12926890	5.46
八、文化产品生产的辅助生产	Supplementary Manufacture of Culture Products	36319273	15.33
九、文化用品的生产	Manufacture of Culture Article	42682360	18.01
十、文化专用设备的生产	Manufacture of Culture Equipment	4792677	2.02

2-2-4 分地区文化及相关产业固定资产投资情况

Investment in Fixed Assets of Culture and Related Industries by Region

单位：万元 (10 000 yuan)

地 区	Region	2005	2006	2007	2008	2009
全 国	**National Total**	**27959612**	**33021537**	**41468447**	**56089707**	**75416950**
北 京	Beijing	621357	895511	1203793	1297396	1310447
天 津	Tianjin	255097	339228	467752	902252	961984
河 北	Hebei	1433419	1852698	2291215	2685030	3857174
山 西	Shanxi	218987	273690	455422	628416	1281867
内蒙古	Inner Mongolia	435383	565120	1017800	1016661	1484789
辽 宁	Liaoning	940288	1413836	1738882	2245970	3226859
吉 林	Jilin	345977	643200	940322	1288835	1538414
黑龙江	Heilongjiang	369595	421219	563714	523812	953215
上 海	Shanghai	938740	492285	607393	1219930	1881511
江 苏	Jiangsu	2969782	2913847	3553261	4935334	6058482
浙 江	Zhejiang	3042950	3038878	3482220	4419420	4968869
安 徽	Anhui	677605	1040014	1606892	1901992	2906888
福 建	Fujian	558089	875522	1306734	1835369	2330089
江 西	Jiangxi	709938	883021	1203140	1935472	3091304
山 东	Shandong	4543512	4987563	4914805	8446692	11509288
河 南	Henan	1530266	1866452	2934909	3692764	5242120
湖 北	Hubei	832864	1063327	1392459	1886427	3032072
湖 南	Hunan	814485	1076456	1371074	1955866	2954063
广 东	Guangdong	2834268	3429594	4310554	4395724	5189135
广 西	Guangxi	479475	604003	784185	1150620	1694818
海 南	Hainan	105258	162991	177811	532732	875456
重 庆	Chongqing	434095	495861	760797	1195337	1214712
四 川	Sichuan	1288896	1717433	1649983	2310197	3245313
贵 州	Guizhou	221668	240955	299948	366132	347571
云 南	Yunnan	262169	403863	527189	686182	985359
西 藏	Tibet	47291	50172	54558	84952	98769
陕 西	Shaanxi	523505	682076	1153154	1635420	2068751
甘 肃	Gansu	144631	178609	206302	225669	348308
青 海	Qinghai	36310	52626	104951	121105	158547
宁 夏	Ningxia	98825	145373	172700	211118	184700
新 疆	Xinjiang	244887	216114	214528	356881	416076

2-2-4 续表 continued

单位：万元 (10 000 yuan)

地 区	Region	2010	2011	2012	2013	2014
全 国	**National Total**	**90885175**	**104455303**	**156426250**	**190460073**	**236950339**
北 京	Beijing	1763215	1811466	2958510	2919865	2283402
天 津	Tianjin	2003998	2231773	4087848	3583568	4417790
河 北	Hebei	5238031	5576719	9624071	13324296	14794559
山 西	Shanxi	1701377	1834253	2722256	3715333	5089109
内蒙古	Inner Mongolia	1960465	2689276	3061915	2947674	5608522
辽 宁	Liaoning	3755347	4715288	7366250	8618131	10111973
吉 林	Jilin	2369582	1800830	3041038	3068861	3790223
黑龙江	Heilongjiang	1416331	1795016	3638691	4235141	3871063
上 海	Shanghai	1143150	806375	1915334	2255632	2551302
江 苏	Jiangsu	7636733	8716819	14383597	18226189	24098064
浙 江	Zhejiang	5192974	5531592	6965973	8515517	10747329
安 徽	Anhui	3511837	3918544	6674015	8198415	9139672
福 建	Fujian	2825877	4078631	6108062	7577615	8393680
江 西	Jiangxi	4296084	5150786	8097499	9566445	11839336
山 东	Shandong	12889573	14113621	20163093	22219885	26127932
河 南	Henan	6791654	6805527	8466733	10396060	13909698
湖 北	Hubei	3527568	3968475	6222233	8740314	11091809
湖 南	Hunan	3347813	4815219	8643378	10458199	12277538
广 东	Guangdong	5500725	7068278	8767815	10044910	12332375
广 西	Guangxi	2125396	2844772	4078112	5398113	7109740
海 南	Hainan	923593	683962	842654	1114087	1481849
重 庆	Chongqing	1940720	2346382	3675129	4131973	7593029
四 川	Sichuan	4048637	3782082	5194133	6708817	8070662
贵 州	Guizhou	460871	642014	715251	1063878	2205423
云 南	Yunnan	1247579	1996848	2113237	2711661	3704349
西 藏	Tibet	118720	165556	320715	639234	510105
陕 西	Shaanxi	1948269	2816240	3715436	5591742	8148262
甘 肃	Gansu	439954	780165	1266001	2358266	2747763
青 海	Qinghai	161868	176607	428814	628911	661121
宁 夏	Ningxia	138612	169311	225405	335158	550228
新 疆	Xinjiang	458622	622876	943052	1166183	1692432

2-2-5 文化及相关产业施工和投产项目情况

Basic Statistics on Projects of Culture and Related Industries under Construction and Put into Use

单位：个，% (unit,%)

年 份 Year	施工项目 Number of Projects under Construction	#新开工 Projects Started This Year	全部建成投产项目 Number of Projects Completed and Put into Use	项目建成投产率 Rate of Construction Projects Completed and Put into Use
2005	18748	14099	10712	57.1
2006	18932	13733	10432	55.1
2007	20474	14440	11358	55.5
2008	23379	16423	13529	57.9
2009	28392	21096	17729	62.4
2010	27674	19363	17724	64.0
2011	21803	14366	13279	60.9
2012	27774	19492	16679	60.1
2013	29739	20329	18132	61.0
2014	34662	23992	23039	66.5

2-2-6 文化及相关产业主要行业施工和投产项目情况(2014年)

Basic Statistics on Projects of Culture and Related Industries under Construction and Put into Use by Sector (2014)

单位：个，% (unit,%)

主要行业	Sector	施工项目 Number of Projects under Construction	#新开工 Projects Started This Year	全部建成投产项目 Number of Projects Completed and Put into Use	项目建成投产率 Rate of Construction Projects Completed and Put into Use
新闻出版业	News and Publishing	132	65	72	54.5
广播、电视、电影和音像业	Radio,TV,Films and Audio-vedio Service	601	417	405	67.4
文化艺术业	Culture and Arts	4553	2859	2743	60.2
娱乐业	Entertainment	1925	1385	1331	69.1

2-3-1 居民人均可支配收入与文化娱乐消费支出
Per Capita Disposable Income and Consumption Expenditure on Education,Culture and Recreation of Households

单位：元，%　　(yuan, %)

指　标	Item	2013	2014
全国居民	**Nationwide Households**		
人均可支配收入	**Per Capita Disposable Income**	**18310.8**	**20167.1**
人均消费支出	Per Capita Consumption Expenditure	13220.4	14491.4
#文化娱乐	Cultural and Recreation	576.7	671.5
文化娱乐占消费支出比重	Expenditure on Culture and Recreation as Percentage of Consumption Expenditure	4.4	4.6
城镇居民	**Urban Households**		
人均可支配收入	**Per Capita Disposable Income**	**26467.0**	**28843.9**
人均消费支出	Per Capita Consumption Expenditure	18487.5	19968.1
#文化娱乐	Cultural and Recreation	945.7	1087.9
文化娱乐占消费支出比重	Expenditure on Culture and Recreation as Percentage of Consumption Expenditure	5.1	5.4
农村居民	**Rural Households**		
人均可支配收入	**Per Capita Disposable Income**	**9429.6**	**10488.9**
人均消费支出	Per Capita Consumption Expenditure	7485.2	8382.6
#文化娱乐	Cultural and Recreation	174.8	207.0
文化娱乐占消费支出比重	Expenditure on Culture and Recreation as Percentage of Consumption Expenditure	2.3	2.5

注：从2013年起，国家统计局开展了城乡一体化住户收支与生活状况调查，2-3-1至2-3-5表数据来源于此调查样本，与2013年前的分城镇和农村住户调查的调查范围、调查方法、指标口径有所不同。

a) The NBS started an integrated household income and expenditure survey in 2013, including both urban and rural households. The data shown in Tables 2-3-1 to 2-3-5 are compiled on the basis of the survey. The coverage, methodology and definitions used in the survey are different from those used for the separate urban and rural household surveys prior to 2013.

2-3-2 全国居民分地区人均文化娱乐消费支出
Per Capita Consumption Expenditure on Culture and Recreation of Nationwide Households by Region

单位：元 (yuan)

地 区	Region	2013	2014
全 国	**National Total**	**576.7**	**671.5**
北 京	Beijing	2133.3	2333.7
天 津	Tianjin	839.3	998.5
河 北	Hebei	375.0	443.4
山 西	Shanxi	350.6	481.6
内蒙古	Inner Mongolia	645.7	692.3
辽 宁	Liaoning	646.7	794.8
吉 林	Jilin	480.8	580.9
黑龙江	Heilongjiang	405.7	460.1
上 海	Shanghai	1822.1	2149.6
江 苏	Jiangsu	1141.9	1204.6
浙 江	Zhejiang	880.5	927.2
安 徽	Anhui	306.4	350.7
福 建	Fujian	658.5	714.4
江 西	Jiangxi	379.4	479.3
山 东	Shandong	430.0	537.9
河 南	Henan	439.9	501.5
湖 北	Hubei	417.3	487.6
湖 南	Hunan	458.5	639.0
广 东	Guangdong	871.6	1015.5
广 西	Guangxi	341.1	383.2
海 南	Hainan	360.9	367.4
重 庆	Chongqing	481.5	576.2
四 川	Sichuan	419.0	517.2
贵 州	Guizhou	347.7	462.4
云 南	Yunnan	373.7	446.4
西 藏	Tibet	70.5	109.2
陕 西	Shaanxi	463.6	506.0
甘 肃	Gansu	305.0	348.0
青 海	Qinghai	413.8	589.1
宁 夏	Ningxia	513.6	538.5
新 疆	Xinjiang	373.4	413.3

2-3-3 城镇居民分地区人均文化娱乐消费支出
Per Capita Consumption Expenditure on Culture and Recreation of Urban Households by Region

单位：元 (yuan)

地区	Region	2013	2014
全国	**National Total**	**945.7**	**1087.9**
北京	Beijing	2409.4	2633.0
天津	Tianjin	958.9	1150.3
河北	Hebei	626.2	723.0
山西	Shanxi	592.2	800.0
内蒙古	Inner Mongolia	979.7	1043.1
辽宁	Liaoning	898.6	1101.3
吉林	Jilin	707.6	858.5
黑龙江	Heilongjiang	577.6	641.0
上海	Shanghai	1999.7	2359.1
江苏	Jiangsu	1550.9	1636.2
浙江	Zhejiang	1209.1	1272.2
安徽	Anhui	520.4	570.7
福建	Fujian	949.6	1016.8
江西	Jiangxi	673.6	833.3
山东	Shandong	678.8	846.2
河南	Henan	833.4	902.1
湖北	Hubei	649.7	754.9
湖南	Hunan	805.2	1095.1
广东	Guangdong	1202.9	1387.8
广西	Guangxi	667.7	733.4
海南	Hainan	586.9	577.8
重庆	Chongqing	759.0	891.3
四川	Sichuan	798.6	968.1
贵州	Guizhou	797.6	1067.0
云南	Yunnan	840.0	1009.0
西藏	Tibet	212.5	376.2
陕西	Shaanxi	814.4	893.0
甘肃	Gansu	634.6	714.1
青海	Qinghai	740.8	1068.2
宁夏	Ningxia	845.0	877.6
新疆	Xinjiang	691.2	792.8

2-3-4　分地区农村居民人均文化娱乐消费支出
Per Capita Consumption Expenditure on Culture and Recreation of Rural Households by Region

单位：元　　(yuan)

地　区	Region	2013	2014
全　国	**National Total**	**174.8**	**207.0**
北　京	Beijing	378.6	437.2
天　津	Tianjin	337.1	327.3
河　北	Hebei	160.8	202.4
山　西	Shanxi	107.9	154.7
内蒙古	Inner Mongolia	202.2	215.8
辽　宁	Liaoning	190.0	225.7
吉　林	Jilin	216.4	252.6
黑龙江	Heilongjiang	178.6	218.4
上　海	Shanghai	313.7	344.9
江　苏	Jiangsu	465.9	469.6
浙　江	Zhejiang	328.1	334.6
安　徽	Anhui	129.6	162.5
福　建	Fujian	247.8	277.5
江　西	Jiangxi	127.5	170.1
山　东	Shandong	167.1	206.5
河　南	Henan	166.5	213.7
湖　北	Hubei	163.0	185.1
湖　南	Hunan	168.7	253.6
广　东	Guangdong	202.5	241.4
广　西	Guangxi	102.4	119.1
海　南	Hainan	126.3	140.4
重　庆	Chongqing	136.1	165.3
四　川	Sichuan	141.3	177.1
贵　州	Guizhou	101.7	123.8
云　南	Yunnan	97.5	108.8
西　藏	Tibet	28.0	29.5
陕　西	Shaanxi	143.3	147.3
甘　肃	Gansu	106.8	123.2
青　海	Qinghai	127.4	160.8
宁　夏	Ningxia	179.4	193.9
新　疆	Xinjiang	124.1	115.3

2-3-5 分地区居民人均文化娱乐消费支出(2014年)

Per Capita Consumption Expenditure on Culture and Recreation of Households by Region(2014)

单位：元 (yuan)

地区	Region	全国居民 Nationwide Households 人均消费支出 Per Capita Consumption Expenditure	#文化娱乐 Culture and Recreation	城镇居民 Urban Households 人均消费支出 Per Capita Consumption Expenditure	#文化娱乐 Culture and Recreation	农村居民 Rural Households 人均消费支出 Per Capita Consumption Expenditure	#文化娱乐 Culture and Recreation
全国	**National Total**	**14491.4**	**671.5**	**19968.1**	**1087.9**	**8382.6**	**207.0**
北京	Beijing	31102.9	2333.7	33717.5	2633.0	14535.1	437.2
天津	Tianjin	22343.0	998.5	24289.6	1150.3	13738.6	327.3
河北	Hebei	11931.5	443.4	16203.8	723.0	8248.0	202.4
山西	Shanxi	10863.8	481.6	14636.9	800.0	6991.7	154.7
内蒙古	Inner Mongolia	16258.1	692.3	20885.2	1043.1	9972.2	215.8
辽宁	Liaoning	16068.0	794.8	20519.6	1101.3	7800.7	225.7
吉林	Jilin	13026.0	580.9	17156.1	858.5	8139.8	252.6
黑龙江	Heilongjiang	12768.8	460.1	16466.6	641.0	7830.0	218.4
上海	Shanghai	33064.8	2149.6	35182.4	2359.1	14820.1	344.9
江苏	Jiangsu	19163.6	1204.6	23476.3	1636.2	11820.3	469.6
浙江	Zhejiang	22552.0	927.2	27241.7	1272.2	14497.8	334.6
安徽	Anhui	11727.0	350.7	16107.1	570.7	7980.8	162.5
福建	Fujian	17644.5	714.4	22204.1	1016.8	11055.9	277.5
江西	Jiangxi	11088.9	479.3	15141.8	833.3	7548.3	170.1
山东	Shandong	13328.9	537.9	18322.6	846.2	7962.2	206.5
河南	Henan	11000.4	501.5	16184.5	902.1	7277.2	213.7
湖北	Hubei	12928.3	487.6	16681.4	754.9	8680.9	185.1
湖南	Hunan	13288.7	639.0	18334.7	1095.1	9024.8	253.6
广东	Guangdong	19205.5	1015.5	23611.7	1387.8	10043.2	241.4
广西	Guangxi	10274.3	383.2	15045.4	733.4	6675.1	119.1
海南	Hainan	12470.6	367.4	17513.8	577.8	7029.0	140.4
重庆	Chongqing	13810.6	576.2	18279.5	891.3	7982.6	165.3
四川	Sichuan	12368.4	517.2	17759.9	968.1	8301.1	177.1
贵州	Guizhou	9303.4	462.4	15254.6	1067.0	5970.3	123.8
云南	Yunnan	9869.5	446.4	16268.3	1009.0	6030.3	108.8
西藏	Tibet	7317.0	109.2	15669.4	376.2	4822.1	29.5
陕西	Shaanxi	12203.6	506.0	17546.0	893.0	7252.4	147.3
甘肃	Gansu	9874.6	348.0	15942.3	714.1	6147.8	123.2
青海	Qinghai	12604.8	589.1	17492.9	1068.2	8235.1	160.8
宁夏	Ningxia	12484.5	538.5	17216.2	877.6	7676.5	193.9
新疆	Xinjiang	11903.7	413.3	17684.5	792.8	7365.3	115.3

2-3-6 文化娱乐用品及服务价格指数
Price Indices of Articles and Service for Culture and Recreation

上年=100 (preceding year=100)

年份 Year	居民消费价格指数 Consumer Price Index	#文娱用耐用消费品及服务 Durable Consumer Goods for Cultural and Recreation Use and Service	#文化娱乐 Culture and Recreation	#旅游 Touring and Outing
2005	101.8	93.8	101.2	99.6
2006	101.5	94.2	101.0	103.1
2007	104.8	93.1	101.0	102.3
2008	105.9	92.3	101.3	101.1
2009	99.3	90.6	102.5	97.5
2010	103.3	94.3	101.0	104.9
2011	105.4	93.7	101.1	103.8
2012	102.6	94.5	101.3	101.7
2013	102.6	96.3	101.4	104.0
2014	102.0	97.3	101.3	105.0

2-3-7 按城乡分文化娱乐用品及服务价格指数(2014年)
Price Indices of Articles and Service for Culture and Recreation in Urban and Rural Area (2014)

上年=100 (preceding year=100)

项目	Item	全国 Total	城市 Urban Area	农村 Rural Area
居民消费价格指数	**Consumer Price Index**	**102.0**	**102.1**	**101.8**
#文娱用耐用消费品及服务	Durable Consumer Goods for Culturaland Recreation Use and Service	97.3	96.9	98.6
#文化娱乐	Culture and Recreation	101.3	101.3	101.1
文化娱乐用品	Cultural and Recreational Articles	100.3	100.2	100.6
书报杂志	Newspapers and Magazines	101.6	101.8	100.9
文娱费	Expenditure for Cultural and Recreational Services	101.8	101.8	101.8
#旅游	Touring and Outing	105.0	104.8	105.9

2-4-1 文化产品进出口情况
Imports and Exports of Cultural Commodities

单位：亿美元，% (USD 100 million ,%)

年 份 Year	进出口总额 Total Imports & Exports	出口额 Total Exports	进口额 Total Imports	贸易差额 Balance	增 长 Increase Rate 进出口总额 Total Imports & Exports	出口额 Total Exports	进口额 Total Imports
2005	187.2	176.0	11.2	164.7	26.4	27.8	7.2
2006	213.6	201.7	11.9	189.8	14.1	14.6	5.8
2007	382.4	349.2	33.2	315.9	79.0	73.1	180.1
2008	433.0	390.5	42.5	348.0	13.2	11.8	28.0
2009	388.9	346.5	42.4	304.1	-10.2	-11.3	-0.2
2010	487.1	429.0	58.1	370.8	25.2	23.8	37.0
2011	671.4	582.1	89.3	492.9	37.8	35.7	53.6
2012	887.5	766.5	121.0	645.5	32.2	31.7	35.6
2013	1070.8	898.6	172.2	726.4	20.6	17.2	42.3
2014	1273.7	1118.3	155.4	962.9	19.0	24.5	-9.8

注：按照《我国文化产品进出口统计目录》(2015修订)标准统计，下表同。
a)Data in this table are according to "China's cultural products import and export statistics directory" (2015 Revision) standard statistic The same applies to the table following.

2-4-2 按商品类别分文化产品进出口情况(2014年)
Imports and Exports of Cultural Commodities by Category of Commodities (2014)

单位：亿美元，% USD 100 million ,%)

项 目	Item	进出口总额 Total Imports & Exports	出口额 Total Exports	进口额 Total Imports	贸易差额 Balance	增长 Increase Rate 出口额 Total Exports	进口额 Total Imports
合计	**Total**	**1273.70**	**1118.32**	**155.38**	**962.94**	**24.5**	**-9.8**
出版物	Publications	49.73	36.49	13.23	23.26	0.5	-6.8
图书、报纸、期刊	Books,Newspapers and Magazines	24.21	19.00	5.21	13.79	4.2	5.3
音像制品及电子出版物	Audio-Vedio Products and Electronic Products	3.35	1.23	2.12	-0.89	-47.9	-36.7
其他出版物	Other Publications	22.18	16.27	5.91	10.36	3.4	-0.1
工艺美术品及收藏品	Arts,Crafts and Collections	699.10	674.83	24.26	650.57	32.4	24.2
工艺美术品	Arts and Crafts	697.69	674.57	23.13	651.44	32.5	23.1
收藏品	Collections	1.40	0.26	1.14	-0.87	-3.8	51.6
文化用品	Cultural Products	303.43	288.92	14.50	274.42	37.6	88.0
文具	Stationery	1.40	1.38	0.02	1.37	6.1	-28.4
乐器	Musical Instruments	20.29	17.11	3.18	13.93	3.0	8.8
玩具	Toys	144.94	141.37	3.57	137.80	14.2	13.0
游艺器材及娱乐用品	Recreation Equipment and Entertainment Supplies	136.80	129.06	7.74	121.32	89.0	380.2
文化专用设备	Special Cultural equipment	221.45	118.07	103.38	14.70	-17.2	-20.9
印刷专用设备	Printing Equipment	30.28	14.53	15.75	-1.23	16.1	-11.0
广播电视电影专用设备	Radio,Television and Film Special Equipment	191.17	103.55	87.63	15.92	-20.4	-22.5

2-4-3 按贸易方式分文化产品进出口情况(2014年)
Imports and Exports of Cultural Commodities by Type of Trade (2014)

单位：亿美元，% (USD 100 million ,%)

项　目	Item	进出口总额 Total Imports & Exports	出口额 Total Exports	进口额 Total Imports	增长 Increase Rate 出口额 Total Exports	增长 Increase Rate 进口额 Total Imports
贸易总额	**Total**	**1273.70**	**1118.32**	**155.38**	**24.5**	**-9.8**
一般贸易	General Trade	1169.43	1034.98	900.53	134.4	7.1
加工贸易	Processing Trade	2254.47	2054.69	1854.90	199.8	-12.4
其他贸易	Other Trade	397.20	265.29	133.38	131.9	-2.3

2-4-4 按企业性质分文化产品进出口情况(2014年)
Imports and Exports of Cultural Commodities by Registration Status of Enterprises (2014)

单位：亿美元，% (USD 100 million ,%)

项　目	Item	进出口总额 Total Imports & Exports	出口额 Total Exports	进口额 Total Imports	增长 Increase Rate 出口额 Total Exports	增长 Increase Rate 进口额 Total Imports
贸易总额	**Total**	**1273.70**	**1118.32**	**155.38**	**24.5**	**-9.8**
国有企业	State-owned Enterprises	65.91	47.56	18.34	-8.7	17.0
外资企业	Foreign Funded Enterprises	475.16	385.46	89.69	21.2	8.6
集体、私营及其他企业	Collectived-owned, Private and Other Enterprises	732.64	685.29	47.34	29.7	-35.9

2-4-5 文化产品前十五位出口市场
Ranking List of Exports of Cultural Commodities by Country (Region) of Destination

位 次 Ranking	2009 国别(地区)	2009 Country (Region)	2009 累计金额(亿美元) Total Value (USD 100 million)	2010 国别(地区)	2010 Country (Region)	2010 累计金额(亿美元) Total Value (USD 100 million)
1	美国	United States	107.48	美国	United States	129.44
2	中国香港	Hong Kong,China	46.01	中国香港	Hong Kong,China	65.37
3	日本	Japan	24.02	德国	Germany	22.52
4	荷兰	Netherlands	17.00	日本	Japan	22.06
5	德国	Germany	16.26	英国	United Kingdom	18.81
6	英国	United Kingdom	16.12	荷兰	Netherlands	15.12
7	意大利	Italy	8.82	意大利	Italy	11.20
8	韩国	Korea Rep.	7.53	韩国	Korea Rep.	8.45
9	法国	France	6.87	法国	France	8.32
10	加拿大	Canada	5.91	印度	India	7.83
11	印度	India	5.86	加拿大	Canada	7.40
12	澳大利亚	Australia	5.67	澳大利亚	Australia	6.62
13	新加坡	Singapore	5.60	新加坡	Singapore	6.24
14	西班牙	Spain	4.90	西班牙	Spain	6.03
15	俄罗斯	Russia	3.59	俄罗斯	Russia	5.89

位 次 Ranking	2011 国别(地区)	2011 Country (Region)	2011 累计金额(亿美元) Total Value (USD 100 million)	2012 国别(地区)	2012 Country (Region)	2012 累计金额(亿美元) Total Value (USD 100 million)
1	美国	United States	150.58	中国香港	Hong Kong,China	257.86
2	中国香港	Hong Kong,China	132.02	美国	United States	163.05
3	日本	Japan	34.86	日本	Japan	31.93
4	德国	Germany	31.19	英国	United Kingdom	25.77
5	英国	United Kingdom	23.33	德国	Germany	24.96
6	荷兰	Netherlands	16.72	荷兰	Netherlands	18.36
7	意大利	Italy	12.36	新加坡	Singapore	11.61
8	韩国	Korea Rep.	11.86	意大利	Italy	11.09
9	法国	France	9.47	韩国	Korea Rep.	10.86
10	加拿大	Canada	8.63	加拿大	Canada	10.75
11	印度	India	8.18	法国	France	10.59
12	澳大利亚	Australia	8.03	澳大利亚	Australia	9.82
13	俄罗斯	Russia	7.82	巴西	Brazil	9.59
14	西班牙	Spain	7.07	印度	India	8.99
15	新加坡	Singapore	6.83	俄罗斯	Russia	8.70

2-4-5 续表 continued

位 次 Ranking	2013 国别(地区)	2013 Country (Region)	2013 累计金额(亿美元) Total Value (USD 100 million)	2014 国别(地区)	2014 Country (Region)	2014 累计金额(亿美元) Total Value (USD 100 million)
1	中国香港	Hong Kong,China	323.17	中国香港	Hong Kong,China	514.64
2	美国	United States	190.18	美国	United States	217.60
3	日本	Japan	40.90	日本	Japan	36.97
4	德国	Germany	30.89	英国	United Kingdom	31.49
5	英国	United Kingdom	28.49	德国	Germany	27.57
6	荷兰	Netherlands	19.08	荷兰	Netherlands	25.67
7	新加坡	Singapore	15.24	新加坡	Singapore	14.37
8	韩国	Korea Rep.	13.66	俄罗斯	Russia	13.59
9	印度	India	11.68	澳大利亚	Australia	11.79
10	加拿大	Canada	11.64	韩国	Korea Rep.	10.95
11	法国	France	10.96	意大利	Italy	10.69
12	意大利	Italy	10.58	法国	France	10.28
13	俄罗斯	Russia	10.32	加拿大	Canada	10.19
14	澳大利亚	Australia	10.01	印度	India	9.90
15	巴西	Brazil	9.89	巴西	Brazil	8.91

2-4-6 文化产品前十五位进口市场

Ranking List of Imports of Cultural Commodities by Country (Region) of Origin

位 次 Ranking	2009 国别(地区)	2009 Country (Region)	2009 累计金额(亿美元) Total Value (USD 100 million)	2010 国别(地区)	2010 Country (Region)	2010 累计金额(亿美元) Total Value (USD 100 million)
1	日本	Japan	8.18	日本	Japan	11.23
2	德国	Germany	5.70	德国	Germany	8.44
3	美国	United States	3.04	韩国	Korea Rep.	6.11
4	菲律宾	Philippines	2.65	美国	United States	4.23
5	韩国	Korea Rep.	2.27	中国台湾	Taiwan,China	1.96
6	中国香港	Hong Kong,China	1.27	意大利	Italy	1.82
7	意大利	Italy	1.07	菲律宾	Philippines	1.71
8	中国台湾	Taiwan,China	1.05	英国	United Kingdom	1.18
9	法国	France	1.02	中国香港	Hong Kong,China	1.16
10	英国	United Kingdom	0.87	法国	France	1.04
11	瑞士	Switzerland	0.79	瑞士	Switzerland	0.91
12	新加坡	Singapore	0.32	加拿大	Canada	0.59
13	荷兰	Netherlands	0.32	印度尼西亚	Indonesia	0.45
14	印度	India	0.27	新加坡	Singapore	0.37
15	印度尼西亚	Indonesia	0.26	以色列	Israel	0.31

2-4-6 续表 continued

位次 Ranking	2011 国别（地区）	2011 Country (Region)	2011 累计金额（亿美元） Total Value (USD 100 million)	2012 国别（地区）	2012 Country (Region)	2012 累计金额（亿美元） Total Value (USD 100 million)
1	韩国	Korea Rep.	17.32	韩国	Korea Rep.	20.14
2	日本	Japan	12.93	日本	Japan	11.56
3	德国	Germany	9.30	德国	Germany	8.96
4	美国	United States	4.89	美国	United States	5.38
5	中国台湾	Taiwan,China	3.06	中国台湾	Taiwan,China	4.30
6	意大利	Italy	2.34	意大利	Italy	2.88
7	瑞士	Switzerland	1.85	中国香港	Hong Kong,China	2.60
8	法国	France	1.83	法国	France	2.23
9	英国	United Kingdom	1.38	英国	United Kingdom	1.77
10	中国香港	Hong Kong,China	1.32	瑞士	Switzerland	1.71
11	菲律宾	Philippines	1.22	新加坡	Singapore	1.41
12	加拿大	Canada	0.86	印度尼西亚	Indonesia	1.03
13	印度尼西亚	Indonesia	0.77	菲律宾	Philippines	0.69
14	新加坡	Singapore	0.58	加拿大	Canada	0.56
15	南非	South Africa	0.43	南非	South Africa	0.46

位次 Ranking	2013 国别（地区）	2013 Country (Region)	2013 累计金额（亿美元） Total Value (USD 100 million)	2014 国别（地区）	2014 Country (Region)	2014 累计金额（亿美元） Total Value (USD 100 million)
1	韩国	Korea Rep.	22.59	韩国	Korea Rep.	22.15
2	日本	Japan	9.92	日本	Japan	8.92
3	德国	Germany	9.30	德国	Germany	8.37
4	美国	United States	5.45	美国	United States	6.31
5	中国香港	Hong Kong,China	5.33	中国香港	Hong Kong,China	5.31
6	中国台湾	Taiwan,China	4.16	新加坡	Singapore	4.26
7	新加坡	Singapore	4.13	意大利	Italy	3.87
8	意大利	Italy	2.95	中国台湾	Taiwan,China	2.49
9	法国	France	2.14	法国	France	2.35
10	英国	United Kingdom	1.92	英国	United Kingdom	2.20
11	瑞士	Switzerland	1.20	印度尼西亚	Indonesia	1.37
12	印度尼西亚	Indonesia	1.16	瑞士	Switzerland	1.15
13	菲律宾	Philippines	0.71	菲律宾	Philippines	0.98
14	巴西	Brazil	0.62	加拿大	Canada	0.88
15	西班牙	Spain	0.56	荷兰	Holland	0.68

2-5-1 全国公共财政文化体育与传媒支出
Expenditure for Culture, Sport and Media of National Government Revenue

单位：亿元 (100 million yuan)

年份 地区	Year Region	公共财政文化体育与传媒支出 Expenditure for Culture, Sport and Media	文化 Culture	文物 Cultural Relics	体育 Sport	广播影视 Radio,Film and Television	新闻出版 Press and Publication	其他 Others
	2007	898.64	326.98	96.69	169.75	206.46	47.41	51.33
	2008	1095.74	379.10	131.19	205.29	238.76	58.50	82.90
	2009	1393.07	485.57	144.30	238.26	309.78	66.35	148.81
	2010	1542.70	529.54	157.87	254.17	326.10	94.41	180.61
	2011	1893.36	618.74	198.49	266.35	482.26	117.43	210.09
	2012	2268.35	757.10	259.53	272.49	537.31	126.42	315.49
	2013	2544.39	858.59	314.14	299.08	549.87	112.27	410.44
	2014	2691.48	917.42	311.18	370.75	567.61	116.67	407.86
中央	Central-level	223.00	36.81	18.13	17.49	69.05	56.72	24.80
地方合计	Regional Total	2468.48	880.61	293.05	353.26	498.56	59.95	383.06
北京	Beijing	163.90	56.27	22.87	17.53	9.25	1.30	56.68
天津	Tianjin	47.87	20.66	2.73	11.87	5.87	1.38	5.36
河北	Hebei	82.66	22.60	11.96	18.06	12.91	0.77	16.36
山西	Shanxi	63.95	19.33	14.68	6.12	14.64	1.77	7.40
内蒙古	Inner Mongolia	91.90	23.66	7.09	18.16	26.46	3.31	13.22
辽宁	Liaoning	92.60	22.30	7.44	10.99	41.55	1.67	8.65
吉林	Jilin	61.16	17.68	7.58	5.75	22.80	3.38	3.97
黑龙江	Heilongjiang	45.63	15.74	3.74	7.65	11.07	1.21	6.22
上海	Shanghai	86.38	42.03	7.61	18.69	2.95	1.45	13.64
江苏	Jiangsu	190.86	86.35	16.09	36.85	17.52	3.14	30.91
浙江	Zhejiang	115.36	54.56	12.79	15.93	10.73	1.76	19.59
安徽	Anhui	82.25	23.79	6.65	5.58	36.07	2.10	8.06
福建	Fujian	64.18	24.63	6.49	9.57	10.11	0.96	12.42
江西	Jiangxi	60.03	14.82	9.53	4.72	20.45	1.23	9.29
山东	Shandong	127.75	45.77	15.71	19.65	24.88	3.58	18.15
河南	Henan	91.16	30.78	13.64	6.05	31.58	1.28	7.82
湖北	Hubei	76.65	31.26	8.93	8.62	14.44	2.26	11.14
湖南	Hunan	80.01	28.45	13.55	9.09	11.46	1.57	15.90
广东	Guangdong	168.16	65.54	10.57	48.58	15.80	3.09	24.58
广西	Guangxi	68.52	24.18	4.44	10.53	13.06	1.58	14.73
海南	Hainan	23.51	8.65	2.23	2.67	4.60	0.61	4.74
重庆	Chongqing	36.02	14.90	4.57	4.57	4.02	1.59	6.37
四川	Sichuan	135.65	49.45	15.57	11.51	39.99	3.14	15.98
贵州	Guizhou	54.69	15.80	6.71	7.12	11.51	1.43	12.12
云南	Yunnan	56.21	22.78	7.14	6.09	10.84	2.45	6.90
西藏	Tibet	34.10	9.31	12.98	1.39	8.74	1.19	0.49
陕西	Shaanxi	93.23	32.51	19.39	7.39	17.40	2.08	14.47
甘肃	Gansu	49.60	15.22	9.74	6.99	9.10	1.26	7.28
青海	Qinghai	34.16	13.08	3.36	2.67	10.46	1.23	3.36
宁夏	Ningxia	16.02	6.38	2.03	2.17	2.83	0.72	1.89
新疆	Xinjiang	74.32	22.12	5.22	10.71	25.45	5.45	5.37

2-5-2 地方财政文化体育与传媒支出

Expenditure for Culture, Sport and Media of Regional Government Revenue

单位：亿元 (100 million yuan)

地 区	Region	2007	2008	2009	2010	2011	2012	2013	2014
地方合计	**Regional Total**	**771.43**	**955.13**	**1238.32**	**1392.57**	**1704.64**	**2074.79**	**2339.94**	**2468.48**
北 京	Beijing	53.62	61.11	74.75	79.36	87.01	141.37	154.71	163.90
天 津	Tianjin	15.96	18.01	19.81	24.28	29.76	35.85	44.53	47.87
河 北	Hebei	20.75	29.00	38.02	37.09	50.45	59.29	72.71	82.66
山 西	Shanxi	26.81	27.19	27.97	31.24	48.17	60.20	66.69	63.95
内蒙古	Inner Mongolia	27.71	31.62	47.33	52.96	68.78	87.21	88.05	91.90
辽 宁	Liaoning	24.80	29.94	76.25	56.76	68.60	79.25	95.34	92.60
吉 林	Jilin	22.33	28.21	29.36	32.93	44.25	47.48	56.55	61.16
黑龙江	Heilongjiang	20.35	23.96	33.46	39.50	44.94	47.27	52.37	45.63
上 海	Shanghai	43.41	49.52	53.12	54.95	68.80	72.51	89.17	86.38
江 苏	Jiangsu	48.16	66.74	77.18	88.67	116.86	150.90	173.54	190.86
浙 江	Zhejiang	49.34	63.76	64.09	77.15	85.09	94.18	106.00	115.36
安 徽	Anhui	26.26	32.75	42.14	51.68	62.35	71.43	79.50	82.25
福 建	Fujian	18.29	22.43	25.77	27.10	35.86	46.07	57.88	64.18
江 西	Jiangxi	15.80	18.78	22.93	28.38	39.66	44.77	52.62	60.03
山 东	Shandong	44.11	55.22	70.40	74.03	91.57	114.27	127.53	127.75
河 南	Henan	33.38	41.46	58.67	54.99	57.54	69.63	80.78	91.16
湖 北	Hubei	24.92	25.25	36.03	36.67	47.09	62.47	72.44	76.65
湖 南	Hunan	20.15	25.35	33.08	39.66	44.87	54.50	68.95	80.01
广 东	Guangdong	53.03	66.72	111.50	166.16	170.56	137.64	141.68	168.16
广 西	Guangxi	21.41	29.25	29.27	32.77	37.48	45.52	49.85	68.52
海 南	Hainan	4.57	6.82	9.75	11.61	16.60	19.85	21.90	23.51
重 庆	Chongqing	10.58	16.54	19.04	24.04	31.16	33.08	34.94	36.02
四 川	Sichuan	28.59	34.57	45.70	59.37	87.35	120.70	142.40	135.65
贵 州	Guizhou	15.71	17.84	23.62	23.98	35.31	49.85	48.68	54.69
云 南	Yunnan	19.84	27.98	32.38	35.53	45.34	62.06	61.35	56.21
西 藏	Tibet	7.23	9.21	13.36	12.48	18.91	24.18	22.51	34.10
陕 西	Shaanxi	21.73	31.81	40.89	47.86	61.27	91.81	100.44	93.23
甘 肃	Gansu	15.23	19.45	24.50	29.78	33.07	49.87	59.76	49.60
青 海	Qinghai	6.94	9.89	15.58	11.57	14.32	18.92	25.84	34.16
宁 夏	Ningxia	7.06	7.09	9.03	16.09	13.94	14.44	16.60	16.02
新 疆	Xinjiang	23.35	27.66	33.34	33.92	47.70	68.23	74.63	74.32

2-6-1 国内文化及相关产业专利授权情况
Basic Statistics on Granted Patent Applications on Culture and Related Industries

单位：项 (piece)

年份 地区	Year Region	文化及相关产业专利授权总数 Total Patent Applications Granted	发明专利 Inventions	实用新型专利 Utility Models	外观设计专利 Designs
	2005	17208	791	4472	11945
	2006	20785	866	5758	14161
	2007	29792	1050	8535	20207
	2008	32767	1983	10769	20015
	2009	46067	3898	10754	31415
	2010	64205	4378	16947	42880
	2011	62194	5588	20277	36329
	2012	82769	6491	24281	51997
	2013	90326	5746	30463	54117
	2014	71304	6652	23923	40729
北　京	Beijing	3203	945	1315	943
天　津	Tianjin	1149	140	674	335
河　北	Hebei	709	40	365	304
山　西	Shanxi	238	35	101	102
内蒙古	Inner Mongolia	133	6	50	77
辽　宁	Liaoning	726	80	335	311
吉　林	Jilin	202	29	105	68
黑龙江	Heilongjiang	774	60	465	249
上　海	Shanghai	2751	607	1069	1075
江　苏	Jiangsu	11558	669	2592	8297
浙　江	Zhejiang	12527	580	3497	8450
安　徽	Anhui	1600	98	790	712
福　建	Fujian	3154	171	709	2274
江　西	Jiangxi	1028	59	391	578
山　东	Shandong	2796	267	1705	824
河　南	Henan	1858	87	608	1163
湖　北	Hubei	1049	167	473	409
湖　南	Hunan	1333	93	544	696
广　东	Guangdong	19754	2008	5946	11800
广　西	Guangxi	402	36	161	205
海　南	Hainan	87	8	31	48
重　庆	Chongqing	805	39	377	389
四　川	Sichuan	1487	187	723	577
贵　州	Guizhou	330	14	82	234
云　南	Yunnan	242	18	120	104
西　藏	Tibet	18		2	16
陕　西	Shaanxi	1022	194	573	255
甘　肃	Gansu	131	6	52	73
青　海	Qinghai	60	2	6	52
宁　夏	Ningxia	32	1	21	10
新　疆	Xinjiang	146	6	41	99

2-6-2 按类别分文化及相关产业专利授权情况(2014年)
Basic Statistics on Granted Patent Applications on Culture and Related Industries by Category (2014)

单位：项 (piece)

类 别	Category	文化及相关产业专利授权总数 Total Patent Applications Granted	发明专利 Inventions	实用新型专利 Utility Models	外观设计专利 Designs
合 计	**National Total**	**95157**	**8196**	**30603**	**56358**
工艺美术品的制造	Manufacture of Arts and Crafts	14913	518	2361	12034
园林、陈设艺术及其他陶瓷制品的制造	Art of Garden, Furnishings and Manufacture of Other Ceramic Products	1064	480	47	537
印刷复制服务	Printing and Duplicating Services	4301	650	915	2736
办公用品的制造	Manufacture of Office Equipment	6240	159	2259	3822
乐器的制造	Manufacture of Musical Instruments	1372	62	687	623
玩具的制造	Manufacture of Toys	12434	69	1682	10683
游艺器材及娱乐用品的制造	Manufacture of Games and Entertainment	12438	177	1053	11208
视听设备的制造	Manufacture of Audio and Visual Equipment	9109	840	4143	4126
焰火、鞭炮产品的制造	Manufacture of Fireworks and Firecrackers	309	49	236	24
文化用纸的制造	Manufacture of Cultural Paper	1051	187	374	490
文化用油墨颜料的制造	Manufacture of Cultural Printing Ink	489	475	14	
文化用化学品的制造	Manufacture of Cultural Chemicals	35	7	9	19
其他文化用品的制造	Manufacture of Other Cultural Products	4660	390	1932	2338
印刷专用设备的制造	Manufacture of Printing Equipment	5665	1057	4463	145
广播电视电影专用设备的制造	Manufacture of Radio, Film and Television Equipment	15874	2545	7272	6057
其他文化专用设备的制造	Manufacture of Other Cultural Equipment	5203	531	3156	1516

注：1.本表类别使用中类分组,具体类别参见附录三：《文化及相关产业分类(2012)》。
2.同一项专利可能含有多个技术方案，因而在产业统计时可能会在不同的产业中重复出现。

a)Data in the table above is divided by group.Details on more categories refer to Appendix 3: Classification of Culture and Related Industries (2012).

b)The same patent maybe include different technical scheme, so the same patent may appear in different industry category.

3

文化及相关产业法人单位发展情况

Condition on Legal Entities of Culture and Related Industries

3-1-1 规模以上文化制造业企业基本情况(2014年)
Basic Statistics on Cultural Industrial Enterprises above Designated Size(2014)

分 组	Group	企业单位数(个) Number of Enterprises (unit)	年末从业人员(人) Engaged Persons at Year-end (person)	资产总计(万元) Total Assets (10 000 yuan)
合 计	**Total**	**19048**	**5197164**	**284408177**
按企业规模分	**Grouped by Size of Enterprises**			
大型	Large	462	1430421	113169270
中型	Medium-sized	3445	1953229	76234628
小型	Small	14659	1806632	92258747
微型	Micro-sized	482	6882	2745532
按登记注册类型分	**by Status of Registration**			
内资企业	Domestic Funded Enterprises	15179	3243638	181058708
国有企业	Stats-owned Enterprises	109	28552	2061342
集体企业	Collective-owned Enterprises	171	75806	1132564
股份合作企业	Cooperative Enterprises	64	12656	528648
联营企业	Joint Ownership Enterprises	8	2090	49834
有限责任公司	Limited Liability Corporations	3724	967070	68172805
股份有限公司	Share-holding Corporations Ltd.	354	214664	29033036
私营公司	Private Enterprises	10619	1916725	79183010
其他企业	Other Enterprises	130	26075	897470
港、澳、台商投资企业	Enterprises with Funds from Hong Kong, Macao and Taiwan	2148	1154338	49282088
外商投资企业	Foreign Funded Enterprises	1721	799188	54067381
按企业控股情况分	**by Status of Holding**			
国有控股	State-holding	508	299546	40898997
集体控股	Collective-holding	349	150160	6807892
私人控股	Private-holding	14161	2727101	127147893
港澳台商控股	Hong Kong, Macao and Taiwan-holding	1883	1052942	39905917
外商控股	Foreign-holding	1381	713238	50504581
其他	Others	766	254177	19142896

3-1-1 续表 1 continued

单位: 万元 (10 000 yuan)

分 组	Group	营业收入 Total Revenue	#主营业务收入 Revenue from Principal Business	营业税金及附加 Total Tax and Extra Charges
合 计	**Total**	**423090953**	**416967626**	**2482452**
按企业规模分	**Grouped by Size of Enterprises**			
大型	Large	142334428	138730364	415124
中型	Medium-sized	117492334	116181130	681955
小型	Small	160397143	159411629	1368019
微型	Micro-sized	2867049	2644503	17355
按登记注册类型分	**by Status of Registration**			
内资企业	Domestic Funded Enterprises	269002883	266569383	1969558
国有企业	Stats-owned Enterprises	1299340	1222201	9337
集体企业	Collective-owned Enterprises	3414069	3398715	35357
股份合作企业	Cooperative Enterprises	615450	611050	6308
联营企业	Joint Ownership Enterprises	194639	194611	414
有限责任公司	Limited Liability Corporations	91579234	90006005	569155
股份有限公司	Share-holding Corporations Ltd.	19192438	18870553	99517
私营公司	Private Enterprises	150840357	150401067	1187903
其他企业	Other Enterprises	1867356	1865182	61567
港、澳、台商投资企业	Enterprises with Funds from Hong Kong, Macao and Taiwan	75195491	72705102	275943
外商投资企业	Foreign Funded Enterprises	78892579	77693141	236951
按企业控股情况分	**by Status of Holding**			
国有控股	State-holding	36382935	34982774	180721
集体控股	Collective-holding	10847758	10676319	102318
私人控股	Private-holding	213439830	212530971	1683741
港澳台商控股	Hong Kong, Macao and Taiwan-holding	65989152	63712297	193061
外商控股	Foreign-holding	72359820	71318136	199245
其他	Others	24071458	23747128	123366

3-1-1 续表 2 continued

单位：万元 (10 000 yuan)

分组	Group	#主营业务税金及附加 Tax and Extra Charges from Principal Business	营业利润 Operating Profit	应交增值税 Value-added Tax Payable
合计	**Total**	**2368500**	**24237965**	**10160694**
按企业规模分	**Grouped by Size of Enterprises**			
大型	Large	405869	6975254	2554449
中型	Medium-sized	669913	7090117	3108925
小型	Small	1275650	10080610	4435169
微型	Micro-sized	17069	91984	62151
按登记注册类型分	**by Status of Registration**			
内资企业	Domestic Funded Enterprises	1911940	16439816	7290477
国有企业	Stats-owned Enterprises	8679	38828	45577
集体企业	Collective-owned Enterprises	35071	213255	84351
股份合作企业	Cooperative Enterprises	6304	44594	21733
联营企业	Joint Ownership Enterprises	414	39305	3466
有限责任公司	Limited Liability Corporations	541528	5010609	2324345
股份有限公司	Share-holding Corporations Ltd.	92096	1028268	466589
私营公司	Private Enterprises	1167625	9909676	4285193
其他企业	Other Enterprises	60223	155281	59223
港、澳、台商投资企业	Enterprises with Funds from Hong Kong, Macao and Taiwan	220896	3717013	1505388
外商投资企业	Foreign Funded Enterprises	235664	4081135	1364829
按企业控股情况分	**by Status of Holding**			
国有控股	State-holding	164971	1196410	858435
集体控股	Collective-holding	58011	667833	318683
私人控股	Private-holding	1643130	14383115	6002842
港澳台商控股	Hong Kong, Macao and Taiwan-holding	181352	3000426	1226226
外商控股	Foreign-holding	198020	3755789	1169979
其他	Others	123017	1234392	584528

3-1-1　续表 3　continued

单位: 万元　　　　(10 000 yuan)

分　组	Group	工业总产值（当年价格） Gross Industrial Output Value (current prices)	工业销售产值（当年价格） Industrial Sales Output Value (current prices)	#出口交货值 Export Delivery Value
合　计	**Total**	**425334180**	**416887786**	**112807922**
按企业规模分	**Grouped by Size of Enterprises**			
大型	Large	140313106	137682961	54422625
中型	Medium-sized	118567125	115868709	31267329
小型	Small	163242846	160174088	26794796
微型	Micro-sized	3211103	3162028	323172
按登记注册类型分	**by Status of Registration**			
内资企业	Domestic Funded Enterprises	271991010	266932160	40108847
国有企业	Stats-owned Enterprises	1227028	1192402	198404
集体企业	Collective-owned Enterprises	3309440	3239751	952146
股份合作企业	Cooperative Enterprises	608201	598200	148868
联营企业	Joint Ownership Enterprises	196164	194611	34245
有限责任公司	Limited Liability Corporations	90458276	89061415	10309922
股份有限公司	Share-holding Corporations Ltd.	19713734	19218872	3806633
私营公司	Private Enterprises	154534125	151528903	24242679
其他企业	Other Enterprises	1944042	1898006	415950
港、澳、台商投资企业	Enterprises with Funds from Hong Kong, Macao and Taiwan	74409695	72218976	33946487
外商投资企业	Foreign Funded Enterprises	78933475	77736650	38752588
按企业控股情况分	**by Status of Holding**			
国有控股	State-holding	33690285	33642739	3981528
集体控股	Collective-holding	10731156	10475616	1363522
私人控股	Private-holding	218736293	214208521	35634122
港澳台商控股	Hong Kong, Macao and Taiwan-holding	64890959	62993478	31093631
外商控股	Foreign-holding	72213117	71311397	36757628
其他	Others	25072370	24256036	3977492

3-1-2 按类别分规模以上文化制造业企业基本情况(2014年)

Basic Statistics on Cultural Industrial Enterprises above Designated Size by Category(2014)

类　别	Category	企业单位数(个) Number of Enterprises (unit)	#亏损企业 Unprofitable Enterprise	年末从业人员(人) Engaged Persons at Year-end (person)	#女性 Female
合　计	**Total**	**19048**	**2070**	**5197164**	**2644030**
工艺美术品的制造	Manufacture of Arts and Crafts	4683	357	1046403	599112
园林、陈设艺术及其他陶瓷制品制造	Art of Garden, Furnishings and Manufacture of Other Ceramic Products	423	31	127061	63393
印刷复制服务	Printing and Duplicating Services	5160	631	935905	414214
办公用品的制造	Manufacture of Office Equipment	605	78	130831	73792
乐器的制造	Manufacture of Musical Instruments	224	20	60495	29516
玩具的制造	Manufacture of Toys	1459	145	606629	391262
游艺器材及娱乐用品的制造	Manufacture of Games and Entertainment	199	19	45706	20125
视听设备的制造	Manufacture of Audio and Visual Equipment	997	183	658196	356545
焰火、鞭炮产品制造	Manufacture of Fireworks and Firecrackers	1113	17	281952	139159
文化用纸的制造	Manufacture of Cultural Paper	1264	169	387751	129453
文化用油墨颜料的制造	Manufacture of Cultural Printing Ink	556	60	72118	19269
文化用化学品的制造	Manufacture of Cultural Chemicals	172	28	59187	23409
其他文化用品的制造	Manufacture of Other Cultural Products	1011	125	355313	164343
印刷专用设备的制造	Manufacture of Printing Equipment	313	57	49044	12444
广播电视电影专用设备的制造	Manufacture of Radio, Film and Television Equipment	583	93	203263	107796
其他文化专用设备的制造	Manufacture of Other Cultural Equipment	286	57	177310	100198

3-1-2 续表 continued

单位：万元 (10 000 yuan)

类 别	Category	资产总计 Total Assets	营业收入 Total Revenue	营业成本 Total Cost	营业税金及附加 Total Tax and Extra Charges	利润总额 Total Profit
合 计	**Total**	**284408177**	**423090953**	**366694829**	**2482452**	**24672975**
工艺美术品的制造	Manufacture of Arts and Crafts	47951880	98627730	87335700	476781	5489134
园林、陈设艺术及其他陶瓷制品制造	Art of Garden, Furnishings and Manufacture of Other Ceramic Products	2755584	6504382	5420472	62490	485938
印刷复制服务	Printing and Duplicating Services	50476574	67226731	55881383	535809	5383622
办公用品的制造	Manufacture of Office Equipment	4242654	7220539	6135775	39081	417109
乐器的制造	Manufacture of Musical Instruments	2018180	3229245	2768404	18468	206801
玩具的制造	Manufacture of Toys	9748897	19481273	16831048	102914	995393
游艺器材及娱乐用品的制造	Manufacture of Games and Entertainment	2231817	3359050	2822143	18657	257260
视听设备的制造	Manufacture of Audio and Visual Equipment	44293087	75451544	67539629	219326	2885016
焰火、鞭炮产品制造	Manufacture of Fireworks and Firecrackers	4285009	13497112	10691556	515884	1174624
文化用纸的制造	Manufacture of Cultural Paper	60985355	47741468	41769749	182398	2270559
文化用油墨颜料的制造	Manufacture of Cultural Printing Ink	6260568	8427868	7049879	43193	562433
文化用化学品的制造	Manufacture of Cultural Chemicals	8613300	8421705	7200358	30971	574317
其他文化用品的制造	Manufacture of Other Cultural Products	17533828	31584220	27481156	98610	2175228
印刷专用设备的制造	Manufacture of Printing Equipment	3434235	3904405	3225014	24026	239030
广播电视电影专用设备的制造	Manufacture of Radio, Film and Television Equipment	12318730	15539206	13020859	67396	1012741
其他文化专用设备的制造	Manufacture of Other Cultural Equipment	7258480	12874475	11521706	46445	543770

3-1-3 分地区规模以上文化制造业企业基本情况(2014年)
Basic Statistics on Cultural Industrial Enterprises above Designated Size by Region(2014)

地 区	Region	企业单位数(个) Number of Enterprises (unit)	#亏损企业 Unprofitable Enterprise	年末从业人员(人) Engaged Persons at Year-end (person)	#女性 Female
全 国	**National Total**	**19048**	**2070**	**5197164**	**2644030**
北 京	Beijing	186	56	42216	16117
天 津	Tianjin	322	67	89573	44575
河 北	Hebei	604	48	102264	39436
山 西	Shanxi	57	15	13838	6350
内蒙古	Inner Mongolia	38	3	7224	2883
辽 宁	Liaoning	286	34	67207	32975
吉 林	Jilin	85	9	12208	5083
黑龙江	Heilongjiang	79	11	11411	5714
上 海	Shanghai	454	124	105286	48972
江 苏	Jiangsu	2698	331	732957	395448
浙 江	Zhejiang	2182	302	355954	178191
安 徽	Anhui	880	62	147017	78983
福 建	Fujian	1290	81	315094	153487
江 西	Jiangxi	535	24	146909	85807
山 东	Shandong	1878	130	457451	221200
河 南	Henan	938	36	303932	148032
湖 北	Hubei	490	51	93252	44994
湖 南	Hunan	1388	38	384395	171419
广 东	Guangdong	3475	523	1450260	771664
广 西	Guangxi	268	22	100400	68453
海 南	Hainan	7	2	4515	1228
重 庆	Chongqing	189	16	54039	27394
四 川	Sichuan	371	30	121111	58699
贵 州	Guizhou	70	6	10128	5001
云 南	Yunnan	87	11	19766	9002
西 藏	Tibet	6	1	858	440
陕 西	Shaanxi	103	14	26124	12024
甘 肃	Gansu	27	5	6401	2828
青 海	Qinghai	16	7	7271	4196
宁 夏	Ningxia	16	5	5017	2467
新 疆	Xinjiang	23	6	3086	968

3-1-3 续表 continued

单位: 万元 (10 000 yuan)

地 区	Region	资产总计 Total Assets	营业收入 Total Revenue	营业成本 Total Cost	营业税金及附加 Total Tax and Extra Charges	利润总额 Total Profit
全 国	**National Total**	**284408177**	**423090953**	**366694829**	**2482452**	**24672975**
北 京	Beijing	4102945	3177391	2581702	17083	158871
天 津	Tianjin	6710332	12679794	10890194	31653	771543
河 北	Hebei	5622101	9126489	7798142	42040	744746
山 西	Shanxi	617312	443350	373663	3086	10260
内蒙古	Inner Mongolia	566115	1463658	1247697	4364	125794
辽 宁	Liaoning	5050783	6839801	5983725	48209	378685
吉 林	Jilin	926536	1178111	932284	32694	96699
黑龙江	Heilongjiang	411842	891908	781994	2457	64253
上 海	Shanghai	8430634	12923114	11176559	27121	660935
江 苏	Jiangsu	48688008	71021048	61724879	260264	4599577
浙 江	Zhejiang	26521373	24155178	20586072	120483	1258549
安 徽	Anhui	8281837	11754684	10039133	61956	776862
福 建	Fujian	10997536	20682843	17528836	110952	1364585
江 西	Jiangxi	5770928	12743766	10801563	182322	1123116
山 东	Shandong	36208914	58457133	51415811	362403	3484638
河 南	Henan	14397086	21279343	18137845	117930	1832400
湖 北	Hubei	5256238	8741999	7469682	61069	481904
湖 南	Hunan	10428472	24504381	20349405	471866	1606788
广 东	Guangdong	58691804	92823009	83360243	264189	3538944
广 西	Guangxi	2757254	4635421	3919062	56465	287664
海 南	Hainan	3219436	913856	765372	4716	21218
重 庆	Chongqing	3591187	4169769	3411069	40620	418337
四 川	Sichuan	11956135	12937415	10998824	101954	464645
贵 州	Guizhou	603554	1076089	856106	20076	89011
云 南	Yunnan	1344821	1426619	979321	13508	225253
西 藏	Tibet	85121	29575	24269	416	2938
陕 西	Shaanxi	1497242	1954375	1612581	18732	149715
甘 肃	Gansu	224800	175968	138480	1329	8549
青 海	Qinghai	942839	555686	521302	1306	-19536
宁 夏	Ningxia	325534	148574	137328	558	-62767
新 疆	Xinjiang	179459	180609	151688	633	8803

3-1-4 按类别分规模以上文化制造业企业主要财务指标(2014年)
Main Economic Indicators of Cultural Industrial Enterprises above Designated Size by Category(2014)

单位：万元 (10 000 yuan)

类别	Category	企业单位数(个) Number of Enterprises (unit)	固定资产原价 Original Value of Fixed Assets	本年折旧 Depreciation This Year	主营业务收入 Revenue of Principal Business
合计	**Total**	**19048**	**144691019**	**11340880**	**416967626**
工艺美术品的制造	Manufacture of Arts and Crafts	4683	17430757	1296797	97997850
园林、陈设艺术及其他陶瓷制品制造	Art of Garden, Furnishings and Manufacture of Other Ceramic Products	423	1552434	117710	6492941
印刷复制服务	Printing and Duplicating Services	5160	30946627	2139843	66308486
办公用品的制造	Manufacture of Office Equipment	605	1967249	139817	7188750
乐器的制造	Manufacture of Musical Instruments	224	1126377	73281	3209825
玩具的制造	Manufacture of Toys	1459	4803318	334483	19402356
游艺器材及娱乐用品的制造	Manufacture of Games and Entertainment	199	869870	63605	3345892
视听设备的制造	Manufacture of Audio and Visual Equipment	997	12226022	1108763	72700878
焰火、鞭炮产品制造	Manufacture of Fireworks and Firecrackers	1113	2871772	182692	13490995
文化用纸的制造	Manufacture of Cultural Paper	1264	39964476	2888750	46940395
文化用油墨颜料的制造	Manufacture of Cultural Printing Ink	556	3183875	235516	8372562
文化用化学品的制造	Manufacture of Cultural Chemicals	172	5472316	402471	8268957
其他文化用品的制造	Manufacture of Other Cultural Products	1011	11705308	1487279	31300700
印刷专用设备的制造	Manufacture of Printing Equipment	313	1542656	115199	3876411
广播电视电影专用设备的制造	Manufacture of Radio, Film and Television Equipment	583	5085612	441537	15302891
其他文化专用设备的制造	Manufacture of Other Cultural Equipment	286	3942351	313135	12767737

类别	Category	主营业务成本 Cost of Principal Business	主营业务税金及附加 Tax and Extra Charges from Principal Business	营业利润 Operating Profit	营业外收入 Non-operating Revenue
合计	**Total**	**361587058**	**2368500**	**24237965**	**1420909**
工艺美术品的制造	Manufacture of Arts and Crafts	86872424	452275	5591405	155121
园林、陈设艺术及其他陶瓷制品制造	Art of Garden, Furnishings and Manufacture of Other Ceramic Products	5414225	62072	488625	10189
印刷复制服务	Printing and Duplicating Services	55198481	485047	5275829	225228
办公用品的制造	Manufacture of Office Equipment	6095386	38540	405081	20472
乐器的制造	Manufacture of Musical Instruments	2753899	18313	206611	4575
玩具的制造	Manufacture of Toys	16737392	101271	999904	23342
游艺器材及娱乐用品的制造	Manufacture of Games and Entertainment	2810184	18306	256381	8330
视听设备的制造	Manufacture of Audio and Visual Equipment	65140997	194673	2676913	421958
焰火、鞭炮产品制造	Manufacture of Fireworks and Firecrackers	10690199	511213	1182177	15388
文化用纸的制造	Manufacture of Cultural Paper	41105156	180157	2182019	241082
文化用油墨颜料的制造	Manufacture of Cultural Printing Ink	7007580	42704	556186	19499
文化用化学品的制造	Manufacture of Cultural Chemicals	7054189	30738	570211	32829
其他文化用品的制造	Manufacture of Other Cultural Products	27299860	97640	2115937	91827
印刷专用设备的制造	Manufacture of Printing Equipment	3209646	23941	223628	28325
广播电视电影专用设备的制造	Manufacture of Radio, Film and Television Equipment	12764505	65546	965044	72890
其他文化专用设备的制造	Manufacture of Other Cultural Equipment	11432936	46066	542016	49854

3-1-4 续表 continued

单位：万元 (10 000 yuan)

类 别	Category	#补贴收入 Subsidize Revenue	营业外支出 Non-operating Cost	应付职工薪酬 Employee Benefits Payable	应交增值税 Value-added Tax Payable
合 计	**Total**	**467311**	**883585**	**26421608**	**10160694**
工艺美术品的制造	Manufacture of Arts and Crafts	40010	227001	4595563	2202385
园林、陈设艺术及其他陶瓷制品制造	Art of Garden, Furnishings and Manufacture of Other Ceramic Products	3485	7697	514939	206919
印刷复制服务	Printing and Duplicating Services	73318	107341	4836292	2187623
办公用品的制造	Manufacture of Office Equipment	6800	8646	635571	178016
乐器的制造	Manufacture of Musical Instruments	1688	4673	299677	86779
玩具的制造	Manufacture of Toys	6028	29670	2530348	440743
游艺器材及娱乐用品的制造	Manufacture of Games and Entertainment	4107	7470	217653	95816
视听设备的制造	Manufacture of Audio and Visual Equipment	142717	135896	4408674	1098186
焰火、鞭炮产品制造	Manufacture of Fireworks and Firecrackers	6188	20607	1154135	693988
文化用纸的制造	Manufacture of Cultural Paper	83834	140784	1887739	1206883
文化用油墨颜料的制造	Manufacture of Cultural Printing Ink	5136	13463	414689	261667
文化用化学品的制造	Manufacture of Cultural Chemicals	13348	63582	414966	200314
其他文化用品的制造	Manufacture of Other Cultural Products	39551	32245	1953012	716979
印刷专用设备的制造	Manufacture of Printing Equipment	7321	5816	293127	108496
广播电视电影专用设备的制造	Manufacture of Radio, Film and Television Equipment	24396	26799	1157234	291745
其他文化专用设备的制造	Manufacture of Other Cultural Equipment	9384	51897	1107990	184156

类 别	Category	工业总产值(当年价格) Gross Industrial Output Value (current prices)	工业销售产值(当年价格) Industrial Sales Output Value (current prices)	#出口交货值 Export Delivery Value
合 计	**Total**	**425334180**	**416887786**	**112807922**
工艺美术品的制造	Manufacture of Arts and Crafts	97923662	96196612	28930186
园林、陈设艺术及其他陶瓷制品制造	Art of Garden, Furnishings and Manufacture of Other Ceramic Products	6805848	6604927	1433036
印刷复制服务	Printing and Duplicating Services	68958393	67453487	4304879
办公用品的制造	Manufacture of Office Equipment	7424869	7247687	1833562
乐器的制造	Manufacture of Musical Instruments	3298595	3226077	1027772
玩具的制造	Manufacture of Toys	20001930	19426593	8745305
游艺器材及娱乐用品的制造	Manufacture of Games and Entertainment	3345606	3201363	1259173
视听设备的制造	Manufacture of Audio and Visual Equipment	73115065	71854602	33002604
焰火、鞭炮产品制造	Manufacture of Fireworks and Firecrackers	14372286	13998375	2896064
文化用纸的制造	Manufacture of Cultural Paper	48769163	47652459	2351184
文化用油墨颜料的制造	Manufacture of Cultural Printing Ink	8531554	8358462	638301
文化用化学品的制造	Manufacture of Cultural Chemicals	8416420	8390152	1671383
其他文化用品的制造	Manufacture of Other Cultural Products	31802809	31335728	9614354
印刷专用设备的制造	Manufacture of Printing Equipment	3996637	3872021	410770
广播电视电影专用设备的制造	Manufacture of Radio, Film and Television Equipment	15691116	15275286	5328820
其他文化专用设备的制造	Manufacture of Other Cultural Equipment	12880229	12793954	9360530

3-1-5 分地区规模以上文化制造业企业主要财务指标(2014年)

Main Economic Indicators of Cultural Industrial Enterprises above Designated Size by Region(2014)

单位：万元 (10 000 yuan)

地区	Region	企业单位数(个) Number of Enterprises (unit)	固定资产原价 Original Value of Fixed Assets	本年折旧 Depreciation This Year	主营业务收入 Revenue of Principal Business	主营业务成本 Cost of Principal Business
全　国	**National Total**	**19048**	**144691019**	**11340880**	**416967626**	**361587058**
北　京	Beijing	186	1837830	109424	3077578	2523277
天　津	Tianjin	322	3371745	265700	12589498	10788339
河　北	Hebei	604	3636022	252353	9058552	7748766
山　西	Shanxi	57	299158	14423	438129	369704
内蒙古	Inner Mongolia	38	201302	12196	1431237	1216353
辽　宁	Liaoning	286	2822687	195796	6797022	5955810
吉　林	Jilin	85	650677	64113	1175008	927902
黑龙江	Heilongjiang	79	376381	31335	890486	767129
上　海	Shanghai	454	3876488	213422	12658561	10972570
江　苏	Jiangsu	2698	31054877	2525342	70223507	61133914
浙　江	Zhejiang	2182	9394636	594120	23871105	20348775
安　徽	Anhui	880	3687426	286354	11696531	9958414
福　建	Fujian	1290	4210922	280537	20557150	17444896
江　西	Jiangxi	535	4284578	414724	12726873	10785953
山　东	Shandong	1878	21842648	2298728	57378331	50395303
河　南	Henan	938	8324512	466143	21237077	18104267
湖　北	Hubei	490	4970948	437292	8696699	7431749
湖　南	Hunan	1388	6935863	441237	24441164	20307706
广　东	Guangdong	3475	18527278	1318927	90124102	81116181
广　西	Guangxi	268	1539718	129734	4523546	3868031
海　南	Hainan	7	2306126	86907	858508	726031
重　庆	Chongqing	189	2527249	238052	4146947	3392393
四　川	Sichuan	371	4535671	419685	12875931	10936528
贵　州	Guizhou	70	220738	13605	1065713	844100
云　南	Yunnan	87	691063	36748	1408849	964985
西　藏	Tibet	6	22697	729	28679	24111
陕　西	Shaanxi	103	964999	79824	1943455	1604834
甘　肃	Gansu	27	128502	6735	168339	131411
青　海	Qinghai	16	1139521	92380	555597	512165
宁　夏	Ningxia	16	199451	8084	144843	134503
新　疆	Xinjiang	23	109306	6232	178610	150959

3-1-5 续表 1 continued

单位：万元 (10 000 yuan)

地区	Region	主营业务税金及附加 Tax and Extra Charges from Principal Business	营业利润 Operating Profit	营业外收入 Non-operating Revenue	#补贴收入 Subsidize Revenue	营业外支出 Non-operating Cost
全 国	**National Total**	**2368500**	**24237965**	**1420909**	**467311**	**883585**
北 京	Beijing	15874	132737	29907	11975	5311
天 津	Tianjin	31260	915268	45149	10118	155564
河 北	Hebei	41781	746352	18336	6350	19421
山 西	Shanxi	3061	6814	4304	2824	858
内蒙古	Inner Mongolia	4331	128344	3886	240	6436
辽 宁	Liaoning	40635	324952	57573	12560	4194
吉 林	Jilin	32594	89824	13904	2915	7030
黑龙江	Heilongjiang	2452	65746	831	322	2323
上 海	Shanghai	26533	592830	97532	21936	33519
江 苏	Jiangsu	259606	4546423	144120	30534	103979
浙 江	Zhejiang	111405	1192099	107442	56933	48618
安 徽	Anhui	60442	750742	37321	14653	10895
福 建	Fujian	109242	1390215	40744	14409	96173
江 西	Jiangxi	181977	1134614	11111	3563	22629
山 东	Shandong	315533	3402723	147691	45344	47564
河 南	Henan	116314	1797967	43889	12623	6311
湖 北	Hubei	60223	474823	22304	12011	9036
湖 南	Hunan	463861	1611751	94664	47701	95895
广 东	Guangdong	260744	3369690	317066	98297	147337
广 西	Guangxi	38143	287985	2432	875	3808
海 南	Hainan	4716	12615	9009	8165	407
重 庆	Chongqing	40489	410605	11373	4590	3438
四 川	Sichuan	101555	436667	136469	40323	14879
贵 州	Guizhou	9684	87245	3385	415	1631
云 南	Yunnan	13135	222707	4015	911	1469
西 藏	Tibet	416	2725	233	183	20
陕 西	Shaanxi	18732	147664	4212	2484	2272
甘 肃	Gansu	1329	6142	3039	1948	375
青 海	Qinghai	1304	-20794	1634	741	376
宁 夏	Ningxia	557	-36925	5961	663	31803
新 疆	Xinjiang	574	7415	1372	704	18

3-1-5 续表 2 continued

单位：万元 (10 000 yuan)

地 区	Region	应付职工薪酬 Employee Benefits Payable	应交增值税 Value-added Tax Payable	工业总产值（当年价格） Gross Industrial Output Value (current prices)	工业销售产值（当年价格） Industrial Sales Output Value (current prices)	#出口交货值 Export Delivery Value
全 国	**National Total**	**26421608**	**10160694**	**425334180**	**416887786**	**112807922**
北 京	Beijing	447093	103254	2753367	2786999	111760
天 津	Tianjin	599593	231416	12477984	12294461	4107053
河 北	Hebei	423469	231172	9357593	9129564	441856
山 西	Shanxi	48104	9588	485493	442917	10137
内蒙古	Inner Mongolia	24749	19802	1333847	1388279	2615
辽 宁	Liaoning	355324	90330	6630231	6488116	1915556
吉 林	Jilin	41637	31291	1255459	1194823	19813
黑龙江	Heilongjiang	35372	24169	912138	897070	9049
上 海	Shanghai	856616	203509	11860879	11724423	3584542
江 苏	Jiangsu	4290242	1811180	70601606	69593935	23919035
浙 江	Zhejiang	1719217	604541	25286585	24331402	7928233
安 徽	Anhui	653312	265467	12320666	11920058	1885197
福 建	Fujian	1522980	490748	21213277	20655607	7498566
江 西	Jiangxi	555501	472936	12605393	12444177	3330514
山 东	Shandong	2153332	1615172	57184985	57010514	9787913
河 南	Henan	1146827	508069	21888143	21535183	1848050
湖 北	Hubei	371279	219611	9452188	8987137	564623
湖 南	Hunan	1708079	1030356	25772761	25415866	3393463
广 东	Guangdong	7498628	1387496	92526680	90037709	40593217
广 西	Guangxi	380142	108890	4932514	4664199	403754
海 南	Hainan	59502	41037	798702	859586	56291
重 庆	Chongqing	292877	184426	4255481	4162666	251027
四 川	Sichuan	841452	268510	13350881	13143960	688870
贵 州	Guizhou	41753	25127	1169726	1109042	5869
云 南	Yunnan	118148	71174	1588259	1460297	7
西 藏	Tibet	2802	578	36386	37920	2915
陕 西	Shaanxi	133211	96124	2197636	2121547	434695
甘 肃	Gansu	22619	3891	167235	143004	
青 海	Qinghai	29372	3144	604167	596109	
宁 夏	Ningxia	30759	2221	132469	133091	3348
新 疆	Xinjiang	17621	5465	181449	178126	9954

3-1-6 规模以上文化制造业企业科技活动情况(2014年)

Basic Statistics on Science and Technology Activities of Cultural Industrial Enterprises above Designated Size(2014)

分 组	Group	有R&D活动的企业(个) Number of R&D Enterprises (unit)	R&D人员折合全时当量(人年) Full-time Equivalent of R&D Personnel (man-year)
合 计	**Total**	**3060**	**113948**
按企业规模分	**Grouped by Size of Enterprises**		
大型	Large	250	56705
中型	Medium-sized	899	32005
小型	Small	1903	24936
微型	Micro-sized	8	301
按登记注册类型分	**by Status of Registration**		
内资企业	Domestic Funded Enterprises	2266	72414
国有企业	Stats-owned Enterprises	8	324
集体企业	Collective-owned Enterprises	15	346
股份合作企业	Cooperative Enterprises	6	214
联营企业	Joint Ownership Enterprises	1	11
有限责任公司	Limited Liability Corporations	565	29269
股份有限公司	Share-holding Corporations Ltd.	132	14430
私营公司	Private Enterprises	1532	27452
其他企业	Other Enterprises	7	369
港、澳、台商投资企业	Enterprises with Funds from Hong Kong, Macao and Taiwan	403	21295
外商投资企业	Foreign Funded Enterprises	391	20239
按企业控股情况分	**by Status of Holding**		
国有控股	State-holding	136	17892
集体控股	Collective-holding	57	2088
私人控股	Private-holding	2104	47775
港澳台商控股	Hong Kong, Macao and Taiwan-holding	303	15645
外商控股	Foreign-holding	313	18923
其他	Others	147	11626

3-1-6 续表 1 continued

分 组	Group	R&D经费内部支出(万元) Internal Expenditure on R&D (10 000 yuan)	R&D项目数(个) R&D Projects (item)
合 计	**Total**	**3765506**	**15673**
按企业规模分	**Grouped by Size of Enterprises**		
大型	Large	2056548	6212
中型	Medium-sized	960167	4379
小型	Small	744413	5063
微型	Micro-sized	4378	19
按登记注册类型分	**by Status of Registration**		
内资企业	Domestic Funded Enterprises	2482470	11410
国有企业	Stats-owned Enterprises	9304	38
集体企业	Collective-owned Enterprises	5458	82
股份合作企业	Cooperative Enterprises	2343	13
联营企业	Joint Ownership Enterprises	197	1
有限责任公司	Limited Liability Corporations	1199725	5177
股份有限公司	Share-holding Corporations Ltd.	437321	1715
私营公司	Private Enterprises	821524	4349
其他企业	Other Enterprises	6599	35
港、澳、台商投资企业	Enterprises with Funds from Hong Kong, Macao and Taiwan	681734	2009
外商投资企业	Foreign Funded Enterprises	601302	2254
按企业控股情况分	**by Status of Holding**		
国有控股	State-holding	840377	4076
集体控股	Collective-holding	96642	369
私人控股	Private-holding	1401891	6793
港澳台商控股	Hong Kong, Macao and Taiwan-holding	535729	1583
外商控股	Foreign-holding	563061	1907
其他	Others	327807	945

3-1-6 续表 2 continued

分 组	Group	新产品开发项目数（个） Number of New Products (unit)	新产品开发经费支出（万元） Expenditure on New Products Development (10 000 yuan)
合 计	**Total**	**18144**	**4348455**
按企业规模分	**Grouped by Size of Enterprises**		
大型	Large	6711	2332939
中型	Medium-sized	5059	1118469
小型	Small	6347	892402
微型	Micro-sized	27	4645
按登记注册类型分	**by Status of Registration**		
内资企业	Domestic Funded Enterprises	13073	2778254
国有企业	Stats-owned Enterprises	58	14756
集体企业	Collective-owned Enterprises	95	7839
股份合作企业	Cooperative Enterprises	15	2543
联营企业	Joint Ownership Enterprises	1	197
有限责任公司	Limited Liability Corporations	5537	1290257
股份有限公司	Share-holding Corporations Ltd.	2111	486512
私营公司	Private Enterprises	5211	968350
其他企业	Other Enterprises	45	7799
港、澳、台商投资企业	Enterprises with Funds from Hong Kong, Macao and Taiwan	2486	828586
外商投资企业	Foreign Funded Enterprises	2585	741615
按企业控股情况分	**by Status of Holding**		
国有控股	State-holding	4320	925919
集体控股	Collective-holding	392	78972
私人控股	Private-holding	8201	1628144
港澳台商控股	Hong Kong, Macao and Taiwan-holding	1943	699726
外商控股	Foreign-holding	2137	678278
其他	Others	1151	337417

3-1-6 续表 3 continued

分 组	Group	新产品销售收入（万元） Sales Revenue of New Products (10 000 yuan)	#出口 Export
合 计	**Total**	**68938774**	**17188221**
按企业规模分	**Grouped by Size of Enterprises**		
大型	Large	45668210	12150281
中型	Medium-sized	14173950	3198553
小型	Small	8991995	1822780
微型	Micro-sized	104619	16607
按登记注册类型分	**by Status of Registration**		
内资企业	Domestic Funded Enterprises	39595242	7226363
国有企业	Stats-owned Enterprises	239274	84628
集体企业	Collective-owned Enterprises	127072	62
股份合作企业	Cooperative Enterprises	32412	6796
联营企业	Joint Ownership Enterprises		
有限责任公司	Limited Liability Corporations	21077126	3410772
股份有限公司	Share-holding Corporations Ltd.	7002905	1572580
私营公司	Private Enterprises	10978792	2143311
其他企业	Other Enterprises	137661	8215
港、澳、台商投资企业	Enterprises with Funds from Hong Kong, Macao and Taiwan	14299973	3742597
外商投资企业	Foreign Funded Enterprises	15043559	6219261
按企业控股情况分	**by Status of Holding**		
国有控股	State-holding	16862778	2101892
集体控股	Collective-holding	1277493	56809
私人控股	Private-holding	19085861	4205231
港澳台商控股	Hong Kong, Macao and Taiwan-holding	10344857	3106551
外商控股	Foreign-holding	14611898	6107820
其他	Others	6755886	1609918

3-1-6 续表 4 continued

分 组	Group	专利申请数（件） Patent Applications (piece)	#发明专利 Inventions	有效发明专利数（件） Number of Patents in Force (piece)
合 计	**Total**	**33153**	**9315**	**17754**
按企业规模分	**Grouped by Size of Enterprises**			
大型	Large	10357	4020	7075
中型	Medium-sized	10707	2444	5586
小型	Small	11982	2828	5025
微型	Micro-sized	107	23	68
按登记注册类型分	**by Status of Registration**			
内资企业	Domestic Funded Enterprises	24683	7133	12006
国有企业	Stats-owned Enterprises	96	42	66
集体企业	Collective-owned Enterprises	61	7	5
股份合作企业	Cooperative Enterprises	5	1	
联营企业	Joint Ownership Enterprises			
有限责任公司	Limited Liability Corporations	8967	2894	4875
股份有限公司	Share-holding Corporations Ltd.	2653	963	2342
私营公司	Private Enterprises	12892	3217	4692
其他企业	Other Enterprises	9	9	26
港、澳、台商投资企业	Enterprises with Funds from Hong Kong, Macao and Taiwan	5347	1096	2593
外商投资企业	Foreign Funded Enterprises	3123	1086	3155
按企业控股情况分	**by Status of Holding**			
国有控股	State-holding	4101	1901	4087
集体控股	Collective-holding	285	67	199
私人控股	Private-holding	20204	4878	7396
港澳台商控股	Hong Kong, Macao and Taiwan-holding	3820	801	2172
外商控股	Foreign-holding	2457	1000	2607
其他	Others	2286	668	1293

3-1-7　按类别分规模以上文化制造业企业科技活动情况(2014年)

Basic Statistics on Science and Technology Activities of Cultural Industrial Enterprises above Designated Size by Category(2014)

类　别	Category	有R&D活动的企业(个) Number of R&D Enterprises (unit)	R&D人员折合全时当量(人年) Full-time Equivalent of R&D Personnel (man-year)	R&D经费内部支出(万元) Internal Expenditure on R&D (10 000 yuan)
合　计	**Total**	**3060**	**113948**	**3765506**
工艺美术品的制造	Manufacture of Arts and Crafts	509	10249	316311
园林、陈设艺术及其他陶瓷制品制造	Art of Garden, Furnishings and Manufacture of Other Ceramic Products	67	1291	42215
印刷复制服务	Printing and Duplicating Services	564	12009	336913
办公用品的制造	Manufacture of Office Equipment	104	2061	46958
乐器的制造	Manufacture of Musical Instruments	49	1284	34435
玩具的制造	Manufacture of Toys	186	3381	75504
游艺器材及娱乐用品的制造	Manufacture of Games and Entertainment	48	1479	33576
视听设备的制造	Manufacture of Audio and Visual Equipment	301	28392	1204692
焰火、鞭炮产品制造	Manufacture of Fireworks and Firecrackers	61	359	14611
文化用纸的制造	Manufacture of Cultural Paper	195	11620	546078
文化用油墨颜料的制造	Manufacture of Cultural Printing Ink	154	3727	91695
文化用化学品的制造	Manufacture of Cultural Chemicals	58	3246	135960
其他文化用品的制造	Manufacture of Other Cultural Products	309	15471	384117
印刷专用设备的制造	Manufacture of Printing Equipment	122	2357	56303
广播电视电影专用设备的制造	Manufacture of Radio, Film and Television Equipment	238	12009	312514
其他文化专用设备的制造	Manufacture of Other Cultural Equipment	95	5013	133625

类　别	Category	R&D项目数(个) R&D Projects (item)	新产品开发项目数(个) Number of New Products (unit)	新产品开发经费支出(万元) Expenditure on New Products Development (10 000 yuan)
合　计	**Total**	**15673**	**18144**	**4348455**
工艺美术品的制造	Manufacture of Arts and Crafts	1286	1565	395394
园林、陈设艺术及其他陶瓷制品制造	Art of Garden, Furnishings and Manufacture of Other Ceramic Products	133	118	40070
印刷复制服务	Printing and Duplicating Services	2042	2016	334585
办公用品的制造	Manufacture of Office Equipment	482	568	55411
乐器的制造	Manufacture of Musical Instruments	174	211	38527
玩具的制造	Manufacture of Toys	526	769	111346
游艺器材及娱乐用品的制造	Manufacture of Games and Entertainment	218	289	40012
视听设备的制造	Manufacture of Audio and Visual Equipment	5038	5787	1469515
焰火、鞭炮产品制造	Manufacture of Fireworks and Firecrackers	72	51	9247
文化用纸的制造	Manufacture of Cultural Paper	1001	820	434748
文化用油墨颜料的制造	Manufacture of Cultural Printing Ink	660	726	97556
文化用化学品的制造	Manufacture of Cultural Chemicals	320	342	144560
其他文化用品的制造	Manufacture of Other Cultural Products	1327	1643	533944
印刷专用设备的制造	Manufacture of Printing Equipment	510	679	77512
广播电视电影专用设备的制造	Manufacture of Radio, Film and Television Equipment	1376	1902	415070
其他文化专用设备的制造	Manufacture of Other Cultural Equipment	508	658	150959

3-1-7 续表 1 continued

类 别	Category	新产品销售收入 (万元) Sales Revenue of New Products (10 000 yuan)	#出口 Export
合 计	**Total**	**68938774**	**17188221**
工艺美术品的制造	Manufacture of Arts and Crafts	5965518	1192085
园林、陈设艺术及其他陶瓷制品制造	Art of Garden, Furnishings and Manufacture of Other Ceramic Products	342974	55807
印刷复制服务	Printing and Duplicating Services	5075450	360818
办公用品的制造	Manufacture of Office Equipment	721091	252737
乐器的制造	Manufacture of Musical Instruments	288578	77764
玩具的制造	Manufacture of Toys	1199359	502040
游艺器材及娱乐用品的制造	Manufacture of Games and Entertainment	825101	209612
视听设备的制造	Manufacture of Audio and Visual Equipment	28415679	8656262
焰火、鞭炮产品制造	Manufacture of Fireworks and Firecrackers	131354	41065
文化用纸的制造	Manufacture of Cultural Paper	9126227	686260
文化用油墨颜料的制造	Manufacture of Cultural Printing Ink	1191970	87474
文化用化学品的制造	Manufacture of Cultural Chemicals	3008982	588409
其他文化用品的制造	Manufacture of Other Cultural Products	6897731	2339186
印刷专用设备的制造	Manufacture of Printing Equipment	597551	79722
广播电视电影专用设备的制造	Manufacture of Radio, Film and Television Equipment	3042058	551468
其他文化专用设备的制造	Manufacture of Other Cultural Equipment	2109152	1507513

类 别	Category	专利申请数 (件) Patent Applications (piece)	#发明专利 Inventions	有效发明专利数 (件) Number of Patents in Force (piece)
合 计	**Total**	**33153**	**9315**	**17754**
工艺美术品的制造	Manufacture of Arts and Crafts	7074	747	1140
园林、陈设艺术及其他陶瓷制品制造	Art of Garden, Furnishings and Manufacture of Other Ceramic Products	361	84	254
印刷复制服务	Printing and Duplicating Services	3101	849	1595
办公用品的制造	Manufacture of Office Equipment	1652	466	458
乐器的制造	Manufacture of Musical Instruments	296	91	79
玩具的制造	Manufacture of Toys	2533	373	1218
游艺器材及娱乐用品的制造	Manufacture of Games and Entertainment	456	170	188
视听设备的制造	Manufacture of Audio and Visual Equipment	6175	2203	4736
焰火、鞭炮产品制造	Manufacture of Fireworks and Firecrackers	40	28	22
文化用纸的制造	Manufacture of Cultural Paper	1002	388	776
文化用油墨颜料的制造	Manufacture of Cultural Printing Ink	747	453	521
文化用化学品的制造	Manufacture of Cultural Chemicals	670	380	493
其他文化用品的制造	Manufacture of Other Cultural Products	3277	995	2300
印刷专用设备的制造	Manufacture of Printing Equipment	1143	359	607
广播电视电影专用设备的制造	Manufacture of Radio, Film and Television Equipment	3883	1440	2749
其他文化专用设备的制造	Manufacture of Other Cultural Equipment	743	289	618

3-1-8 分地区规模以上文化制造业企业科技活动情况(2014年)

Basic Statistics on Science and Technology Activities of Cultural Industrial Enterprises above Designated Size by Region(2014)

地区	Region	有R&D活动的企业(个) Enterprises (unit)	R&D人员折合全时当量(人年) Equivalent of R&D Personnel (man-year)	R&D经费内部支出(万元) Expenditure on R&D (10 000 yuan)	R&D项目数(个) (item)	新产品开发项目数(个) New Products (unit)
全国	**National Total**	**3060**	**113948**	**3765506**	**15673**	**18144**
北京	Beijing	27	1121	29216	165	347
天津	Tianjin	117	4681	200781	1359	1324
河北	Hebei	34	1300	32035	197	191
山西	Shanxi	4	70	1053	12	18
内蒙古	Inner Mongolia					
辽宁	Liaoning	24	1015	58775	185	186
吉林	Jilin	1	0	55	1	3
黑龙江	Heilongjiang	4	65	792	13	13
上海	Shanghai	75	3655	142380	611	674
江苏	Jiangsu	797	26927	695016	2482	3238
浙江	Zhejiang	635	13329	339265	2172	2374
安徽	Anhui	121	3531	108003	403	655
福建	Fujian	144	5516	172336	506	478
江西	Jiangxi	47	1191	21109	217	287
山东	Shandong	144	10564	648013	1357	1415
河南	Henan	81	4433	81292	383	410
湖北	Hubei	64	1780	60007	280	279
湖南	Hunan	129	5295	121391	247	268
广东	Guangdong	502	23593	782274	3067	3913
广西	Guangxi	7	64	1974	18	28
海南	Hainan	1	32	2756	3	3
重庆	Chongqing	23	593	22871	69	62
四川	Sichuan	28	4437	190232	1730	1787
贵州	Guizhou	4	26	10931	13	8
云南	Yunnan	20	296	13085	68	76
西藏	Tibet					
陕西	Shaanxi	19	271	13037	96	98
甘肃	Gansu	1	0	38	1	
青海	Qinghai	4	46	13877	10	3
宁夏	Ningxia	3	119	2913	8	5
新疆	Xinjiang					1

3-1-8 续表 continued

地 区	Region	新产品开发经费支出（万元）New Products Development (10 000 yuan)	新产品销售收入（万元）Sales of New Products (10 000 yuan)	#出口 Export	专利申请数（件）Patent Applications (piece)	#发明专利 Inventions	有效发明专利数（件）Number of Patents in Force (piece)
全 国	**National Total**	**4348455**	**68938774**	**17188221**	**33153**	**9315**	**17754**
北 京	Beijing	65839	585732	11390	236	48	613
天 津	Tianjin	172745	5391596	2048732	1355	487	457
河 北	Hebei	29244	526194	11186	161	60	168
山 西	Shanxi	1492	23248	5320	51	10	17
内蒙古	Inner Mongolia						
辽 宁	Liaoning	60189	259165	161779	296	136	274
吉 林	Jilin	5032	28185	600	27	22	16
黑龙江	Heilongjiang	1233	4120		7	3	2
上 海	Shanghai	152276	4242120	1614287	1309	792	1309
江 苏	Jiangsu	917283	11681501	2663548	6605	1707	3282
浙 江	Zhejiang	377032	8289196	2138803	5724	652	932
安 徽	Anhui	157048	2207017	195405	1687	753	997
福 建	Fujian	159031	2620118	1451452	2181	280	472
江 西	Jiangxi	36981	379715	102343	270	81	120
山 东	Shandong	601576	8700414	1597791	2573	1043	1622
河 南	Henan	73003	856374	144122	539	134	339
湖 北	Hubei	60800	759277	81887	494	144	286
湖 南	Hunan	154872	3683959	1005373	473	195	337
广 东	Guangdong	988787	11836013	3849777	6898	1783	4706
广 西	Guangxi	3534	73630	465	35	9	52
海 南	Hainan	2756					
重 庆	Chongqing	18874	788284	10398	97	28	72
四 川	Sichuan	270246	5721620	90805	1936	874	1470
贵 州	Guizhou	10301	37869		31	13	3
云 南	Yunnan	13892	184309		78	24	34
西 藏	Tibet						
陕 西	Shaanxi	10842	39598	2759	71	23	131
甘 肃	Gansu				1		
青 海	Qinghai	1540			1		6
宁 夏	Ningxia	1709	19521		6	4	37
新 疆	Xinjiang	301			11	10	

3-1-9 按类别分规模以下文化制造业企业主要财务指标(2014年)

Main Economic Indicators of Cultural Industrial Enterprises under Designated Size by Category(2014)

类 别	Category	企业单位数(个) Number of Enterprises (unit)	年末从业人员(人) Engaged Persons at Year-end (person)	营业收入(万元) Total Revenue (10 000 yuan)	#主营业务收入 Revenue from Principal Business
合 计	**Total**	**153571**	**3342330**	**75352744**	**74412400**
工艺美术品的制造	Manufacture of Arts and Crafts	44865	959214	21351170	21221929
园林、陈设艺术及其他陶瓷制品制造	Art of Garden, Furnishings and Manufacture of Other Ceramic Products	3224	84135	1529775	1511025
印刷复制服务	Printing and Duplicating Services	63951	1093121	27371210	26996956
办公用品的制造	Manufacture of Office Equipment	5299	111360	2588205	2569264
乐器的制造	Manufacture of Musical Instruments	1630	38946	798728	777117
玩具的制造	Manufacture of Toys	8201	278350	4198151	4150379
游艺器材及娱乐用品的制造	Manufacture of Games and Entertainment	1389	29031	623478	615109
视听设备的制造	Manufacture of Audio and Visual Equipment	3538	97135	2519308	2455698
焰火、鞭炮产品制造	Manufacture of Fireworks and Firecrackers	4390	285720	4662932	4560680
文化用纸的制造	Manufacture of Cultural Paper	3790	83951	2372691	2338025
文化用油墨颜料的制造	Manufacture of Cultural Printing Ink	1729	28599	948809	937274
文化用化学品的制造	Manufacture of Cultural Chemicals	302	6237	189144	185716
其他文化用品的制造	Manufacture of Other Cultural Products	5780	122070	3227784	3194281
印刷专用设备的制造	Manufacture of Printing Equipment	2366	39219	1180506	1155938
广播电视电影专用设备的制造	Manufacture of Radio, Film and Television Equipment	2122	64084	1269972	1233016
其他文化专用设备的制造	Manufacture of Other Cultural Equipment	995	21158	520881	509994

3-1-9 续表 continued

单位: 万元 (10 000 yuan)

类 别	Category	营业税金及附加 Total Tax and Extra Charges	#主营业务税金及附加 Tax and Extra Charges from Principal Business	资产总计 Total Assets	实收资本 Paid-in Capital
合 计	**Total**	**1548619**	**1495592**	**83196393**	**30477126**
工艺美术品的制造	Manufacture of Arts and Crafts	388008	373298	26951177	7832388
园林、陈设艺术及其他陶瓷制品制造	Art of Garden, Furnishings and Manufacture of Other Ceramic Products	40790	40200	1672991	652141
印刷复制服务	Printing and Duplicating Services	547104	523559	28537262	11511249
办公用品的制造	Manufacture of Office Equipment	53716	51291	2248814	814351
乐器的制造	Manufacture of Musical Instruments	16931	16705	1139068	406603
玩具的制造	Manufacture of Toys	76741	72577	3340278	1417201
游艺器材及娱乐用品的制造	Manufacture of Games and Entertainment	10625	10770	796880	328845
视听设备的制造	Manufacture of Audio and Visual Equipment	25953	24277	3032626	1169650
焰火、鞭炮产品制造	Manufacture of Fireworks and Firecrackers	237668	235906	3323997	1411120
文化用纸的制造	Manufacture of Cultural Paper	39975	38403	3140741	1023330
文化用油墨颜料的制造	Manufacture of Cultural Printing Ink	14338	13830	1013079	444401
文化用化学品的制造	Manufacture of Cultural Chemicals	3649	3572	416328	165816
其他文化用品的制造	Manufacture of Other Cultural Products	47058	46223	4191769	1534720
印刷专用设备的制造	Manufacture of Printing Equipment	22032	22464	1321375	592214
广播电视电影专用设备的制造	Manufacture of Radio, Film and Television Equipment	16726	15500	1381419	769978
其他文化专用设备的制造	Manufacture of Other Cultural Equipment	7307	7018	688587	403120

3-1-10 分地区规模以下文化制造业企业主要财务指标(2014年)

Main Economic Indicators of Cultural Industrial Enterprises under Designated Size by Region(2014)

单位：万元 (10 000 yuan)

地区	Region	企业单位数(个) Number of Enterprises (unit)	年末从业人员(人) Engaged Persons at Year-end (person)	营业收入 Total Revenue	#主营业务收入 Revenue from Principal Business	营业税金及附加 Total Tax and Extra Charges	#主营业务税金及附加 Tax and Extra Charges from Principal Business	资产总计 Total Assets	实收资本 Paid-in Capital
全国	**National Total**	**153571**	**3342330**	**75352744**	**74412400**	**1548619**	**1495592**	**83196393**	**30477126**
北京	Beijing	2212	32124	714257	686147	4776	4269	1708294	678353
天津	Tianjin	2798	50839	1495732	1494744	19691	18688	1404957	833907
河北	Hebei	4787	124130	2948820	2803934	51074	49745	2878421	1253859
山西	Shanxi	1006	18015	175216	162652	2871	2651	603787	200969
内蒙古	Inner Mongolia	585	9383	202163	198294	8947	8925	355619	101364
辽宁	Liaoning	2962	36659	1040687	1033801	18314	17838	1284473	537813
吉林	Jilin	900	14842	239902	236884	7677	7529	396353	118999
黑龙江	Heilongjiang	924	21344	448425	441234	18153	17039	424690	180733
上海	Shanghai	3867	59718	1622309	1575017	14337	14015	2126950	799167
江苏	Jiangsu	20374	365704	11337419	11263086	156322	150989	10288380	4412547
浙江	Zhejiang	31442	452159	12246088	12207930	241532	237006	12923045	4163830
安徽	Anhui	4829	91691	2182252	2168794	33380	31606	2064500	942655
福建	Fujian	7886	172236	3886417	3769608	73943	72497	3925104	2076681
江西	Jiangxi	3520	188476	3182797	3169965	91747	91018	2559498	1225925
山东	Shandong	12092	301716	7228833	7176524	154178	150318	6744397	2227151
河南	Henan	4590	117956	1899569	1866804	59583	58060	2250645	1103172
湖北	Hubei	2549	44897	900623	875035	29665	28786	1244461	497980
湖南	Hunan	4970	196550	3703387	3581413	184455	182037	2733318	1106515
广东	Guangdong	27782	743950	12680771	12620740	206891	189511	19256235	5400794
广西	Guangxi	1689	35200	368022	359438	12059	11644	482898	242618
海南	Hainan	179	2677	53410	52496	1402	1230	146089	54424
重庆	Chongqing	2410	47618	1507518	1491991	25479	25044	1355415	274900
四川	Sichuan	2283	52861	1405305	1368816	24889	22739	1976354	658968
贵州	Guizhou	2080	36335	800402	790566	12746	12533	1321618	226059
云南	Yunnan	1007	20210	488972	476133	8754	8483	707638	284412
西藏	Tibet	91	2239	20599	19105	437	325	55728	24895
陕西	Shaanxi	1534	34882	1968227	1938799	72437	70361	818725	414727
甘肃	Gansu	1135	43481	273022	256004	7291	5539	577913	249831
青海	Qinghai	213	7426	132381	130494	2301	2238	185242	39357
宁夏	Ningxia	244	4572	57274	55942	883	846	157040	59959
新疆	Xinjiang	631	12440	141947	140013	2407	2083	238606	84560

3-2-1 限额以上文化批发和零售业企业基本情况(2014年)
Basic Statistics on Cultural Wholesale and Retail Trades Enterprises above Designated Size(2014)

单位：万元 (10 000 yuan)

分组	Group	企业单位数(个) Number of Enterprises (unit)	年末从业人员(人) Engaged Persons at Year-end (person)	资产总计 Total Assets	营业收入 Total Revenue	#主营业务收入 Revenue from Principal Business
合　计	**Total**	**8520**	**521208**	**85682803**	**147025535**	**145647294**
按登记注册类型分	**Grouped by Status of Registration**					
内资企业	Domestic Funded Enterprises	8183	449879	68373949	108884487	107667461
国有企业	Stats-owned Enterprises	594	39027	8214433	7918546	7817381
集体企业	Collective-owned Enterprises	69	6150	642787	1714962	1713940
股份合作企业	Cooperative Enterprises	18	841	40664	51771	51771
联营企业	Joint Ownership Enterprises	3	1441	8912	19620	19620
有限责任公司	Limited Liability Corporations	2749	195410	31826299	56801931	56278540
股份有限公司	Share-holding Corporations Ltd.	239	36416	6993754	4414449	4357043
私营公司	Private Enterprises	4464	167450	20531094	37729466	37196111
其他企业	Other Enterprises	47	3144	116006	233743	233055
港、澳、台商投资企业	Enterprises with Funds from Hong Kong, Macao and Taiwan	178	35162	4206629	7808374	7760143
外商投资企业	Foreign Funded Enterprises	159	36167	13102225	30332674	30219690
按企业控股情况分	**by Status of Holding**					
国有控股	State-holding	1593	151201	27940550	33738072	33349203
集体控股	Collective-holding	175	12742	2872490	6804013	6775896
私人控股	Private-holding	5862	249602	32911334	58392140	57742204
港澳台商控股	Hong Kong, Macao and Taiwan-holding	167	32783	4011474	7608037	7578595
外商控股	Foreign-holding	157	35378	12609442	28849570	28766842
其他	Others	566	39502	5337513	11633703	11434554

3-2-1 续表 continued

单位：万元 (10 000 yuan)

分 组	Group	营业税金及附加 Total Tax and Extra Charges	#主营业务税金及附加 Tax and Extra Charges from Principal Business	营业利润 Operating Profit	应交增值税 Value-added Tax Payable
合 计	**Total**	**564617**	**525960**	**3600220**	**1528412**
按登记注册类型分	**Grouped by Status of Registration**				
内资企业	Domestic Funded Enterprises	485205	446625	3137943	1012823
国有企业	Stats-owned Enterprises	21423	18812	282206	61423
集体企业	Collective-owned Enterprises	7363	7348	50505	16794
股份合作企业	Cooperative Enterprises	398	398	1167	721
联营企业	Joint Ownership Enterprises	756	756	415	3
有限责任公司	Limited Liability Corporations	236005	213014	1718305	401925
股份有限公司	Share-holding Corporations Ltd.	22887	21405	190022	68096
私营公司	Private Enterprises	192715	181236	886095	459957
其他企业	Other Enterprises	3659	3656	9229	3906
港、澳、台商投资企业	Enterprises with Funds from Hong Kong, Macao and Taiwan	36572	36570	160986	144227
外商投资企业	Foreign Funded Enterprises	42840	42765	301290	371362
按企业控股情况分	**by Status of Holding**				
国有控股	State-holding	83787	73949	1262171	213913
集体控股	Collective-holding	13878	13749	148142	33830
私人控股	Private-holding	290434	277343	1407031	657023
港澳台商控股	Hong Kong, Macao and Taiwan-holding	35214	35212	154900	124512
外商控股	Foreign-holding	41030	40956	277540	357494
其他	Others	100273	84752	350435	141640

3-2-2　按类别分限额以上文化批发和零售业企业基本情况(2014年)
Basic Statistics on Cultural Wholesale and Retail Trades Enterprises above Designated Size by Category(2014)

单位：万元　　(10 000 yuan)

类别	Category	企业单位数(个) Number of Enterprises (unit)	#亏损企业 Unprofitable Enterprise	年末从业人员(人) Engaged Persons at Year-end (person)	#女性 Female
合计	**Total**	**8520**	**1625**	**521208**	**296868**
发行服务	Distribution Service	1804	301	164881	86302
工艺美术品的销售	Retail Sale of Arts and Crafts	2271	571	146837	103920
文化贸易代理与拍卖服务	Culture Trade Agency and Auction Service	107	20	5286	2582
文具乐器照相器材的销售	Retail Sale of Stationery, Musical Instruments and Photographic Equipment	1462	268	46836	22030
文化用家电的销售	Retail Sale of Cultural Household Electric Appliances	1860	304	104733	54707
其他文化用品的销售	Retail Sale of Other Cultural Products	693	108	30731	16042
广播电视电影专用设备的批发	Wholesale of Radio, Film and Television Equipment	241	45	17572	9262
舞台照明设备的批发	Wholesale of Stage Lighting Equipment	82	8	4332	2023

3-2-2　续表　continued

单位：万元　　(10 000 yuan)

类别	Category	资产总计 Total Assets	营业收入 Total Revenue	营业成本 Total Cost	营业税金及附加 Total Tax and Extra Charges	利润总额 Total Profit
合计	**Total**	**85682803**	**147025535**	**132007431**	**564617**	**3712060**
发行服务	Distribution Service	21326617	18050801	14393443	44363	961132
工艺美术品的销售	Retail Sale of Arts and Crafts	24732523	42003283	37910373	251599	885946
文化贸易代理与拍卖服务	Culture Trade Agency and Auction Service	2069449	3863449	3399530	11307	184727
文具乐器照相器材的销售	Retail Sale of Stationery, Musical Instruments and Photographic Equipment	8883736	19626350	18327995	56948	280078
文化用家电的销售	Retail Sale of Cultural Household Electric Appliances	13948476	29506737	26323250	103902	670507
其他文化用品的销售	Retail Sale of Other Cultural Products	5979339	8548840	7391846	66242	340620
广播电视电影专用设备的批发	Wholesale of Radio, Film and Television Equipment	7528512	23338266	22461647	23883	316510
舞台照明设备的批发	Wholesale of Stage Lighting Equipment	1214153	2087810	1799346	6374	72540

3-2-3 分地区限额以上文化批发和零售业企业基本情况(2014年)
Basic Statistics on Cultural Wholesale and Retail Trades Enterprises above Designated Size by Region(2014)

地 区	Region	企业单位数(个) Number of Enterprises (unit)	#亏损企业 Unprofitable Enterprise	年末从业人员(人) Engaged Persons at Year-end (person)	#女性 Female
全 国	**National Total**	**8520**	**1625**	**521208**	**296868**
北 京	Beijing	513	126	55480	31372
天 津	Tianjin	213	53	11118	6002
河 北	Hebei	279	45	14313	9033
山 西	Shanxi	154	33	7462	4153
内蒙古	Inner Mongolia	59	15	3059	1941
辽 宁	Liaoning	259	70	10763	6417
吉 林	Jilin	79	12	4047	2166
黑龙江	Heilongjiang	90	19	4555	2753
上 海	Shanghai	298	105	28827	16765
江 苏	Jiangsu	1003	145	55554	32596
浙 江	Zhejiang	742	198	34555	20838
安 徽	Anhui	327	44	14633	7681
福 建	Fujian	361	47	11847	6098
江 西	Jiangxi	48	10	7599	3854
山 东	Shandong	597	79	40503	22116
河 南	Henan	555	49	29144	15069
湖 北	Hubei	437	58	21348	13235
湖 南	Hunan	417	39	19563	10835
广 东	Guangdong	1076	278	77919	43300
广 西	Guangxi	161	43	6779	3593
海 南	Hainan	19	1	1355	819
重 庆	Chongqing	142	25	14659	10160
四 川	Sichuan	160	36	15863	9470
贵 州	Guizhou	83	12	2983	1469
云 南	Yunnan	115	21	10140	5810
西 藏	Tibet	5	2	182	109
陕 西	Shaanxi	161	19	7652	3882
甘 肃	Gansu	97	20	4553	2511
青 海	Qinghai	7	2	694	435
宁 夏	Ningxia	24	11	700	436
新 疆	Xinjiang	39	8	3359	1950

3-2-3 续表 continued

单位：万元 (10 000 yuan)

地 区	Region	资产总计 Total Assets	营业收入 Total Revenue	营业成本 Total Cost	营业税金及附加 Total Tax and Extra Charges	利润总额 Total Profit
全 国	**National Total**	**85682803**	**147025535**	**132007431**	**564617**	**3712060**
北 京	Beijing	15318315	21210898	18800597	45315	471139
天 津	Tianjin	2296443	2935452	2629023	14706	65880
河 北	Hebei	1232805	1608787	1340327	7681	47550
山 西	Shanxi	915807	1235961	1116010	4647	18734
内蒙古	Inner Mongolia	285375	328552	288476	2454	-2661
辽 宁	Liaoning	1061047	1720050	1529425	15980	36349
吉 林	Jilin	299255	394241	328588	2816	11841
黑龙江	Heilongjiang	249707	413250	366030	1154	1213
上 海	Shanghai	12611354	32332935	30091426	72193	435858
江 苏	Jiangsu	6668027	11566720	10192462	54714	405754
浙 江	Zhejiang	6095125	10861357	10138415	26069	121022
安 徽	Anhui	2340018	4016773	3531754	11834	132339
福 建	Fujian	2049713	3272973	2758776	20998	121257
江 西	Jiangxi	939669	966338	766291	7825	96772
山 东	Shandong	7086022	11865974	10930039	50740	384755
河 南	Henan	2142987	3476852	2987710	46414	165669
湖 北	Hubei	1719242	3033825	2539860	24790	151185
湖 南	Hunan	1964256	3448634	2861790	28431	169298
广 东	Guangdong	12386677	22120488	20173659	58241	375103
广 西	Guangxi	859247	646743	548642	1705	7432
海 南	Hainan	173937	116912	89119	1054	5249
重 庆	Chongqing	1567706	3141222	2697946	35519	245345
四 川	Sichuan	1834622	1872301	1542915	7404	75220
贵 州	Guizhou	622080	420035	348797	1990	14297
云 南	Yunnan	1148484	1332264	1052523	9026	77964
西 藏	Tibet	15885	14778	12065	4	1079
陕 西	Shaanxi	599256	1013417	873384	5880	31189
甘 肃	Gansu	546383	479919	401676	3726	20616
青 海	Qinghai	140033	720739	700832	341	3605
宁 夏	Ningxia	58451	44292	34957	142	1531
新 疆	Xinjiang	454877	412853	333915	822	19479

3-2-4 按类别分限额以上文化批发和零售业企业主要财务指标(2014年)

Main Economic Indicators of Cultural Wholesale and Retail Trades Enterprises above Designated Size by Category(2014)

单位：万元 (10 000 yuan)

类 别	Category	企业单位数(个) Number of Enterprises (unit)	固定资产原价 Original Value of Fixed Assets	本年折旧 Depreciation This Year
合 计	**Total**	**8520**	**8264024**	**445841**
发行服务	Distribution Service	1804	3752809	168950
工艺美术品的销售	Retail Sale of Arts and Crafts	2271	1806069	123515
文化贸易代理与拍卖服务	Culture Trade Agency and Auction Service	107	75755	5444
文具乐器照相器材的销售	Retail Sale of Stationery, Musical Instruments and Photographic Equipment	1462	788951	37377
文化用家电的销售	Retail Sale of Cultural Household Electric Appliances	1860	1118231	64441
其他文化用品的销售	Retail Sale of Other Cultural Products	693	495819	28460
广播电视电影专用设备的批发	Wholesale of Radio, Film and Television Equipment	241	167026	13532
舞台照明设备的批发	Wholesale of Stage Lighting Equipment	82	59365	4123

类 别	Category	主营业务收入 Revenue of Principal Business	主营业务成本 Cost of Principal Business	主营业务税金及附加 Tax and Extra Charges from rincipal PBusiness
合 计	**Total**	**145647294**	**131027918**	**525960**
发行服务	Distribution Service	17652231	14138397	36692
工艺美术品的销售	Retail Sale of Arts and Crafts	41403825	37403338	235647
文化贸易代理与拍卖服务	Culture Trade Agency and Auction Service	3856381	3396903	9759
文具乐器照相器材的销售	Retail Sale of Stationery, Musical Instruments and Photographic Equipment	19540865	18286142	47045
文化用家电的销售	Retail Sale of Cultural Household Electric Appliances	29323312	26176032	101217
其他文化用品的销售	Retail Sale of Other Cultural Products	8504048	7374698	65527
广播电视电影专用设备的批发	Wholesale of Radio, Film and Television Equipment	23288056	22453554	23746
舞台照明设备的批发	Wholesale of Stage Lighting Equipment	2078576	1798854	6327

3-2-4 续表 continued

单位：万元 (10 000 yuan)

类 别	Category	营业利润 Operating Profit	营业外收入 Non-operating Revenue	#补贴收入 Subsidize Revenue
合 计	**Total**	**3600220**	**692551**	**160625**
发行服务	Distribution Service	944643	182669	73305
工艺美术品的销售	Retail Sale of Arts and Crafts	813893	125046	65351
文化贸易代理与拍卖服务	Culture Trade Agency and Auction Service	185935	200017	1763
文具乐器照相器材的销售	Retail Sale of Stationery, Musical Instruments and Photographic Equipment	299102	56092	4397
文化用家电的销售	Retail Sale of Cultural Household Electric Appliances	639711	51177	6126
其他文化用品的销售	Retail Sale of Other Cultural Products	370426	20112	5196
广播电视电影专用设备的批发	Wholesale of Radio, Film and Television Equipment	276342	53945	2522
舞台照明设备的批发	Wholesale of Stage Lighting Equipment	70169	3493	1966

类 别	Category	应付职工薪酬 Employee Benefits Payable	应交增值税 Value-added Tax Payable
合 计	**Total**	**3615561**	**1528412**
发行服务	Distribution Service	1291382	116072
工艺美术品的销售	Retail Sale of Arts and Crafts	905584	547044
文化贸易代理与拍卖服务	Culture Trade Agency and Auction Service	97386	20073
文具乐器照相器材的销售	Retail Sale of Stationery, Musical Instruments and Photographic Equipment	295890	115311
文化用家电的销售	Retail Sale of Cultural Household Electric Appliances	622619	404135
其他文化用品的销售	Retail Sale of Other Cultural Products	234337	110274
广播电视电影专用设备的批发	Wholesale of Radio, Film and Television Equipment	120697	192609
舞台照明设备的批发	Wholesale of Stage Lighting Equipment	47666	22895

3-2-5 分地区限额以上文化批发和零售业企业主要财务指标(2014年)
Main Economic Indicators of Cultural Wholesale and Retail Trades Enterprises above Designated Size by Region(2014)

单位：万元 (10 000 yuan)

地 区	Region	企业单位数(个) Number of Enterprises (unit)	固定资产原价 Original Value of Fixed Assets	本年折旧 Depreciation This Year	主营业务收入 Revenue of Principal Business	主营业务成本 Cost of Principal Business
全 国	**National Total**	**8520**	**8264024**	**445841**	**145647294**	**131027918**
北 京	Beijing	513	674076	53995	21019169	18750579
天 津	Tianjin	213	280065	12062	2899898	2619603
河 北	Hebei	279	159603	7053	1595495	1321603
山 西	Shanxi	154	139018	7212	1229359	1111750
内蒙古	Inner Mongolia	59	60821	2872	322467	287585
辽 宁	Liaoning	259	214620	14127	1709473	1525537
吉 林	Jilin	79	57835	2708	389451	328323
黑龙江	Heilongjiang	90	89459	4042	411316	365402
上 海	Shanghai	298	432158	19054	32246352	30080734
江 苏	Jiangsu	1003	815134	48596	11127657	9775629
浙 江	Zhejiang	742	570958	27798	10799261	10108889
安 徽	Anhui	327	147527	8379	4001668	3527430
福 建	Fujian	361	265984	12779	3233129	2737399
江 西	Jiangxi	48	265941	34012	960128	764559
山 东	Shandong	597	735365	24561	11809995	10879775
河 南	Henan	555	498815	16130	3410865	2968328
湖 北	Hubei	437	403430	19733	3019569	2535304
湖 南	Hunan	417	240962	16009	3424116	2831444
广 东	Guangdong	1076	964149	56415	21904030	19991692
广 西	Guangxi	161	88626	5097	637050	543929
海 南	Hainan	19	42853	2425	111220	87762
重 庆	Chongqing	142	220796	4437	3133783	2598043
四 川	Sichuan	160	293076	14057	1849201	1537930
贵 州	Guizhou	83	47397	1388	415209	345427
云 南	Yunnan	115	160367	8558	1320713	1050719
西 藏	Tibet	5	7474	269	14402	12043
陕 西	Shaanxi	161	131832	5692	1004054	871297
甘 肃	Gansu	97	95139	4798	477662	401348
青 海	Qinghai	7	17385	561	718114	700647
宁 夏	Ningxia	24	17290	705	43478	34780
新 疆	Xinjiang	39	125872	10315	409011	332427

3-2-5 续表 continued

单位：万元 (10 000 yuan)

地 区	Region	主营业务税金及附加 Tax and Extra Charges from Principal Business	营业利润 Operating Profit	营业外收入 Non-operating Revenue	#补贴收入 Subsidize Revenue	应付职工薪酬 Employee Benefits Payable	应交增值税 Value-added Tax Payable
全 国	**National Total**	**525960**	**3600220**	**692551**	**160625**	**3615561**	**1528412**
北 京	Beijing	44767	345039	57680	22595	625194	241992
天 津	Tianjin	14418	52421	14619	6925	77466	35133
河 北	Hebei	7642	133700	8655	2826	54320	6650
山 西	Shanxi	4598	16937	3932	2186	68394	5494
内蒙古	Inner Mongolia	2010	-2331	652		12405	2673
辽 宁	Liaoning	15634	33159	6565	4410	39439	11610
吉 林	Jilin	2781	10190	4709	1695	19985	2765
黑龙江	Heilongjiang	1149	5261	719	132	65282	923
上 海	Shanghai	71532	280137	331496	48962	363150	243841
江 苏	Jiangsu	52493	406233	56745	5965	305131	142264
浙 江	Zhejiang	25381	101612	31536	11238	201592	57542
安 徽	Anhui	11438	131733	5508	328	75586	125463
福 建	Fujian	14208	124022	6060	2867	94085	40673
江 西	Jiangxi	7825	97041	7793	6295	44892	17023
山 东	Shandong	49530	394028	10187	1971	222210	96892
河 南	Henan	31848	173366	16121	6565	113429	55437
湖 北	Hubei	23696	165232	8957	3803	105149	32095
湖 南	Hunan	27701	221751	9320	3534	116343	44677
广 东	Guangdong	52219	399493	64076	15485	556555	241530
广 西	Guangxi	1657	15731	7345	2782	70082	9896
海 南	Hainan	1037	5632	610	271	6132	752
重 庆	Chongqing	35198	242744	5720	700	80435	29681
四 川	Sichuan	6544	58199	11923	487	104260	25796
贵 州	Guizhou	1899	32575	1793	683	14758	3410
云 南	Yunnan	8408	83317	8246	4805	64051	39649
西 藏	Tibet	4	393	700	337	754	4
陕 西	Shaanxi	5405	32636	2430	248	47559	7089
甘 肃	Gansu	3652	21498	1662	67	20328	3697
青 海	Qinghai	341	3400	568	528	7064	1686
宁 夏	Ningxia	141	251	1185	23	4446	157
新 疆	Xinjiang	801	14821	5039	1913	35085	1920

3-2-6 按类别分限额以下文化批发和零售业企业主要财务指标(2014年)
Main Economic Indicators of Cultural Wholesale and Retai l Trades Enterprises under Designated Size by Category(2014)

单位：万元 (10 000 yuan)

类 别	Category	企业单位数(个) Number of Enterprises	年末从业人员(人) Engaged Persons at Year-end	营业收入 Total Revenue	#主营业务收入 Revenue from Principal Business
合 计	**Total**	**144316**	**1081688**	**60764481**	**59839222**
发行服务	Distribution Service	14053	118331	4751699	4650606
工艺美术品的销售	Retail Sale of Arts and Crafts	41795	331337	16022752	15828538
文化贸易代理与拍卖服务	Culture Trade Agency and Auction Service	6620	61973	5648726	5604278
文具乐器照相器材的销售	Retail Sale of Stationery, Musical Instruments and Photographic Equipment	42265	250139	14073262	13823253
文化用家电的销售	Retail Sale of Cultural Household Electric Appliances	13776	122269	7823944	7670430
其他文化用品的销售	Retail Sale of Other Cultural Products	19255	136855	7439287	7325482
广播电视电影专用设备的批发	Wholesale of Radio, Film and Television Equipment	3962	36182	2497196	2442053
舞台照明设备的批发	Wholesale of Stage Lighting Equipment	2590	24602	2507615	2494582

类 别	Category	营业税金及附加 Total Tax and Extra Charges	#主营业务税金及附加 Tax and Extra Charges from Principal Business	资产总计 Total Assets	实收资本 Paid-in Capital
合 计	**Total**	**968664**	**944231**	**57233596**	**23344662**
发行服务	Distribution Service	64472	60855	6189522	2665050
工艺美术品的销售	Retail Sale of Arts and Crafts	262172	256074	19794702	8572181
文化贸易代理与拍卖服务	Culture Trade Agency and Auction Service	108225	106800	4069659	1785067
文具乐器照相器材的销售	Retail Sale of Stationery, Musical Instruments and Photographic Equipment	191421	186078	11774764	4306691
文化用家电的销售	Retail Sale of Cultural Household Electric Appliances	138557	135286	5119673	1880623
其他文化用品的销售	Retail Sale of Other Cultural Products	113330	109555	7081118	2810096
广播电视电影专用设备的批发	Wholesale of Radio, Film and Television Equipment	35977	35276	2119698	875653
舞台照明设备的批发	Wholesale of Stage Lighting Equipment	54510	54308	1084460	449300

3-2-7 分地区限额以下文化批发和零售业企业主要财务指标(2014年)

Main Economic Indicators of Cultural Wholesale and Retail Trades Enterprises under Designated Size by Region(2014)

单位：万元 (10 000 yuan)

地 区	Region	企业单位数(个) Number of Enterprises (unit)	年末从业人员(人) Engaged Persons at Year-end (person)	营业收入 Total Revenue	#主营业务收入 Revenue from Principal Business
全 国	**National Total**	**144316**	**1081688**	**60764481**	**59839222**
北 京	Beijing	16273	61115	3061292	3000957
天 津	Tianjin	3807	24753	2100995	2058656
河 北	Hebei	5286	43322	2000124	1851350
山 西	Shanxi	1584	11449	429548	419923
内蒙古	Inner Mongolia	1478	17142	761837	729789
辽 宁	Liaoning	4060	27193	1136325	1134648
吉 林	Jilin	831	6768	194235	191859
黑龙江	Heilongjiang	875	12046	334555	326130
上 海	Shanghai	8697	61103	4534657	4440431
江 苏	Jiangsu	14683	110594	8335457	8273494
浙 江	Zhejiang	14524	78997	6338837	6255132
安 徽	Anhui	5354	30384	2058099	2050984
福 建	Fujian	4785	36160	1948914	1912004
江 西	Jiangxi	952	11446	445178	440117
山 东	Shandong	15994	157062	8904733	8853376
河 南	Henan	4755	49992	1980162	1942702
湖 北	Hubei	5299	38893	1438636	1400592
湖 南	Hunan	3141	36378	1521996	1510853
广 东	Guangdong	16136	134000	5956458	5891990
广 西	Guangxi	2474	16610	416610	413167
海 南	Hainan	394	4199	236175	234817
重 庆	Chongqing	3667	28104	1327388	1312737
四 川	Sichuan	1592	14567	1278051	1230811
贵 州	Guizhou	757	10216	702659	692885
云 南	Yunnan	1918	16626	726792	717355
西 藏	Tibet	124	1821	34175	33231
陕 西	Shaanxi	2140	19808	1987953	1965227
甘 肃	Gansu	1295	12451	302533	288628
青 海	Qinghai	210	2042	26604	25894
宁 夏	Ningxia	399	2202	66049	64948
新 疆	Xinjiang	832	4245	177456	174536

3-2-7 续表 continued

单位：万元 (10 000 yuan)

地 区	Region	营业税金及附加 Total Tax and Extra Charges	#主营业务税金及附加 Tax and Extra Charges from Principal Business	资产总计 Total Assets	实收资本 Paid-in Capital
全 国	**National Total**	**968664**	**944231**	**57233596**	**23344662**
北 京	Beijing	12008	10514	4582411	2175507
天 津	Tianjin	22009	22040	2634759	967992
河 北	Hebei	29450	28714	1697468	728105
山 西	Shanxi	4505	4157	639534	184996
内蒙古	Inner Mongolia	10933	10898	1016173	402951
辽 宁	Liaoning	28388	28045	1066258	393313
吉 林	Jilin	3729	3660	168630	85482
黑龙江	Heilongjiang	10923	9764	237520	116786
上 海	Shanghai	42338	38472	4125394	1291423
江 苏	Jiangsu	127293	124879	4984597	2198066
浙 江	Zhejiang	63233	62385	5663886	2068607
安 徽	Anhui	27523	26505	1472573	719420
福 建	Fujian	21127	20700	2276549	1156674
江 西	Jiangxi	11643	10942	431327	256702
山 东	Shandong	231846	229072	5699146	2180123
河 南	Henan	53348	52245	2200489	1063154
湖 北	Hubei	26039	24877	1528264	710761
湖 南	Hunan	40339	40022	1150727	636747
广 东	Guangdong	96778	95340	7680648	3248276
广 西	Guangxi	12187	11028	698087	283890
海 南	Hainan	2914	2789	319817	101187
重 庆	Chongqing	19674	19394	1121295	383471
四 川	Sichuan	9771	9301	1373318	295647
贵 州	Guizhou	8495	8086	818933	167621
云 南	Yunnan	14695	14360	1441618	489718
西 藏	Tibet	582	480	67015	32001
陕 西	Shaanxi	27889	27331	1113418	581648
甘 肃	Gansu	5433	5042	535127	189401
青 海	Qinghai	469	408	103094	66864
宁 夏	Ningxia	1235	1014	159645	60795
新 疆	Xinjiang	1869	1772	225876	107336

3-3-1 规模以上文化服务业企业基本情况(2014年)

Basic Statistics on Cultural Enterprises of Service Industry above Designated Size(2014)

分 组	Group	企业单位数(个) Number of Enterprises (unit)	年末从业人员(人) Engaged Persons at Year-end (person)	资产总计(万元) Total Assets (10 000 yuan)
合 计	**Total**	**18231**	**2399664**	**324117437**
按登记注册类型分	**Grouped by Status of Registration**			
内资企业	Domestic Funded Enterprises	17023	2093391	273174769
国有企业	Stats-owned Enterprises	1470	291845	37047119
集体企业	Collective-owned Enterprises	120	9618	491615
股份合作企业	Cooperative Enterprises	37	2325	257254
联营企业	Joint Ownership Enterprises	8	1726	272020
有限责任公司	Limited Liability Corporations	6706	947637	135521646
股份有限公司	Share-holding Corporations Ltd.	682	206169	41917129
私营公司	Private Enterprises	7839	615536	56425231
其他企业	Other Enterprises	161	18535	1242755
港、澳、台商投资企业	Enterprises with Funds from Hong Kong, Macao and Taiwan	539	130367	34652712
外商投资企业	Foreign Funded Enterprises	669	175906	16289956
按企业控股情况分	**by Status of Holding**			
国有控股	State-holding	4277	898022	161088922
集体控股	Collective-holding	519	60856	7242090
私人控股	Private-holding	10958	969330	92752832
港澳台商控股	Hong Kong, Macao and Taiwan-holding	501	123928	33837837
外商控股	Foreign-holding	582	153474	12344239
其他	Others	1339	185524	15468718

3-3-1 续表 1 continued

单位：万元 (10 000 yuan)

分 组	Group	营业收入 Total Revenue	#主营业务收入 Revenue from Principal Business
合 计	**Total**	**168293729**	**165767159**
按登记注册类型分	**Grouped by Status of Registration**		
内资企业	Domestic Funded Enterprises	133592579	131412118
国有企业	Stats-owned Enterprises	14511334	14125973
集体企业	Collective-owned Enterprises	230902	222541
股份合作企业	Cooperative Enterprises	87996	86865
联营企业	Joint Ownership Enterprises	84578	81103
有限责任公司	Limited Liability Corporations	64876412	63769095
股份有限公司	Share-holding Corporations Ltd.	13695972	13473954
私营公司	Private Enterprises	39522541	39097464
其他企业	Other Enterprises	582845	555123
港、澳、台商投资企业	Enterprises with Funds from Hong Kong, Macao and Taiwan	21892765	21632096
外商投资企业	Foreign Funded Enterprises	12808385	12722946
按企业控股情况分	**by Status of Holding**		
国有控股	State-holding	62495382	61151144
集体控股	Collective-holding	2543352	2470225
私人控股	Private-holding	59552933	58915553
港澳台商控股	Hong Kong, Macao and Taiwan-holding	21636765	21381429
外商控股	Foreign-holding	11122695	11069520
其他	Others	10309761	10179406

3-3-1 续表 2 continued

单位：万元 (10 000 yuan)

分 组	Group	营业税金及附加 Total Tax and Extra Charges	#主营业务税金及附加 Tax and Extra Charges from Principal Business
合 计	**Total**	**2256109**	**2141036**
按登记注册类型分	**Grouped by Status of Registration**		
内资企业	Domestic Funded Enterprises	1939124	1844401
国有企业	Stats-owned Enterprises	213364	193863
集体企业	Collective-owned Enterprises	6172	5798
股份合作企业	Cooperative Enterprises	1620	1618
联营企业	Joint Ownership Enterprises	1331	1331
有限责任公司	Limited Liability Corporations	891015	833511
股份有限公司	Share-holding Corporations Ltd.	167850	162086
私营公司	Private Enterprises	646508	635333
其他企业	Other Enterprises	11265	10862
港、澳、台商投资企业	Enterprises with Funds from Hong Kong, Macao and Taiwan	213267	197815
外商投资企业	Foreign Funded Enterprises	103719	98820
按企业控股情况分	**by Status of Holding**		
国有控股	State-holding	778709	724935
集体控股	Collective-holding	51108	49309
私人控股	Private-holding	969927	935269
港澳台商控股	Hong Kong, Macao and Taiwan-holding	208574	193263
外商控股	Foreign-holding	79948	78388
其他	Others	163303	155599

3-3-1 续表 3 continued

单位：万元 (10 000 yuan)

分 组	Group	营业利润 Operating Profit	应交增值税 Value-added Tax Payable
合 计	**Total**	**21812087**	**3924381**
按登记注册类型分	**Grouped by Status of Registration**		
内资企业	Domestic Funded Enterprises	12420959	2806370
国有企业	Stats-owned Enterprises	1548230	436710
集体企业	Collective-owned Enterprises	17054	5007
股份合作企业	Cooperative Enterprises	6832	2798
联营企业	Joint Ownership Enterprises	31725	1919
有限责任公司	Limited Liability Corporations	5745454	1299763
股份有限公司	Share-holding Corporations Ltd.	1994976	207997
私营公司	Private Enterprises	2989267	839703
其他企业	Other Enterprises	87422	12473
港、澳、台商投资企业	Enterprises with Funds from Hong Kong, Macao and Taiwan	8184124	874992
外商投资企业	Foreign Funded Enterprises	1207004	243020
按企业控股情况分	**by Status of Holding**		
国有控股	State-holding	5963953	1213379
集体控股	Collective-holding	278067	48368
私人控股	Private-holding	5178685	1253926
港澳台商控股	Hong Kong, Macao and Taiwan-holding	8162534	866580
外商控股	Foreign-holding	1005197	224338
其他	Others	1165839	261786

3-3-2 按类别分规模以上文化服务业企业基本情况(2014年)

Basic Statistics on Cultural Enterprises of Service Industry above Designated Size by Category(2014)

类 别	Category	企业单位数(个) Number of Enterprises (unit)	#亏损企业 Unprofitable Enterprise	年末从业人员(人) Engaged Persons at Year-end (person)	#女性 Female
合 计	**Total**	**18231**	**4911**	**2399664**	**980876**
新闻服务	News Service	18	9	10364	5046
出版服务	Publishing Service	1199	383	213449	98933
广播电视服务	Radio and Television Service	194	57	47219	19912
电影和影视录音服务	Film and Video Recording Service	1308	427	83124	39910
文艺创作与表演服务	Art Creation and Performance Service	481	205	46861	21055
图书馆与档案馆服务	Library and Archive Service	1	1	84	32
文化遗产保护服务	Cultural Heritage Protection Service	68	21	6549	3180
群众文化服务	Mass Culture Service	50	11	3235	1583
文化研究和社团服务	Cultural Studies and Social Organization Service	2		67	44
文化艺术培训服务	Culture and Arts Training Service	63	15	9131	5461
其他文化艺术业服务	Other Culture and Art Industry Service	164	41	9604	4515
互联网信息服务	Internet Information Service	762	254	199747	90247
增值电信服务(文化部分)	Value-Added Telecommunication Service(Culture Part)	126	35	37217	17360
广播电视传输服务	Radio and Television Transmission Service	508	147	172653	55055
广告服务	Advertisement Service	3729	801	206649	100191
文化软件服务	Cultural Software Service	1672	558	347652	122651
建筑设计服务	Architectural Design Service	2638	372	432403	134945
专业设计服务	Professional Design Service	890	201	112989	40626
景区游览服务	Scenic Touring Service	1617	586	219884	101657
娱乐休闲服务	Entertainment and Recreation Service	1184	381	115466	57287
摄影扩印服务	Photography and Enlarge-Printing Service	163	48	16646	10058
版权服务	Copyright Service	91	12	10148	6433
文化经纪代理服务	Culture Broker and Agency Service	81	24	3381	1628
文化出租服务	Cultural Rental Service	22	4	1214	359
会展服务	Exhibition Service	807	217	55373	24644
其他文化辅助服务	Other Cultural Support Service	393	101	38555	18064

3-3-2 续表 continued

单位：万元 (10 000 yuan)

类 别	Category	资产总计 Total Assets	营业收入 Total Revenue	营业成本 Total Cost	营业税金及附加 Total Tax and Extra Charges	利润总额 Total Profit
合 计	**Total**	**324117437**	**168293729**	**240550222**	**2256109**	**24103933**
新闻服务	News Service	732097	93426	68479	2611	-6498
出版服务	Publishing Service	34978337	11525151	7405077	138437	1608332
广播电视服务	Radio and Television Service	9729557	3989345	2674802	56648	818322
电影和影视录音服务	Film and Video Recording Service	17558594	7139058	4778376	86173	1147860
文艺创作与表演服务	Art Creation and Performance Service	3578419	1060618	649558	29458	234474
图书馆与档案馆服务	Library and Archive Service	1909	1542	1086		-85
文化遗产保护服务	Cultural Heritage Protection Service	1613620	176883	79565	6791	21838
群众文化服务	Mass Culture Service	587989	213915	134443	5788	24523
文化研究和社团服务	Cultural Studies and Social Organization Service	2502	2033	1074	95	259
文化艺术培训服务	Culture and Arts Training Service	216539	228556	107501	4638	20156
其他文化艺术业服务	Other Culture and Art Industry Service	2002573	857232	569169	65804	120394
互联网信息服务	Internet Information Service	43150159	25875864	10634166	340822	8252246
增值电信服务(文化部分)	Value-Added Telecommunication Service(Culture Part)	3177196	2068166	1372334	30553	352074
广播电视传输服务	Radio and Television Transmission Service	25101994	7786839	5065431	72720	1045119
广告服务	Advertisement Service	27865136	33556676	27086216	351661	1971017
文化软件服务	Cultural Software Service	28935572	19529684	10403973	159331	3128528
建筑设计服务	Architectural Design Service	31607572	23704389	148960846	326532	2329004
专业设计服务	Professional Design Service	13229343	14068401	11895762	92122	674856
景区游览服务	Scenic Touring Service	46464281	5994638	2779214	231266	1041381
娱乐休闲服务	Entertainment and Recreation Service	12854012	2542633	1221725	131433	185422
摄影扩印服务	Photography and Enlarge-Printing Service	309703	305508	131114	13856	17688
版权服务	Copyright Service	786279	653621	306819	1315	132027
文化经纪代理服务	Culture Broker and Agency Service	585891	277582	179268	6036	53976
文化出租服务	Cultural Rental Service	101096	74722	51554	1946	3910
会展服务	Exhibition Service	12091787	4508864	2695077	68092	735116
其他文化辅助服务	Other Cultural Support Service	6855281	2058384	1297591	31983	191995

3-3-3 分地区规模以上文化服务业企业基本情况(2014年)

Basic Statistics on Cultural Enterprises of Service Industry above Designated Size by Region(2014)

单位：万元 (10 000 yuan)

地 区	Region	企业单位数(个) Number of Enterprises (unit)	#亏损企业 Unprofitable Enterprise	年末从业人员(人) Engaged Persons at Year-end (person)	#女性 Female
全 国	**National Total**	**18231**	**4911**	**2399664**	**980876**
北 京	Beijing	3121	863	380179	172699
天 津	Tianjin	495	119	69478	23692
河 北	Hebei	315	111	39952	16864
山 西	Shanxi	148	72	19958	8710
内蒙古	Inner Mongolia	110	45	9982	4089
辽 宁	Liaoning	487	166	86676	38746
吉 林	Jilin	82	32	17286	6049
黑龙江	Heilongjiang	58	22	9858	3793
上 海	Shanghai	1259	398	226395	89146
江 苏	Jiangsu	2733	540	314661	128783
浙 江	Zhejiang	1194	353	142532	57354
安 徽	Anhui	378	98	45636	18578
福 建	Fujian	599	178	57599	23452
江 西	Jiangxi	243	60	32253	13421
山 东	Shandong	1001	181	94568	39979
河 南	Henan	683	118	97447	40269
湖 北	Hubei	598	113	89984	32779
湖 南	Hunan	565	147	64025	24333
广 东	Guangdong	2237	647	326935	122377
广 西	Guangxi	183	75	34853	14366
海 南	Hainan	83	31	15333	6598
重 庆	Chongqing	348	112	57824	22585
四 川	Sichuan	473	138	51359	23208
贵 州	Guizhou	137	37	17321	7347
云 南	Yunnan	197	64	31320	13231
西 藏	Tibet	10	3	623	340
陕 西	Shaanxi	289	120	36865	15934
甘 肃	Gansu	79	28	9149	3936
青 海	Qinghai	15	7	2407	880
宁 夏	Ningxia	29	8	4095	1878
新 疆	Xinjiang	82	25	13111	5460

3-3-3 续表 continued

单位：万元 (10 000 yuan)

地 区	Region	资产总计 Total Assets	营业收入 Total Revenue	营业成本 Total Cost	营业税金及附加 Total Tax and Extra Charges	利润总额 Total Profit
全 国	**National Total**	**324117437**	**168293729**	**240550222**	**2256109**	**24103933**
北 京	Beijing	59957674	44380353	30715084	434631	4325865
天 津	Tianjin	11645262	6391144	135720508	87483	978957
河 北	Hebei	2758454	1148775	740696	21760	68417
山 西	Shanxi	1936219	398745	260568	8196	-74
内蒙古	Inner Mongolia	1938137	397511	267726	7759	5202
辽 宁	Liaoning	5319587	2915525	2094383	30622	254018
吉 林	Jilin	2008984	631388	429419	5967	77674
黑龙江	Heilongjiang	877060	298036	181752	6817	22916
上 海	Shanghai	42431387	25774179	17838964	246906	3304008
江 苏	Jiangsu	37542755	15864419	10912101	258822	1906449
浙 江	Zhejiang	30341000	15797163	7053264	163225	5256527
安 徽	Anhui	5559127	2190615	1413169	30628	238338
福 建	Fujian	6201954	2713006	1662408	52610	297690
江 西	Jiangxi	2635852	1309832	772607	29448	184663
山 东	Shandong	11352082	3670512	2194728	96960	704482
河 南	Henan	7777937	2661669	1652854	64367	321027
湖 北	Hubei	10865648	4485161	3085448	129558	593583
湖 南	Hunan	9746807	3450879	2090710	48754	682875
广 东	Guangdong	41672195	22449025	13929370	320054	3640955
广 西	Guangxi	2333708	1058744	610856	21422	187479
海 南	Hainan	1764033	787067	415786	21924	144775
重 庆	Chongqing	7162691	2556781	1895094	37482	147149
四 川	Sichuan	6331289	2370954	1474293	53648	301532
贵 州	Guizhou	1742601	679540	475441	14026	100243
云 南	Yunnan	4228847	1053602	692733	19124	93727
西 藏	Tibet	107329	20433	9697	492	5043
陕 西	Shaanxi	5574577	1562614	1048350	27441	118439
甘 肃	Gansu	663096	240928	157647	3381	41433
青 海	Qinghai	159459	61190	38509	694	9261
宁 夏	Ningxia	446893	163585	64745	2989	35835
新 疆	Xinjiang	1034795	810357	651314	8919	55446

3-3-4 按类别分规模以上文化服务业企业主要财务指标(2014年)
Main Economic Indicators of Cultural Enterprises of Service Industry above Designated Size by Category(2014)

单位：万元 (10 000 yuan)

类别	Category	企业单位数(个) Number of Enterprises (unit)	固定资产原价 Original Value of Fixed Assets	本年折旧 Depreciation This Year	主营业务收入 Revenue of Principal Business	主营业务成本 Cost of Principal Business
合计	**Total**	**18231**	**77452556**	**6042806**	**165767159**	**106606156**
新闻服务	News Service	18	143911	5026	86043	66273
出版服务	Publishing Service	1199	6765867	439821	10927512	6962874
广播电视服务	Radio and Television Service	194	2549514	160049	3946910	2620875
电影和影视录音服务	Film and Video Recording Service	1308	3511930	274555	6882272	4630771
文艺创作与表演服务	Art Creation and Performance Service	481	932045	64668	1010441	609669
图书馆与档案馆服务	Library and Archive Service	1	1681	49	1361	1086
文化遗产保护服务	Cultural Heritage Protection Service	68	310642	17599	172398	78627
群众文化服务	Mass Culture Service	50	177387	10461	213179	133306
文化研究和社团服务	Cultural Studies and Social Organization Service	2	196	21	2033	1074
文化艺术培训服务	Culture and Arts Training Service	63	49077	3831	227819	106958
其他文化艺术业服务	Other Culture and Art Industry Service	164	525396	34662	847733	564156
互联网信息服务	Internet Information Service	762	4984643	647761	25601600	10558496
增值电信服务（文化部分）	Value-Added Telecommunication Service(Culture Part)	126	1161706	101133	2037107	1347780
广播电视传输服务	Radio and Television Transmission Service	508	16096036	1412375	7571738	4603361
广告服务	Advertisement Service	3729	3341453	332461	33394360	26877550
文化软件服务	Cultural Software Service	1672	4181269	471874	19212053	10010721
建筑设计服务	Architectural Design Service	2638	3990643	335496	23519781	17465050
专业设计服务	Professional Design Service	890	2288999	162775	14026231	11506033
景区游览服务	Scenic Touring Service	1617	15168035	880243	5784681	2678250
娱乐休闲服务	Entertainment and Recreation Service	1184	5488226	374738	2501847	1199757
摄影扩印服务	Photography and Enlarge-Printing Service	163	134124	11239	297722	129056
版权服务	Copyright Service	91	89083	7482	652121	304579
文化经纪代理服务	Culture Broker and Agency Service	81	75220	4288	274963	179231
文化出租服务	Cultural Rental Service	22	52289	5524	74518	51518
会展服务	Exhibition Service	807	4775669	232184	4452149	2654383
其他文化辅助服务	Other Cultural Support Service	393	657515	52492	2048589	1264723

3-3-4 续表 continued

单位：万元 (10 000 yuan)

类 别	Category	主营业务税金及附加 Tax and Extra Charges from Principal Business	营业利润 Operating Profit	应付职工薪酬 Employee Benefits Payable	应交增值税 Value-added Tax Payable
合 计	**Total**	**2141036**	**21812087**	**25905054**	**3924381**
新闻服务	News Service	2607	-18442	50675	1551
出版服务	Publishing Service	118240	999319	2545147	395389
广播电视服务	Radio and Television Service	56204	759288	558813	118032
电影和影视录音服务	Film and Video Recording Service	79308	1036677	651088	179892
文艺创作与表演服务	Art Creation and Performance Service	27315	108514	251621	13708
图书馆与档案馆服务	Library and Archive Service	0	-85	303	76
文化遗产保护服务	Cultural Heritage Protection Service	5855	15942	37048	548
群众文化服务	Mass Culture Service	5740	25114	17413	2067
文化研究和社团服务	Cultural Studies and Social Organization Service	95	261	557	0
文化艺术培训服务	Culture and Arts Training Service	4600	26880	59327	3078
其他文化艺术业服务	Other Culture and Art Industry Service	63811	110313	74617	8890
互联网信息服务	Internet Information Service	329225	8011304	3239619	958891
增值电信服务（文化部分）	Value-Added Telecommunication Service(Culture Part)	26388	329172	342490	35589
广播电视传输服务	Radio and Television Transmission Service	69014	1163386	1587524	60477
广告服务	Advertisement Service	340592	1825243	2284492	453055
文化软件服务	Cultural Software Service	157134	2639904	4986892	642348
建筑设计服务	Architectural Design Service	309210	2252746	5143055	599214
专业设计服务	Professional Design Service	90270	597904	1484757	180817
景区游览服务	Scenic Touring Service	215933	758408	1013949	29059
娱乐休闲服务	Entertainment and Recreation Service	122266	147285	517632	72030
摄影扩印服务	Photography and Enlarge-Printing Service	13121	15772	75862	2344
版权服务	Copyright Service	1244	120658	163143	12990
文化经纪代理服务	Culture Broker and Agency Service	5888	43728	35080	5116
文化出租服务	Cultural Rental Service	1916	4439	9323	445
会展服务	Exhibition Service	64406	681850	454124	98706
其他文化辅助服务	Other Cultural Support Service	30655	156512	320505	50071

3-3-5 分地区规模以上文化服务业企业主要财务指标(2014年)

Main Economic Indicators of Cultural Enterprises of Service Industry above Designated Size by Region(2014)

单位：万元 (10 000 yuan)

地 区	Region	企业单位数(个) Number of Enterprises (unit)	固定资产原价 Original Value of Fixed Assets	本年折旧 Depreciation This Year	主营业务收入 Revenue of Principal Business	主营业务成本 Cost of Principal Business
全 国	**National Total**	**18231**	**77452556**	**6042806**	**165767159**	**106606156**
北 京	Beijing	3121	10154596	855082	43878927	30546584
天 津	Tianjin	495	2531767	192067	6353538	4374790
河 北	Hebei	315	1397197	108975	1125926	727174
山 西	Shanxi	148	983767	68576	387716	250675
内蒙古	Inner Mongolia	110	650663	49010	387188	233250
辽 宁	Liaoning	487	2328212	198512	2866738	1912685
吉 林	Jilin	82	822267	29911	619925	422880
黑龙江	Heilongjiang	58	451078	33290	293177	177151
上 海	Shanghai	1259	7668874	594986	25555400	17195127
江 苏	Jiangsu	2733	9898155	709629	15623138	10495236
浙 江	Zhejiang	1194	5194598	443207	15444905	6959152
安 徽	Anhui	378	1685638	134237	2031278	1340811
福 建	Fujian	599	1692518	111245	2646471	1623629
江 西	Jiangxi	243	955418	75418	1266200	751945
山 东	Shandong	1001	4325329	208413	3639384	2143547
河 南	Henan	683	2262568	164560	2600112	1599561
湖 北	Hubei	598	2919579	286980	4422262	2841758
湖 南	Hunan	565	2322349	162821	3411529	2068390
广 东	Guangdong	2237	8494205	610743	22240178	13681798
广 西	Guangxi	183	1222164	65553	1022478	589057
海 南	Hainan	83	872775	78715	744794	394304
重 庆	Chongqing	348	1784087	141766	2450158	1833960
四 川	Sichuan	473	2948578	331962	2298218	1428289
贵 州	Guizhou	137	481505	35311	668782	452067
云 南	Yunnan	197	1237681	171426	989258	644690
西 藏	Tibet	10	22682	2797	20217	8642
陕 西	Shaanxi	289	1472903	108280	1544638	1027020
甘 肃	Gansu	79	195551	11931	220006	138112
青 海	Qinghai	15	75962	7505	58293	37157
宁 夏	Ningxia	29	190633	29729	157619	62072
新 疆	Xinjiang	82	209256	20169	798708	644641

3-3-5 续表 continued

单位：万元 (10 000 yuan)

地 区	Region	主营业务税金及附加 Tax and Extra Charges from Principal Business	营业利润 Operating Profit	应付职工薪酬 Employee Benefits Payable	应交增值税 Value-added Tax Payable
全 国	**National Total**	**2141036**	**21812087**	**25905054**	**3924381**
北 京	Beijing	429851	3719791	6231843	962933
天 津	Tianjin	78821	837310	1077876	134617
河 北	Hebei	15617	41918	243407	19502
山 西	Shanxi	7978	-12784	84361	65344
内蒙古	Inner Mongolia	7565	-7826	71666	8364
辽 宁	Liaoning	27581	197916	871585	51103
吉 林	Jilin	4527	70397	129804	6692
黑龙江	Heilongjiang	6744	18665	48822	6591
上 海	Shanghai	233707	2890006	3600438	552710
江 苏	Jiangsu	244433	1651297	2476969	276298
浙 江	Zhejiang	154815	5052099	2183520	606435
安 徽	Anhui	29169	205893	320244	34725
福 建	Fujian	50696	235771	444552	52163
江 西	Jiangxi	28852	183847	143861	15402
山 东	Shandong	94943	507474	562671	79798
河 南	Henan	58715	287929	519460	67919
湖 北	Hubei	114892	542432	802552	93363
湖 南	Hunan	47847	659535	463311	93772
广 东	Guangdong	307184	3683940	3571887	617556
广 西	Guangxi	19109	156553	221082	21560
海 南	Hainan	21460	136433	115485	13546
重 庆	Chongqing	35863	115379	478377	40349
四 川	Sichuan	49678	251481	375698	30459
贵 州	Guizhou	13559	88507	156642	7009
云 南	Yunnan	18412	82014	204834	13866
西 藏	Tibet	453	580	3110	709
陕 西	Shaanxi	25589	94024	276988	23683
甘 肃	Gansu	3167	38487	55127	4862
青 海	Qinghai	668	5915	18055	733
宁 夏	Ningxia	2905	34541	40222	2173
新 疆	Xinjiang	6239	42562	110605	20147

3-3-6 按类别分规模以下文化服务业企业主要财务指标(2014年)

Main Economic Indicators of Cultural Enterprises of Service Industry under Designated Size by Category(2014)

单位：万元 (10 000 yuan)

类 别	Category	企业单位数（个）Number of Enterprises (unit)	年末从业人员（人）Engaged Persons at Year-end (person)	营业收入 Total Revenue	#主营业务收入 Revenue from Principal Business
合 计	**Total**	**516897**	**4469432**	**104134877**	**101163150**
新闻服务	News Service	225	3422	73565	71251
出版服务	Publishing Service	3532	76369	2360721	2276605
广播电视服务	Radio and Television Service	1300	31711	1136783	1114219
电影和影视录音服务	Film and Video Recording Service	10925	147229	3757470	3614567
文艺创作与表演服务	Art Creation and Performance Service	8432	128933	1446041	1397597
图书馆与档案馆服务	Library and Archive Service	325	2996	45111	44021
文化遗产保护服务	Cultural Heritage Protection Service	1171	14379	267329	258312
群众文化服务	Mass Culture Service	5352	32181	511653	483944
文化研究和社团服务	Cultural Studies and Social Organization Service	1739	21946	700789	694337
文化艺术培训服务	Culture and Arts Training Service	7173	56668	668555	655715
其他文化艺术业服务	Other Culture and Art Industry Service	18682	99525	2020942	1965569
互联网信息服务	Internet Information Service	16624	164604	3729329	3664398
增值电信服务（文化部分）	Value-Added Telecommunication Service (Culture Part)	711	19392	711841	685376
广播电视传输服务	Radio and Television Transmission Service	2255	94826	2683999	2580276
广告服务	Advertisement Service	155230	1071132	30698518	29966659
文化软件服务	Cultural Software Service	21977	272852	6783135	6641757
建筑设计服务	Architectural Design Service	35449	423931	11984739	11658233
专业设计服务	Professional Design Service	40114	360293	9000659	8675727
景区游览服务	Scenic Touring Service	8894	190466	3442524	3275882
娱乐休闲服务	Entertainment and Recreation Service	101412	731051	10702778	10390488
摄影扩印服务	Photography and Enlarge-Printing Service	8464	69652	1056286	1013632
版权服务	Copyright Service	2093	17026	355778	349758
文化经纪代理服务	Culture Broker and Agency Service	3589	23056	465159	454467
文化出租服务	Cultural Rental Service	5032	33083	844370	827396
会展服务	Exhibition Service	27429	190031	4836665	4611554
其他文化辅助服务	Other Cultural Support Service	28768	192678	3850137	3791411

3-3-6 续表 continued

单位：万元 (10 000 yuan)

类 别	Category	营业税金及附加 Total Tax and Extra Charges	#主营业务税金及附加 Tax and Extra Charges from Principal Business	资产总计 Total Assets	实收资本 Paid-in Capital
合 计	**Total**	**3141966**	**2882075**	**283805178**	**102800658**
新闻服务	News Service	2134	1868	195610	53816
出版服务	Publishing Service	55425	54930	9878744	2396002
广播电视服务	Radio and Television Service	23549	21798	2905432	1043344
电影和影视录音服务	Film and Video Recording Service	113312	108106	13220198	4471330
文艺创作与表演服务	Art Creation and Performance Service	45123	43403	4393694	1924755
图书馆与档案馆服务	Library and Archive Service	1888	1679	89839	24916
文化遗产保护服务	Cultural Heritage Protection Service	11520	10662	2698800	733706
群众文化服务	Mass Culture Service	13162	12873	2154581	1150448
文化研究和社团服务	Cultural Studies and Social Organization Service	20637	20327	6401774	4990614
文化艺术培训服务	Culture and Arts Training Service	23620	23380	1363324	553308
其他文化艺术业服务	Other Culture and Art Industry Service	54473	52985	8700834	3836778
互联网信息服务	Internet Information Service	96300	92833	8733219	3921038
增值电信服务（文化部分）	Value-Added Telecommunication Service (Culture Part)	17487	14993	880259	550270
广播电视传输服务	Radio and Television Transmission Service	67997	65911	14032681	2305649
广告服务	Advertisement Service	936625	816126	71026299	19276781
文化软件服务	Cultural Software Service	135462	128805	15396856	6830131
建筑设计服务	Architectural Design Service	395644	360327	19233185	7799648
专业设计服务	Professional Design Service	213201	202444	14770343	7246657
景区游览服务	Scenic Touring Service	120705	110499	39741912	10398336
娱乐休闲服务	Entertainment and Recreation Service	488705	443874	14682239	7645608
摄影扩印服务	Photography and Enlarge-Printing Service	34086	33134	1202823	561925
版权服务	Copyright Service	8845	8507	1730906	1278394
文化经纪代理服务	Culture Broker and Agency Service	14346	14031	1829789	958224
文化出租服务	Cultural Rental Service	19796	19371	1354539	623355
会展服务	Exhibition Service	121725	115189	12171694	6424296
其他文化辅助服务	Other Cultural Support Service	106200	104023	15015606	5801330

3-3-7 分地区规模以下文化服务业企业主要财务指标(2014年)

Main Economic Indicators of Cultural Enterprises of Service Industry under Designated Size by Region(2014)

单位：万元 (10 000 yuan)

地区	Region	企业单位数(个) Number of Enterprises (unit)	年末从业人员(人) Engaged Persons at Year-end (person)	营业收入 Total Revenue	#主营业务收入 Revenue from Principal Business
全 国	**National Total**	**516897**	**4469432**	**104134877**	**101163150**
北 京	Beijing	72778	323827	9584055	9384754
天 津	Tianjin	12912	105186	3258321	3295402
河 北	Hebei	16255	132902	2158692	1929536
山 西	Shanxi	7364	70077	679765	621059
内蒙古	Inner Mongolia	5060	113191	3212736	3054693
辽 宁	Liaoning	17264	89987	1627868	1613334
吉 林	Jilin	4185	41285	926449	888432
黑龙江	Heilongjiang	4436	37411	627664	608890
上 海	Shanghai	26355	248089	8624282	8103430
江 苏	Jiangsu	47374	380574	12875966	12585523
浙 江	Zhejiang	38240	294186	6159500	6076031
安 徽	Anhui	27400	190385	3928185	3900455
福 建	Fujian	15355	158598	3574380	3499237
江 西	Jiangxi	6734	80524	1861551	1829779
山 东	Shandong	32365	306186	8078646	7916674
河 南	Henan	15016	184864	2988718	2908601
湖 北	Hubei	19844	172893	3275980	3133374
湖 南	Hunan	21031	220037	4092466	4081479
广 东	Guangdong	53101	572993	10726853	10515986
广 西	Guangxi	10099	70664	736990	700963
海 南	Hainan	2072	28613	293515	285951
重 庆	Chongqing	14201	140455	2970469	2917048
四 川	Sichuan	12767	144608	2692685	2593464
贵 州	Guizhou	5689	72768	1724690	1647246
云 南	Yunnan	7497	73824	1409276	1352405
西 藏	Tibet	245	2520	92188	84914
陕 西	Shaanxi	10302	107528	4591429	4484184
甘 肃	Gansu	5419	66892	813316	684189
青 海	Qinghai	771	8112	94998	85487
宁 夏	Ningxia	1614	12996	199189	165572
新 疆	Xinjiang	3152	17257	254053	215060

3-3-7 续表 continued

单位：万元 (10 000 yuan)

地 区	Region	营业税金及附加 Total Tax and Extra Charges	#主营业务税金及附加 Tax and Extra Charges from Principal Business	资产总计 Total Assets	实收资本 Paid-in Capital
全 国	**National Total**	**3141966**	**2882075**	**283805178**	**102800658**
北 京	Beijing	111686	106869	31040798	16999872
天 津	Tianjin	81914	84579	16528245	8886884
河 北	Hebei	64434	45320	8990314	2919977
山 西	Shanxi	16302	15378	2865404	938018
内蒙古	Inner Mongolia	59344	58599	7016060	2446061
辽 宁	Liaoning	58142	57477	5298175	2021372
吉 林	Jilin	20568	20127	2095848	448694
黑龙江	Heilongjiang	26158	25803	2442946	611828
上 海	Shanghai	342335	251656	17302382	5627710
江 苏	Jiangsu	339299	326301	28424191	11602870
浙 江	Zhejiang	140345	138486	15938581	6166482
安 徽	Anhui	98170	94329	7046881	3761206
福 建	Fujian	98527	96731	6130000	3259966
江 西	Jiangxi	76440	73405	3771863	1601581
山 东	Shandong	295005	289852	40900339	4261717
河 南	Henan	117050	115149	8549705	3251962
湖 北	Hubei	114456	105892	15921311	2945873
湖 南	Hunan	91181	89066	7288989	3069208
广 东	Guangdong	327980	310161	20495640	9851244
广 西	Guangxi	34149	31688	2327580	837840
海 南	Hainan	15111	13837	3198274	550765
重 庆	Chongqing	119766	117564	4910972	1371611
四 川	Sichuan	97097	89788	6851690	2059796
贵 州	Guizhou	71674	63192	5325240	1306505
云 南	Yunnan	56191	52020	4612383	1664538
西 藏	Tibet	1667	1613	85020	103584
陕 西	Shaanxi	160134	155580	5090439	2881861
甘 肃	Gansu	56890	33167	1807646	803738
青 海	Qinghai	3567	3036	300324	132758
宁 夏	Ningxia	7802	6559	685589	253765
新 疆	Xinjiang	38584	8851	562350	161372

3-3-8 按类别分文化服务业事业单位主要财务指标(2014年)

Main Economic Indicators of Cultural Public Institutions of Service Industry by Category(2014)

类　别	Category	单位数(个) Number of Institutions (unit)	年末从业人员(人) Engaged Persons at Year-end (person)	非企业单位支出(费用) Non-enterprise Units Spending (Cost)	年末资产 Assets at the Year-end
合　计	**Total**	**53599**	**1313166**	**30675547**	**75932801**
新闻服务	News Service	980	28470	707323	1329031
出版服务	Publishing Service	2053	78161	1676077	6604385
广播电视服务	Radio and Television Service	4533	276611	8334693	19181394
电影和影视录音服务	Film and Video Recording Service	1315	38879	953514	2571280
文艺创作与表演服务	Art Creation and Performance Service	2804	99987	1675387	2913308
图书馆与档案馆服务	Library and Archive Service	6020	95897	2003109	5207655
文化遗产保护服务	Cultural Heritage Protection Service	5517	115399	3141815	10062076
群众文化服务	Mass Culture Service	11687	118923	1799079	3433877
文化研究和社团服务	Cultural Studies and Social Organization Service	6076	93245	1966771	2781421
文化艺术培训服务	Culture and Arts Training Service	1675	45685	787471	1624715
其他文化艺术业服务	Other Culture and Art Industry Service	1442	14883	302007	541574
互联网信息服务	Internet Information Service	373	5046	183355	574450
增值电信服务(文化部分)	Value-Added Telecommunication Service (Culture Part)	13	316	32385	132535
广播电视传输服务	Radio and Television Transmission Service	3200	76828	1351693	4562524
广告服务	Advertisement Service	234	6041	123132	263174
文化软件服务	Cultural Software Service	19	193	5448	17549
建筑设计服务	Architectural Design Service	770	23339	636468	1058288
专业设计服务	Professional Design Service	296	8119	192076	332140
景区游览服务	Scenic Touring Service	3483	168432	4062167	11420411
娱乐休闲服务	Entertainment and Recreation Service	428	5834	85772	194500
摄影扩印服务	Photography and Enlarge-Printing Service	17	190	772	746
版权服务	Copyright Service	72	769	18349	45995
文化经纪代理服务	Culture Broker and Agency Service	51	732	20028	49181
文化出租服务	Cultural Rental Service	65	514	8410	18949
会展服务	Exhibition Service	320	7963	511120	802239
其他文化辅助服务	Other Cultural Support Service	156	2710	97128	209405

3-3-9 分地区文化服务业事业单位主要财务指标(2014年)

Main Economic Indicators of Cultural Public Institutions of Service Industry by Region(2014)

单位：万元 (10 000 yuan)

地 区	Region	单位数(个) Number of Institutions (unit)	年末从业人员(人) Engaged Persons at Year-end (person)	非企业单位支出(费用) Non-enterprise Units Spending (Cost)	年末资产 Assets at the Year-end
全 国	**National Total**	**53599**	**1313166**	**30675547**	**75932801**
北 京	Beijing	1410	83958	5304178	13163921
天 津	Tianjin	577	19469	694447	1320396
河 北	Hebei	1929	62276	878959	1651066
山 西	Shanxi	1700	46045	460191	859205
内蒙古	Inner Mongolia	1392	37181	1427748	2162087
辽 宁	Liaoning	1765	43348	825542	1955132
吉 林	Jilin	1224	32304	450608	957379
黑龙江	Heilongjiang	1263	35282	539287	834445
上 海	Shanghai	630	21457	720807	2603873
江 苏	Jiangsu	3169	75797	2220887	11463749
浙 江	Zhejiang	2383	70345	1985574	4651265
安 徽	Anhui	1695	37729	1054626	1748067
福 建	Fujian	2052	35340	717787	1399879
江 西	Jiangxi	1579	32108	498718	981188
山 东	Shandong	2677	78016	1823239	4355218
河 南	Henan	3212	86422	1209993	3252658
湖 北	Hubei	2702	57465	816786	2054574
湖 南	Hunan	2819	62668	950020	1771097
广 东	Guangdong	2432	74359	2013780	5871090
广 西	Guangxi	2428	35897	514558	1110389
海 南	Hainan	211	8169	149117	362831
重 庆	Chongqing	1264	19249	409237	608775
四 川	Sichuan	3910	62361	1385757	3333536
贵 州	Guizhou	2296	21044	318156	1007483
云 南	Yunnan	1977	32764	761243	1636169
西 藏	Tibet	216	6441	113692	262992
陕 西	Shaanxi	1749	45272	1302421	2147926
甘 肃	Gansu	1097	38501	292001	970421
青 海	Qinghai	308	7293	109793	198195
宁 夏	Ningxia	268	10295	148924	383137
新 疆	Xinjiang	1265	34311	577473	854659

3-3-10 按类别分文化服务业其他单位主要财务指标(2014年)

Main Economic Indicators of Other Cultural Institutions of Service Industry by Category(2014)

单位：万元 (10 000 yuan)

类别	Category	单位数(个) Number of Units (unit)	年末从业人员(人) Engaged Persons at Year-end (person)	非企业单位支出(费用) Non-enterprise Units Spending (Cost)	年末资产 Assets at the Year-end
合　计	**Total**	**82026**	**921266**	**3991878**	**6677930**
新闻服务	News Service	127	1136	14320	6658
出版服务	Publishing Service	271	3589	35579	53149
广播电视服务	Radio and Television Service	310	6819	58307	145455
电影和影视录音服务	Film and Video Recording Service	379	3877	14305	30930
文艺创作与表演服务	Art Creation and Performance Service	3010	57384	140242	149333
图书馆与档案馆服务	Library and Archive Service	535	3635	25252	78275
文化遗产保护服务	Cultural Heritage Protection Service	2281	24346	252417	1298460
群众文化服务	Mass Culture Service	5836	76622	198785	301666
文化研究和社团服务	Cultural Studies and Social Organization Service	30879	432649	1493464	2218478
文化艺术培训服务	Culture and Arts Training Service	9713	113257	1199147	1101785
其他文化艺术业服务	Other Culture and Art Industry Service	1441	14043	57693	205367
互联网信息服务	Internet Information Service	955	6245	6015	9452
增值电信服务(文化部分)	Value-Added Telecommunication Service(Culture Part)	29	197	698	899
广播电视传输服务	Radio and Television Transmission Service	451	4530	32074	70102
广告服务	Advertisement Service	3908	26851	33144	30406
文化软件服务	Cultural Software Service	267	2675	11150	5729
建筑设计服务	Architectural Design Service	678	7310	12146	13924
专业设计服务	Professional Design Service	705	6092	18176	14378
景区游览服务	Scenic Touring Service	953	16571	169331	638572
娱乐休闲服务	Entertainment and Recreation Service	16309	90796	81499	137383
摄影扩印服务	Photography and Enlarge-Printing Service	773	6920	7277	6934
版权服务	Copyright Service	32	256	1286	1152
文化经纪代理服务	Culture Broker and Agency Service	123	849	1245	2542
文化出租服务	Cultural Rental Service	689	1821	3338	7117
会展服务	Exhibition Service	420	3027	64196	63575
其他文化辅助服务	Other Cultural Support Service	952	9769	60794	86210

3-3-11 分地区文化服务业其他单位主要财务指标(2014年)

Main Economic Indicators of Other Cultural Institutions of Service Industry by Region(2014)

地 区	Region	单位数 (个) Number of Units (unit)	年末从业人员 (人) Engaged Persons at Year-end (person)	非企业单位支出 (费用) Non-enterprise Units Spending (Cost)	年末资产 (万元) Assets at the Year-end (10 000 yuan)
全 国	**National Total**	**82026**	**921266**	**3991878**	**6677930**
北 京	Beijing	1393	17571	279834	366677
天 津	Tianjin	994	16002	31324	59652
河 北	Hebei	3218	27417	84170	205796
山 西	Shanxi	2422	32098	43314	91364
内蒙古	Inner Mongolia	1671	23997	59553	103918
辽 宁	Liaoning	2115	15117	60437	131466
吉 林	Jilin	1094	11773	36225	104039
黑龙江	Heilongjiang	1759	14870	54860	50636
上 海	Shanghai	1519	13082	110961	352017
江 苏	Jiangsu	5565	44761	405668	633412
浙 江	Zhejiang	5275	42656	189927	387021
安 徽	Anhui	3544	33289	98657	245567
福 建	Fujian	3752	36900	109618	214949
江 西	Jiangxi	1357	17253	44045	61840
山 东	Shandong	4664	52574	417953	610176
河 南	Henan	8633	118967	615742	678149
湖 北	Hubei	4385	33501	187279	447193
湖 南	Hunan	6710	84230	251150	298943
广 东	Guangdong	4706	71564	323179	640136
广 西	Guangxi	2417	17379	16180	60826
海 南	Hainan	177	3386	8197	12118
重 庆	Chongqing	2971	28288	92053	112231
四 川	Sichuan	5117	59004	155711	367476
贵 州	Guizhou	574	20309	17161	20853
云 南	Yunnan	2780	32176	50698	114777
西 藏	Tibet	101	1170	20257	31389
陕 西	Shaanxi	1425	23211	175871	176186
甘 肃	Gansu	622	13934	14558	34258
青 海	Qinghai	409	7967	5442	32584
宁 夏	Ningxia	290	4020	11661	14064
新 疆	Xinjiang	367	2800	20196	18218

Main Economic Indicators of Other Cultural Institutions of
Service Industry by Region (2014)

4

主要文化行业发展情况

Development of Main Cultural Industries

4-1-1 出版物基本情况
Basic Statistics on Publications

年份 Year / 地区 Region		图书 Books Published 种数（种）Number of Publications (kind)	图书 Books Published 总印数（万册、万张）Printed Copies (10 000 copies)	期刊 Magazines Published 种数（种）Number of Publications (kind)	期刊 Magazines Published 总印数（万册）Printed Copies (10 000 copies)
	2005	222473	646597	9468	275894
	2006	233971	640809	9468	285216
	2007	248283	629331	9468	304106
	2008	274123	706185	9549	310490
	2009	301719	703675	9851	315250
	2010	328387	717051	9884	321535
	2011	369523	770518	9849	328522
	2012	414005	792464	9867	334798
	2013	444427	831048	9877	327243
	2014	448431	818465	9966	309452
中　央	Central Level	183457	218886	2951	95746
地　方	Local Level	264974	599579	7015	213706
北　京	Beijing	10802	16746	172	3792
天　津	Tianjin	5745	4560	254	3833
河　北	Hebei	7022	22234	229	4833
山　西	Shanxi	3458	12866	201	2930
内蒙古	Inner Mongolia	3157	6752	147	2423
辽　宁	Liaoning	11942	12713	323	8965
吉　林	Jilin	21565	25500	239	9490
黑龙江	Heilongjiang	5043	7426	315	5279
上　海	Shanghai	24420	32188	636	14471
江　苏	Jiangsu	23936	55963	468	11817
浙　江	Zhejiang	12687	36971	225	7765
安　徽	Anhui	9934	25579	186	5627
福　建	Fujian	3456	8619	176	4397
江　西	Jiangxi	5890	19663	164	7616
山　东	Shandong	14282	46448	269	11939
河　南	Henan	7705	19714	248	8674
湖　北	Hubei	15910	27193	424	28089
湖　南	Hunan	11340	42194	253	13442
广　东	Guangdong	9495	29872	388	15520
广　西	Guangxi	7871	39777	185	4808
海　南	Hainan	3747	6143	44	797
重　庆	Chongqing	6062	15009	138	5498
四　川	Sichuan	9095	19623	353	6382
贵　州	Guizhou	845	10099	90	1523
云　南	Yunnan	6958	15307	127	4000
西　藏	Tibet	547	1303	35	230
陕　西	Shaanxi	9334	18925	286	5305
甘　肃	Gansu	2410	5312	136	10871
青　海	Qinghai	597	1069	53	378
宁　夏	Ningxia	1987	3682	37	1286
新　疆	Xinjiang	7732	10129	214	1725

4-1-1 续表 continued

年份 Year 地区 Region		报纸 Newspapers Published		音像制品 Audio-Vedio Products		电子出版物 Electronic Products	
		种数（种）Number of Publications (kind)	总印数（万份）Printed Copies (10 000 copies)	种数（种）Number of Publications (kind)	出版数量（万盒、万张）Volume of Publication (10 000 cassettes,	种数（种）Number of Publications (kind)	数量（万张）Volume of Publication (10 000 discs)
	2005	1931	4126040	34961	61543.1	6152	14009.0
	2006	1938	4245172	33706	58306.7	7207	16035.7
	2007	1938	4379882	31955	49098.0	8652	13584.0
	2008	1943	4429222	23493	43268.0	9668	15770.6
	2009	1937	4391132	25384	39146.5	10708	22914.0
	2010	1939	4521391	21552	42383.9	11175	25911.9
	2011	1928	4674326	19408	46431.0	11154	21322.2
	2012	1918	4822568	18485	39365.8	11822	26344.9
	2013	1915	4824132	16972	40604.6	11708	35220.2
	2014	1912	4638987	15355	32839.0	11823	35048.8
中 央	Central Level	221	804300	5878	19460.2	7632	26588.7
地 方	Local Level	1691	3834687	9477	13378.8	4191	8460.1
北 京	Beijing	35	94640	355	539.5	92	27.9
天 津	Tianjin	24	75996	39	9.6	82	25.5
河 北	Hebei	65	157641	130	398.7	79	164.5
山 西	Shanxi	60	216020	127	28.4	266	32.3
内蒙古	Inner Mongolia	58	33599	81	25.8	10	1.0
辽 宁	Liaoning	70	150582	250	4421.4	287	365.3
吉 林	Jilin	52	92605	193	72.6	60	8.4
黑龙江	Heilongjiang	68	69039	7	1.5		
上 海	Shanghai	72	114002	3771	3501.8	797	1656.6
江 苏	Jiangsu	81	282063	441	1064.6	458	2812.6
浙 江	Zhejiang	69	337367	233	421.3	366	839.5
安 徽	Anhui	51	121176	111	31.2	23	74.3
福 建	Fujian	42	111945	89	48.5	32	8.1
江 西	Jiangxi	41	113322	317	175.3	32	19.1
山 东	Shandong	87	306553	371	205.0	489	254.6
河 南	Henan	78	209722	130	114.9	91	29.6
湖 北	Hubei	74	190374	138	81.6	216	489.8
湖 南	Hunan	48	136738	495	705.5	51	198.7
广 东	Guangdong	101	389869	1293	1004.5	209	1217.6
广 西	Guangxi	54	72972	175	99.0	12	1.2
海 南	Hainan	14	24603	18	14.5	1	0.2
重 庆	Chongqing	27	61855	94	34.5	121	116.2
四 川	Sichuan	88	167700	92	65.2	334	96.4
贵 州	Guizhou	30	36348	1	0.4		
云 南	Yunnan	42	61279	200	74.8	28	4.5
西 藏	Tibet	25	7651	115	38.0		
陕 西	Shaanxi	43	68245	145	181.5	44	14.7
甘 肃	Gansu	50	50982	19	2.8	3	0.1
青 海	Qinghai	26	13730	15	7.1	4	1.0
宁 夏	Ningxia	14	10987			4	0.4
新 疆	Xinjiang	102	55082	32	9.5		

4-1-2 分地区少年儿童读物和课本出版情况（2014年）

Number of Books Published for Children and Textbooks by Region (2014)

地 区	Region	种数(种) Number of Publications (kind)		总印数（万册） Printed Copies (10 000 copies)		总印张(千印张) Printed Sheets (1000 sheets)	
		少儿读物 Books for Children	课 本 Textbooks	少儿读物 Books for Children	课 本 Textbooks	少儿读物 Books for Children	课 本 Textbooks
全 国	**National Total**	**32712**	**92370**	**49693**	**349949**	**3091760**	**27398531**
中 央	Central Level	8091	54982	11569	101740	667328	10334433
地 方	Local Level	24621	37388	38124	248209	2424432	17064098
北 京	Beijing	1906	758	2569	1794	214314	156512
天 津	Tianjin	687	975	918	1195	54146	107901
河 北	Hebei	608	435	857	11862	38580	802726
山 西	Shanxi	202	102	410	5020	13460	369674
内蒙古	Inner Mongolia	207	859	86	4601	5756	324656
辽 宁	Liaoning	903	2733	991	3990	79703	300565
吉 林	Jilin	3438	1207	3794	5670	298057	362587
黑龙江	Heilongjiang	533	708	178	3583	14727	249415
上 海	Shanghai	1422	5390	3480	14768	156528	1256931
江 苏	Jiangsu	1843	3370	2583	24188	174863	1496886
浙 江	Zhejiang	2578	1791	5166	13085	387598	842416
安 徽	Anhui	2042	951	2079	12801	143409	910917
福 建	Fujian	318	437	381	4139	22727	297739
江 西	Jiangxi	1596	401	3158	7535	183062	557087
山 东	Shandong	1136	1653	2709	20687	169451	1254769
河 南	Henan	280	1295	389	11290	16141	758189
湖 北	Hubei	490	2731	844	8283	80983	678961
湖 南	Hunan	1126	1258	1241	14550	93054	767514
广 东	Guangdong	580	1670	1210	18819	31749	1347382
广 西	Guangxi	1084	435	2186	11515	138771	756974
海 南	Hainan	33	59	164	1208	7308	77815
重 庆	Chongqing	27	1959	12	6808	509	448438
四 川	Sichuan	744	1932	1143	9320	50307	742361
贵 州	Guizhou	39	116	668	6426	14715	451080
云 南	Yunnan	28	197	27	7269	659	496428
西 藏	Tibet	16	169	7	1024	254	71896
陕 西	Shaanxi	346	1782	593	7401	18146	542777
甘 肃	Gansu	88	62	142	3342	6714	256579
青 海	Qinghai	4	221	1	930	15	66929
宁 夏	Ningxia	23		18	906	1516	65621
新 疆	Xinjiang	294	1732	120	4200	7210	244373

4-1-3 全国出版机构及人员情况

Institutions and Engaged Persons of Publication Industry

年份 Year 地区 Region		图书出版社 Press Publishing Books		音像出版单位 Units Publishing Audio-Vedio Products	
		机构数（个）Number of Institutions (unit)	职工人数（人）Number of Personnel (person)	机构数（个）Number of Institutions (unit)	职工人数（人）Number of Personnel (person)
	2005	573	54605	328	6171
	2006	573	58405	339	6060
	2007	578	58849	363	6327
	2008	579	60906	378	5696
	2009	580	62890	380	5993
	2010	581	63903	374	5010
	2011	580	67173	369	5130
	2012	580	67125	369	4563
	2013	582	64757	370	4171
	2014	583	66074	371	4926
中　央	Central Level	221	29730	148	1289
地　方	Local Level	362	36344	223	3637
北　京	Beijing	18	901	9	85
天　津	Tianjin	12	885	7	66
河　北	Hebei	8	821	5	45
山　西	Shanxi	8	646	3	80
内蒙古	Inner Mongolia	7	545	1	14
辽　宁	Liaoning	18	1632	13	75
吉　林	Jilin	15	1830	8	81
黑龙江	Heilongjiang	13	808	4	16
上　海	Shanghai	38	3732	27	688
江　苏	Jiangsu	18	2820	7	138
浙　江	Zhejiang	14	1108	7	73
安　徽	Anhui	11	1030	7	104
福　建	Fujian	11	712	5	235
江　西	Jiangxi	7	1026	5	126
山　东	Shandong	17	1653	13	290
河　南	Henan	12	1311	5	338
湖　北	Hubei	14	1848	7	132
湖　南	Hunan	13	1292	12	121
广　东	Guangdong	19	1407	24	268
广　西	Guangxi	8	1100	5	52
海　南	Hainan	4	391	2	5
重　庆	Chongqing	3	1882	6	45
四　川	Sichuan	16	1611	10	180
贵　州	Guizhou	6	285	2	3
云　南	Yunnan	8	746	8	68
西　藏	Tibet	2	132	2	21
陕　西	Shaanxi	17	1726	11	70
甘　肃	Gansu	9	294	3	46
青　海	Qinghai	2	155	2	15
宁　夏	Ningxia	3	998	1	11
新　疆	Xinjiang	11	1017	2	146

4-1-4 出版物发行购、销、存情况

Basic Statistics on Purchase,Sales and Stock of Publications

单位：万册(张、份、盒)，万元 (10 000 copies,10 000 cassettes)

年 份 地 区	Year Region	购进 Purchase		销售 Sales		库存 Stock	
		数量 Number	金额 Value	数量 Number	金额 Value	数量 Number	金额 Value
	2005	1601918	12760018	1579753	12298056	424758	4829178
	2006	1605144	13360474	1565333	12909439	445924	5249714
	2007	1615739	14060746	1611944	13666742	447828	5659045
	2008	1701945	15438415	1664305	14563927	511036	6727773
	2009	1620914	16005755	1594152	15569553	506247	6582141
	2010	1725342	17753997	1697036	17541569	529995	7377979
	2011	1840642	20248910	1781734	19534916	558558	8040534
	2012	1890434	21609143	1900761	21598845	559953	8418751
	2013	2053467	24182149	1993343	23461488	651911	9643972
	2014	1998604	24478617	1990456	24155210	663851	10101107
中 央	Central Level	243088	5206239	233630	5070072	145292	4017186
地 方	Local Level	1755516	19272378	1756826	19085138	518560	6083921
北 京	Beijing	14811	406204	14398	374645	8568	256860
天 津	Tianjin	11136	147089	11136	155669	4601	92768
河 北	Hebei	110572	1006431	104184	1007583	54845	164471
山 西	Shanxi	48788	641449	48470	607284	12587	154644
内蒙古	Inner Mongolia	14601	174366	14047	178765	5712	30153
辽 宁	Liaoning	26777	332142	26874	320064	11862	259822
吉 林	Jilin	21141	285411	22426	299121	6586	107396
黑龙江	Heilongjiang	20106	223812	20730	223104	6938	83465
上 海	Shanghai	45112	790641	43619	772411	24844	540158
江 苏	Jiangsu	174089	1790383	179705	1773118	59123	731246
浙 江	Zhejiang	112414	1507988	114377	1463449	56832	874188
安 徽	Anhui	103463	1031192	108726	1062675	30401	217303
福 建	Fujian	33499	362119	33357	357440	8391	88054
江 西	Jiangxi	79242	841182	77269	840529	10210	124914
山 东	Shandong	156984	1528683	147732	1413841	63401	522146
河 南	Henan	138140	1130477	140209	1139992	11960	160862
湖 北	Hubei	74228	835245	72496	825652	15154	207019
湖 南	Hunan	127629	1588673	129650	1569355	31817	361226
广 东	Guangdong	63832	796499	62536	786615	25846	225331
广 西	Guangxi	66341	515192	65482	511706	4562	53741
海 南	Hainan	11886	146074	12731	150707	796	17379
重 庆	Chongqing	30007	391232	28767	413462	11415	149298
四 川	Sichuan	68667	703987	68667	703987	15338	227689
贵 州	Guizhou	37661	280953	38568	283685	1779	15590
云 南	Yunnan	37606	442286	42186	476019	6155	98755
西 藏	Tibet	3262	25166	2511	23179	3680	12979
陕 西	Shaanxi	60096	572211	60373	559866	14848	173792
甘 肃	Gansu	31459	309879	32872	323247	2686	38727
青 海	Qinghai	3758	31053	3638	31603	975	7350
宁 夏	Ningxia	4553	71570	4746	74034	612	12368
新 疆	Xinjiang	23655	362788	24343	362332.8	6037	74227.04

注：本表数据为全国新华书店系统和出版社自办发行单位的数据(以下相关表同)。

a)Data in the table above refer to data of issuing units owned by Xinhua bookstores and presses. The same applies to the relevant tables following.

4-1-5 出版物纯销售情况
Basic Statistics on Sales of Publications

单位: 万元 (10 000 yuan)

年份 地区	Year Region	总额 Total Sales	零售 Retails	批发给县以下单位或个人 Wholesale for Units or Individuals Under County Level	出口 Export	其他 Others
	2005	4932215	4039509	589874	21350	281482
	2006	5043320	4159807	651421	25580	206512
	2007	5126213	4293952	618122	23274	190865
	2008	5396638	4639733	495855	22468	238582
	2009	5809916	4989994	540550	28208	251165
	2010	5998777	5332174	196320	25290	444993
	2011	6535864	5823950	271063	19902	420949
	2012	7125801	6480018	315181	21617	308985
	2013	7356363	6879350	240630	29439	206944
	2014	7779914	7178775	232693	23986	344459
中　央	Central Level	446985	328387	19098	17658	81843
地　方	Local Level	7332929	6850388	213595	6328	262617
北　京	Beijing	137822	131650	22	1058	5092
天　津	Tianjin	45564	44917		427	220
河　北	Hebei	287042	286646	389		6
山　西	Shanxi	289301	276820	9697		2784
内蒙古	Inner Mongolia	52085	52026	59		
辽　宁	Liaoning	110965	97941	2543	30	10452
吉　林	Jilin	93428	90803	2110		514
黑龙江	Heilongjiang	91805	91607			198
上　海	Shanghai	193648	186995	3426	2546	681
江　苏	Jiangsu	656362	553417	26854	32	76059
浙　江	Zhejiang	593242	581028	4189	42	7983
安　徽	Anhui	412947	403855	287	961	7845
福　建	Fujian	166124	161036	2071	803	2214
江　西	Jiangxi	344919	329618	11284		4018
山　东	Shandong	572193	482567			89625
河　南	Henan	412750	410420	1013		1317
湖　北	Hubei	174867	172866	1071	220	710
湖　南	Hunan	627381	624698	241		2441
广　东	Guangdong	267384	226488	40507	210	179
广　西	Guangxi	186297	108728	76888		681
海　南	Hainan	6544	6544			
重　庆	Chongqing	197459	162212			35247
四　川	Sichuan	471335	460447	2088		8800
贵　州	Guizhou	130049	115042	11310		3697
云　南	Yunnan	215360	215360			
西　藏	Tibet	8533	8533			
陕　西	Shaanxi	233912	216461	16690		761
甘　肃	Gansu	138494	136766	636		1092
青　海	Qinghai	10837	10617	220		
宁　夏	Ningxia	2592	2592			
新　疆	Xinjiang	201686	201686			

4-1-6 出版物发行网点数

Basic Statistics on Issuing Institutions of Publications

单位：个 (unit)

年份 地区	Year Region	发行网点合计 Total Number of Issuing Institutions	新华书店及其发行网点 Xinhua Bookstore and Its Issuing Spots	供销社 Supply and Marketing Cooperatives	出版社 Press	邮政系统 Postal System	其他批发网点 Other Wholesale Spots	其他零售网点 Other Retail Spots
	2005	159508	11897	3200	585	30529	5103	108194
	2006	159706	11041	2431	561	29883	5137	110653
	2007	167254	10726	2103	562	32016	5946	115901
	2008	161256	10302	1868	534	37516	5454	105582
	2009	160407	9953	1636	508	38215	5800	104295
	2010	167882	9985	1520	462	39264	6483	110168
	2011	168586	9513	997	447	36455	7141	114033
	2012	172633	9403	748	446	37821	7505	116710
	2013	172447	9255	839	447	38062	7984	115860
	2014	169619	8922	700	444	37785	8462	113306
中　央	Central Level	127	3		124			
地　方	Local Level	169492	8919	700	320	37785	8462	113306
北　京	Beijing	9555	124		18	2347	1960	5106
天　津	Tianjin	2415	63		13		170	2169
河　北	Hebei	7273	376		8	2107	214	4568
山　西	Shanxi	2832	392		7	309	147	1977
内蒙古	Inner Mongolia	1329	179		7		60	1083
辽　宁	Liaoning	6112	291		12	481	417	4911
吉　林	Jilin	2344	103		14	985	157	1085
黑龙江	Heilongjiang	2185	189	67	5	377	129	1418
上　海	Shanghai	7785	170		80	2214	329	4992
江　苏	Jiangsu	14177	896		18	2220	276	10767
浙　江	Zhejiang	11453	649		15	2551	304	7934
安　徽	Anhui	8742	630		11	3657	305	4139
福　建	Fujian	4289	183		5	1170	291	2640
江　西	Jiangxi	3555	337	28	6	21	176	2987
山　东	Shandong	8020	485		4	690	201	6640
河　南	Henan	8596	1062		12	2290	323	4909
湖　北	Hubei	4676	99		16	600	500	3461
湖　南	Hunan	8754	316		13	4588	181	3656
广　东	Guangdong	10281	413	605	4		669	8590
广　西	Guangxi	4429	250		3	1728	78	2370
海　南	Hainan	723	27		4	373	41	278
重　庆	Chongqing	5036	267		3	852	208	3706
四　川	Sichuan	10668	154			3160	233	7121
贵　州	Guizhou	3900	220		3	875	133	2669
云　南	Yunnan	8301	235		8	1810	134	6114
西　藏	Tibet	159	76		1	12		70
陕　西	Shaanxi	4385	206		24	1595	269	2291
甘　肃	Gansu	2381	277		1	82	218	1803
青　海	Qinghai	982	58			189	30	705
宁　夏	Ningxia	1016	31		1	392	47	545
新　疆	Xinjiang	3139	161		4	110	262	2602

4-1-7 按类别分出版物销售情况

Basic Statistics on Sales of Publications by Category

项　目	Item	2005	2006	2007	2008	2009
销售数量合计	**Total Number of Sales**	**1579753**	**1565333**	**1611944**	**1664305**	**1594152**
图书（万册、万张）	Books (10 000 copies)	1516121	1499395	1539318	1587776	1537842
期刊（万册）	Magazines (10 000 copies)	32343	26889	30476	30523	18477
报纸（万份）	Newspapers (10 000 copies)	8626	15239	12049	16366	12427
音像制品	Audio-Vedio Products	20154	20981	26970	26509	22996
（万盒、万张）	(10 000 copies,10 000 discs)					
电子出版物	Electronic Publications	2509	2829	3131	3131	2410
（万盒、万张）	(10 000 copies,10 000 discs)					
销售金额合计（万元）	**Total Value of Sales (10 000 yuan)**	**12298056**	**12909439**	**13666742**	**14563927**	**15569553**
图书	Books	11767109	12360997	13053394	13923157	14969728
期刊	Magazines	216722	211888	229252	258927	217375
报纸	Newspapers	17154	23322	23890	33272	28296
音像制品	Audio-Vedio Products	256022	254187	300679	292963	277927
电子出版物	Electronic Publications	41049	59045	59527	55608	76227
数字出版物	Digital Publications					

项　目	Item	2010	2011	2012	2013	2014
销售数量合计	**Total Number of Sales**	**1697036**	**1781734**	**1900761**	**1993343**	
图书（万册、万张）	Books (10 000 copies)	567493	582630	615454	634671	634671
期刊（万册）	Magazines (10 000 copies)	1901	1684	2029	1939	1939
报纸（万份）	Newspapers (10 000 copies)	1423	846	1881	1345	1345
音像制品	Audio-Vedio Products	8854	6901	6525	4387	4387
（万盒、万张）	(10 000 copies,10 000 discs)					
电子出版物	Electronic Publications	3604	3310	1888	1111	1111
（万盒、万张）	(10 000 copies,10 000 discs)					
销售金额合计（万元）	**Total Value of Sales (10 000 yuan)**	**17541569**	**19534916**	**21598845**	**23461488**	
图书	Books	5058276	5588107	6171319	6591508	6591508
期刊	Magazines	103729	44398	117485	104275	104275
报纸	Newspapers	10877	5748	18836	14944	14944
音像制品	Audio-Vedio Products	103376	92733	84221	78563	78563
电子出版物	Electronic Publications	75916	92964	86793	57313	57313
数字出版物	Digital Publications			1363	32746	32746

注：自2010年起，出版物分类别的销售数量和金额只包括零售部分，因此分项之和不等于合计。

a)Since 2010,total number and value of publication sales by category only refers to publication retails, so the sum of all categories do not equal to the total.

4-1-8 出版物印刷机构情况
Basic Statistics on Printing Institutions

年份 Year / 地区 Region	印刷单位数（个） Number of Printing Institutions (unit)	职工人数（万人） Number of Engaged Persons (10 000 persons)	工业销售产值（万元） Sales Value (10 000 yuan)
2005	8279	69.44	6925013
2006	7995	62.46	7804171
2007	6427	59.55	8283628
2008	6290	58.34	9769019
2009	8189	63.14	11277554
2010	8484	61.28	12342607
2011	8309	57.62	13206765
2012	8714	55.09	14098802
2013	8963	51.68	14267771
2014	9079	488461.73	15047217
北 京 Beijing	794	39591.00	1269704
天 津 Tianjin	124	6717.00	199680
河 北 Hebei	773	33615.00	747515
山 西 Shanxi	167	10067.07	170125
内蒙古 Inner Mongolia	86	2512.00	62909
辽 宁 Liaoning	221	7886.00	266153
吉 林 Jilin	213	8012.00	270278
黑龙江 Heilongjiang	169	6539.00	134399
上 海 Shanghai	246	20003.00	1082188
江 苏 Jiangsu	415	24181.00	753150
浙 江 Zhejiang	928	33322.84	2129531
安 徽 Anhui	280	16515.00	479431
福 建 Fujian	332	15231.00	450298
江 西 Jiangxi	139	9526.00	315371
山 东 Shandong	489	33017.00	1003362
河 南 Henan	428	25541.13	393739
湖 北 Hubei	357	18730.00	443443
湖 南 Hunan	498	22341.69	863971
广 东 Guangdong	874	71675.00	2217430
广 西 Guangxi	171	9848.00	236835
海 南 Hainan	28	1405.00	38897
重 庆 Chongqing	197	14053.00	283871
四 川 Sichuan	201	12249.00	237057
贵 州 Guizhou	165	4477.00	84345
云 南 Yunnan	164	11792.00	235753
西 藏 Tibet	29	999.00	17440
陕 西 Shaanxi	214	15875.00	436081
甘 肃 Gansu	105	4743.00	70731
青 海 Qinghai	52	1651.00	22257
宁 夏 Ningxia	87	2631.00	34031
新 疆 Xinjiang	133	3716.00	97241

4-1-8 续表 1 continued

年 份 地 区	Year Region	印刷产量 Output of Printing 黑白（万令） Black and White (10 000 ream)	彩色（万对开色令） Color (10 000 bisect color ream)	装订产量（万令） Output of Bookbinding (10 000 ream)
	2005	19951	102905	21985
	2006	20891	100488	20842
	2007	20182	129157	23062
	2008	29047	93251	25129
	2009	27034	129520	35498
	2010	28272	141917	29007
	2011	30091	152913	28985
	2012	32654	164713	29740
	2013	32608	255672	36316
	2014	31936	252659	31965
北 京	Beijing	2472	17818	3316
天 津	Tianjin	2648	74796	183
河 北	Hebei	1487	3602	3006
山 西	Shanxi	317	1767	298
内蒙古	Inner Mongolia	90	520	76
辽 宁	Liaoning	2217	3251	916
吉 林	Jilin	1194	2134	411
黑龙江	Heilongjiang	311	2677	355
上 海	Shanghai	563	14931	634
江 苏	Jiangsu	1207	6370	1278
浙 江	Zhejiang	1631	23892	1767
安 徽	Anhui	839	4400	997
福 建	Fujian	402	1854	331
江 西	Jiangxi	1012	1555	948
山 东	Shandong	3524	29891	4614
河 南	Henan	1105	3857	1191
湖 北	Hubei	1285	3237	1469
湖 南	Hunan	1130	5736	1308
广 东	Guangdong	3191	32583	4448
广 西	Guangxi	1926	4574	1027
海 南	Hainan	75	587	64
重 庆	Chongqing	479	1150	454
四 川	Sichuan	1311	3550	1148
贵 州	Guizhou	147	1684	129
云 南	Yunnan	326	1708	338
西 藏	Tibet	34	67	27
陕 西	Shaanxi	622	2910	721
甘 肃	Gansu	208	421	197
青 海	Qinghai	30	175	31
宁 夏	Ningxia	49	129	51
新 疆	Xinjiang	103	832	233

4-1-8 续表 2 continued

年份 Year 地区 Region	资产合计(万元) Total Assets (10 000 yuan)	负债合计(万元) Total Liabilities (10 000 yuan)	所有者权益合计(万元) Owner's Equity (10 000 yuan)
2005	11817682	6189459	5628222
2006	12397946	6539663	5858283
2007	12798625	6543101	6255524
2008	13261258	6904193	6357065
2009	15891848	7538831	8353017
2010	17497609	8955184	8542424
2011	17819901	9153789	8666112
2012	19972151	9799736	10172415
2013	21237311	10928496	10308815
2014	21160520	11129290	10031230
北　京 Beijing	2491568	1398677	1092892
天　津 Tianjin	325844	210795	115049
河　北 Hebei	1029144	437054	592090
山　西 Shanxi	273413	142359	131054
内蒙古 Inner Mongolia	63909	44042	19867
辽　宁 Liaoning	310434	187535	122899
吉　林 Jilin	678845	294051	384794
黑龙江 Heilongjiang	198286	110534	87752
上　海 Shanghai	1631675	803337	828338
江　苏 Jiangsu	1241143	641255	599888
浙　江 Zhejiang	1838014	1023458	814556
安　徽 Anhui	712271	327617	384654
福　建 Fujian	545734	251360	294373
江　西 Jiangxi	416779	212510	204269
山　东 Shandong	1271913	732757	539156
河　南 Henan	760853	386668	374185
湖　北 Hubei	643583	378001	265582
湖　南 Hunan	1117320	528161	589159
广　东 Guangdong	2533321	1352406	1180915
广　西 Guangxi	439406	223743	215664
海　南 Hainan	57233	28430	28803
重　庆 Chongqing	465492	257697	207795
四　川 Sichuan	389249	214113	175136
贵　州 Guizhou	138620	75073	63547
云　南 Yunnan	569755	289116	280638
西　藏 Tibet	22124	10408	11716
陕　西 Shaanxi	588039	327171	260868
甘　肃 Gansu	160825	85669	75156
青　海 Qinghai	39298	24001	15297
宁　夏 Ningxia	29841	24913	4928
新　疆 Xinjiang	176589	106380	70209

4-1-8 续表 3 continued

年 份 地 区	Year Region	主营业务收入 (万元) Revenue from Principal Business (10 000 yuan)	营业利润 (万元) Business Profits (10 000 yuan)	利润总额 (万元) Total Profits (10 000 yuan)
	2005	8056432	264622	304697
	2006	8792937	317715	357130
	2007	9690887	386249	405097
	2008	9387940	417901	502048
	2009	10508176	641043	767465
	2010	12005220	675096	801680
	2011	13124096	655189	783728
	2012	13977021	967888	1068202
	2013	14943024	1127035	1249956
	2014	15142897	1184337	1305678
北 京	Beijing	1333341	87047	99996
天 津	Tianjin	176009	1314	4883
河 北	Hebei	806648	122228	130136
山 西	Shanxi	156498	4005	6920
内蒙古	Inner Mongolia	64058	3460	3827
辽 宁	Liaoning	143930	7643	9890
吉 林	Jilin	207932	33669	45425
黑龙江	Heilongjiang	132329	1423	2043
上 海	Shanghai	1087893	15663	40859
江 苏	Jiangsu	807466	58460	65719
浙 江	Zhejiang	1313693	55288	62477
安 徽	Anhui	530517	52770	56694
福 建	Fujian	500128	30870	36301
江 西	Jiangxi	301201	22902	24160
山 东	Shandong	1716733	282863	285581
河 南	Henan	486382	21395	25625
湖 北	Hubei	426027	10912	13154
湖 南	Hunan	1054088	138544	142906
广 东	Guangdong	1905003	92477	91994
广 西	Guangxi	260923	15749	17958
海 南	Hainan	38135	3483	3545
重 庆	Chongqing	358343	30160	31635
四 川	Sichuan	282397	31183	32705
贵 州	Guizhou	80428	7120	7603
云 南	Yunnan	362118	25965	29646
西 藏	Tibet	17249	519	1156
陕 西	Shaanxi	365934	24682	25659
甘 肃	Gansu	90533	786	1322
青 海	Qinghai	26589	370	1188
宁 夏	Ningxia	32461	1351	2113
新 疆	Xinjiang	77912	38	2558

4-1-9 全国图书、期刊、报纸进出口情况

Basic Statistics on Imports and Exports of Books, Magazines and Newspapers

年 份 Year	进口 Imports		出口 Exports	
	数量（万册、份） Number (10 000 copies)	金额（万美元） Value (10 000 USD)	数量（万册、份） Number (10 000 copies)	金额（万美元） Value (10 000 USD)
2005	1429.25	16418.35	732.41	3287.19
2006	2395.34	18093.51	1007.78	3631.44
2007	2385.99	21105.44	1027.83	3787.46
2008	3452.54	24061.40	801.82	3487.25
2009	2794.53	24505.27	885.16	3437.72
2010	2881.87	26008.58	945.64	3711.00
2011	2979.88	28373.26	1144.18	3905.51
2012	3138.07	30121.65	1639.27	4863.15
2013	2361.54	28048.63	1992.86	6012.40
2014	2538.85	28381.57	1689.42	5649.66

注：本表仅包括有出版物进口经营许可证的出版物进出口经营单位数据(下表同)。

a)Data in the table above only source from those units with the quanlification of publication imports and exports.The same applies to the table following.

4-1-10 全国音像制品、电子出版物与数字出版物进出口情况

Basic Statistics on Audio-Vedio Product, Electronic Publications and Digital Publications

年 份 Year	进口 Imports		出口 Exports	
	数量（盒、张） Number (cassette, disc)	金额（万美元） Value (10 000 USD)	数量（盒、张） Number (cassette, disc)	金额（万美元） Value (10 000 USD)
2005	148631	1933.00	751796	211.00
2006	177965	3079.31	1053294	284.99
2007	150906	4340.26	637396	180.51
2008	163822	4556.81	271204	101.32
2009	167428	6527.06	100053	61.11
2010	629542	11382.70	1018687	47.16
2011	396287	14134.78	77091	35.17
2012	185646	16685.95	93448	33.54
2013	285070	20022.34	34136	122.43
2014	134380	21000.13	20692	156.46

4-1-11 版权合同登记情况

Basic Statistics on Registration of Copyright Contracts

单位：份 (unit)

年份 地区	Year Region	合计 Total	图书 Books	期刊 Magazines	音像制品 Audio-vedio Products
	2005	10787	9176	746	140
	2006	13004	10795	432	476
	2007	11164	9515	305	431
	2008	12002	10414	322	451
	2009	14223	12449	292	257
	2010	15160	13303	234	306
	2011	20797	14401	288	245
	2012	18645	16554	199	319
	2013	19521	17205	226	150
	2014	17376	16214		130
北　京	Beijing	8792	8555		
天　津	Tianjin	564	531		
河　北	Hebei	117	116		
山　西	Shanxi	47	47		
内蒙古	Inner Mongolia				
辽　宁	Liaoning	238	233		
吉　林	Jilin	152	152		
黑龙江	Heilongjiang	90	90		
上　海	Shanghai	1333	1074		127
江　苏	Jiangsu	1615	1224		
浙　江	Zhejiang	526	344		
安　徽	Anhui	361	360		
福　建	Fujian	51	50		1
江　西	Jiangxi	361	361		
山　东	Shandong	396	396		
河　南	Henan	344	344		
湖　北	Hubei	390	390		
湖　南	Hunan	284	269		2
广　东	Guangdong	213	186		
广　西	Guangxi	318	318		
海　南	Hainan	186	186		
重　庆	Chongqing	281	281		
四　川	Sichuan	217	217		
贵　州	Guizhou	4	4		
云　南	Yunnan	120	120		
西　藏	Tibet				
陕　西	Shaanxi	349	339		
甘　肃	Gansu	1	1		
青　海	Qinghai				
宁　夏	Ningxia	1	1		
新　疆	Xinjiang	25	25		

4-1-11 续表 continued

单位：份 (unit)

年份 地区	Year Region	电子出版物 Electronic Publications	软件 Software	电影 Films	电视节目 TV Programs	其他 Others
	2005	168	557			
	2006	620	609	29	5	38
	2007	389	515	1		8
	2008	311	499		1	4
	2009	473	393			359
	2010	418	453	2	1	443
	2011	485	955		3	4420
	2012	417	1085	24	14	33
	2013	183	1161	44	9	543
	2014	194	276		10	552
北京	Beijing	61	31			145
天津	Tianjin	1	32			
河北	Hebei		1			
山西	Shanxi					
内蒙古	Inner Mongolia					
辽宁	Liaoning		5			
吉林	Jilin					
黑龙江	Heilongjiang					
上海	Shanghai	127	5			
江苏	Jiangsu		6			385
浙江	Zhejiang		182			
安徽	Anhui	1				
福建	Fujian					
江西	Jiangxi					
山东	Shandong					
河南	Henan					
湖北	Hubei					
湖南	Hunan	4	1		4	4
广东	Guangdong		3		6	18
广西	Guangxi					
海南	Hainan					
重庆	Chongqing					
四川	Sichuan					
贵州	Guizhou					
云南	Yunnan					
西藏	Tibet					
陕西	Shaanxi		10			
甘肃	Gansu					
青海	Qinghai					
宁夏	Ningxia					
新疆	Xinjiang					

4-1-12 全国作品自愿登记情况

Basic Statistics on Registration of Original Products

单位：件 (piece)

年份 地区	Year Region	合计 Total	#文字 Literature	#音乐 Music	#曲艺 Recitation and Ballad
	2005	58523	1878	855	12
	2006	149900	2206	1589	6
	2007	133789	2390	2193	29
	2008	1040454	2823	2084	56
	2009	336086	3509	1360	94
	2010	359871	6294	1425	112
	2011	442983	80424	2004	46
	2012	560583	179471	3901	58
	2013	834569	124948	62119	118
	2014	997350	349885	6094	73
北京	Beijing	510843	185321	2660	
天津	Tianjin	87	25	5	2
河北	Hebei	237	96	5	
山西	Shanxi	541	24	22	
内蒙古	Inner Mongolia	111	23	5	3
辽宁	Liaoning	10348	4677	304	53
吉林	Jilin	716	66	90	
黑龙江	Heilongjiang	3080	2935	71	
上海	Shanghai	187835	120614	84	
江苏	Jiangsu	53010	8670	181	1
浙江	Zhejiang	15287	243	22	
安徽	Anhui	1292	169	7	
福建	Fujian	24917	213	214	
江西	Jiangxi	1680	68	150	
山东	Shandong	40402	10012	7	2
河南	Henan	792	239	8	1
湖北	Hubei	2015	524	32	1
湖南	Hunan	1842	228	19	2
广东	Guangdong	15782	386	133	
广西	Guangxi	173	80	26	1
海南	Hainan	87	20	3	
重庆	Chongqing	36288	1719	390	
四川	Sichuan	2023	738	35	
贵州	Guizhou	122	13	1	1
云南	Yunnan	238	83	50	
西藏	Tibet				
陕西	Shaanxi	1002	669	29	5
甘肃	Gansu	161	25	6	
青海	Qinghai	31	13		
宁夏	Ningxia	136	93	3	
新疆	Xinjiang	1322	97	55	

注：全国作品自愿登记中包含中国版权保护中心数据，故各地区合计与全国合计不等。

a)The total data of registration of original products include those registered in Copyright Protection Center of China, so the sum of regional data do not equal to the total.

4-1-12 续表 continued

单位：件 (piece)

年 份 地 区	Year Region	#舞蹈 Dance	#美术 Arts	#摄影 Photograph	#影视 Films and TV
	2005	13	51327	3681	52
	2006	27	15989	113012	102
	2007	18	17681	110030	457
	2008	22	19903	1014365	267
	2009	47	30501	299218	291
	2010	18	37607	311897	1243
	2011	34	53326	297028	7544
	2012	40	85873	239801	30335
	2013	21	171059	429903	11943
	2014	19	187408	424449	11222
北 京	Beijing	3	3276	318191	489
天 津	Tianjin		49		2
河 北	Hebei		133	1	
山 西	Shanxi	1	28	457	3
内蒙古	Inner Mongolia	1	65		10
辽 宁	Liaoning		1182	255	1074
吉 林	Jilin		404		
黑龙江	Heilongjiang	1	30	1	10
上 海	Shanghai		19351	43171	3796
江 苏	Jiangsu	1	30319	12085	5
浙 江	Zhejiang		14761	39	73
安 徽	Anhui		280		26
福 建	Fujian		24230	105	10
江 西	Jiangxi	1	1364	57	2
山 东	Shandong		14248	16042	26
河 南	Henan		424	1	18
湖 北	Hubei		964	353	8
湖 南	Hunan		1039	2	488
广 东	Guangdong	1	9320	4161	186
广 西	Guangxi		55		
海 南	Hainan		30		26
重 庆	Chongqing		5481	27442	
四 川	Sichuan	1	769	433	36
贵 州	Guizhou		105		
云 南	Yunnan		101	4	
西 藏	Tibet				
陕 西	Shaanxi		173	105	15
甘 肃	Gansu		124		
青 海	Qinghai		17	1	
宁 夏	Ningxia		36		3
新 疆	Xinjiang	2	1018	79	

4-1-13 版权引进和输出情况

Basic Statistics on Copyright Import and Export

单位：项 (item)

项 目	Item	2005	2006	2007	2008	2009
引进合计	**Total Number of Copyright Import**	**10894**	**12386**	**11101**	**16969**	**13793**
图书	Books	9382	10950	10255	15776	12914
录音制品	Audio Products	90	150	270	251	262
录像制品	Vedio Products	114	108	106	153	124
电子出版物	Electronic Publications	155	174	130	117	86
软件	Software	401	434	337	362	249
电影	Films		29	1		2
电视节目	TV Programs	3	1		2	155
其他	Others	749	540	2	308	1
输出合计	**Total Number of Copyright Export**	**1517**	**2057**	**2593**	**2455**	**4205**
图书	Books	1434	2050	2571	2440	3103
录音制品	Audio Products	1			8	77
录像制品	Vedio Products	2		19	3	
电子出版物	Electronic Publications	78	5	1	1	34
软件	Software				3	
电影	Films					1
电视节目	TV Programs			2		988
其他	Others	2	2			2

项 目	Item	2010	2011	2012	2013	2014
引进合计	**Total Number of Copyright Import**	**16602**	**16639**	**17589**	**18167**	**16695**
图书	Books	13724	14708	16115	16625	15542
录音制品	Audio Products	439	278	475	378	208
录像制品	Vedio Products	356	421	503	538	451
电子出版物	Electronic Publications	49	185	100	72	120
软件	Software	304	273	189	169	46
电影	Films	284	37	12		8
电视节目	TV Programs	1446	734	190	381	316
其他	Others		3	5	4	4
输出合计	**Total Number of Copyright Export**	**5691**	**7783**	**9365**	**10401**	**10293**
图书	Books	3880	5922	7568	7305	8088
录音制品	Audio Products	36	130	97	300	139
录像制品	Vedio Products	8	20	51	193	73
电子出版物	Electronic Publications	187	125	115	646	433
软件	Software		5	2	20	5
电影	Films		2			
电视节目	TV Programs	1561	1559	1531	1937	1555
其他	Others	19	20	1		

4-2-1 全国广播和电视综合人口覆盖情况
Population Coverage Rate of Radio and TV Programs

单位：% (%)

年 份 地 区	Year Region	广播节目综合人口覆盖率 Population Covertage Rate of Radio Programs	#农村 Rural	电视节目综合人口覆盖率 Population Covertage Rate of TV Programs	#农村 Rural
	2005	94.48		95.81	
	2006	95.04	94.11	96.23	95.56
	2007	95.43	94.12	96.58	95.60
	2008	95.96	94.74	96.95	91.60
	2009	96.31	95.10	97.23	91.90
	2010	96.78	95.64	97.62	96.78
	2011	97.06	96.09	97.82	97.10
	2012	97.51	96.60	98.20	97.55
	2013	97.79	97.00	98.42	97.86
	2014	97.99	97.29	98.60	98.11
北 京	Beijing	100.00	100.00	100.00	100.00
天 津	Tianjin	100.00	100.00	100.00	100.00
河 北	Hebei	99.34	99.21	99.27	99.05
山 西	Shanxi	98.04	96.64	98.95	98.28
内蒙古	Inner Mongolia	98.42	96.99	98.57	97.38
辽 宁	Liaoning	98.81	97.91	98.96	98.16
吉 林	Jilin	98.62	97.98	98.75	98.17
黑龙江	Heilongjiang	98.62	98.19	98.82	98.47
上 海	Shanghai	100.00	100.00	100.00	100.00
江 苏	Jiangsu	99.99	99.99	99.88	99.79
浙 江	Zhejiang	99.57	99.49	99.65	99.58
安 徽	Anhui	98.55	98.18	98.72	98.39
福 建	Fujian	98.31	97.94	98.70	98.44
江 西	Jiangxi	97.51	96.98	98.55	98.19
山 东	Shandong	98.72	98.37	98.49	98.15
河 南	Henan	98.21	97.86	98.26	98.00
湖 北	Hubei	98.90	98.59	98.89	98.51
湖 南	Hunan	93.48	90.25	97.51	96.37
广 东	Guangdong	99.90	99.80	99.90	99.85
广 西	Guangxi	96.60	96.07	98.20	97.91
海 南	Hainan	96.49	95.39	95.47	93.92
重 庆	Chongqing	98.44	97.88	98.95	98.61
四 川	Sichuan	97.04	96.34	98.07	97.57
贵 州	Guizhou	91.52	90.48	95.39	94.76
云 南	Yunnan	96.48	95.67	97.48	96.89
西 藏	Tibet	94.78	93.69	95.91	94.93
陕 西	Shaanxi	97.77	97.25	98.49	98.12
甘 肃	Gansu	97.89	97.50	98.35	98.02
青 海	Qinghai	97.03	95.93	97.51	96.71
宁 夏	Ningxia	96.15	93.70	99.11	98.61
新 疆	Xinjiang	96.48	96.28	96.94	96.51

4-2-2 全国有线广播电视用户情况
Users of Cable Radios and TVs

年份 地区	Year Region	有线广播电视用户数(万户) Users of Cable Radios and TVs (10 000 households)	#农村 Rural	#数字电视 Digital TV	有线广播电视用户数占家庭总户数的比重(%) Popularization Rate of Cable Radios and TVs (%)
	2005	12842	4262		35.4
	2006	14044	5526	1266	37.0
	2007	15331	6135	2686	39.9
	2008	16398	6568	4528	41.6
	2009	17523	6863	6322	44.0
	2010	18872	7293	8870	46.4
	2011	20264	8123	11489	49.4
	2012	21509	8432	14303	51.5
	2013	22894	8911	17160	54.1
	2014	23458	7986	19143	54.8
北　京	Beijing	552	76	469	106.9
天　津	Tianjin	313	29	284	89.0
河　北	Hebei	914	297	750	39.3
山　西	Shanxi	515	172	368	39.2
内蒙古	Inner Mongolia	342	81	272	40.6
辽　宁	Liaoning	935	239	716	62.1
吉　林	Jilin	575	207	513	57.6
黑龙江	Heilongjiang	765	89	701	59.9
上　海	Shanghai	688	70	555	130.4
江　苏	Jiangsu	2291	1255	1787	94.6
浙　江	Zhejiang	1500	906	1443	92.4
安　徽	Anhui	769	371	386	35.9
福　建	Fujian	724	396	595	69.3
江　西	Jiangxi	609	436	499	48.6
山　东	Shandong	1890	466	1731	61.9
河　南	Henan	1030	383	453	33.0
湖　北	Hubei	1057	450	896	51.3
湖　南	Hunan	878	242	768	43.8
广　东	Guangdong	2162	289	1971	91.4
广　西	Guangxi	639	287	429	40.9
海　南	Hainan	118	36	91	44.9
重　庆	Chongqing	504	145	390	40.8
四　川	Sichuan	1471	541	1132	46.9
贵　州	Guizhou	386	98	386	30.8
云　南	Yunnan	490	171	473	34.4
西　藏	Tibet	22	3	15	30.5
陕　西	Shaanxi	655	177	501	51.8
甘　肃	Gansu	206	25	197	25.2
青　海	Qinghai	70	3	64	40.7
宁　夏	Ningxia	96		96	46.7
新　疆	Xinjiang	220	48	210	35.0
新疆生产建设兵团	Xinjiang Production and Construction Crops	71			

4-2-3 全国广播电视节目制作和播出情况
Production and Broadcasting of Radio and TV Programs

单位：小时 (hour)

年 份 Year	广播节目制作时间 Radio Programs Produced	公共广播节目播出时间 Broadcasting Hours of Public Radio Programs	电视节目制作时间 TV Programs Produced	公共电视节目播出时间 Broadcasting Hours of Public TV Programs
2005	6139227	10304214	2553861	12591570
2006	6192339	10780486	2618034	13604469
2007	6386696	11314370	2567065	14560513
2008	6443045	11530860	2628524	14823185
2009	6716500	12265513	2653552	15776767
2010	6814226	12660314	2742949	16355043
2011	6936960	13057496	2950490	16753029
2012	7188245	13383651	3436301	16985291
2013	7391245	13795461	3397834	17057212
2014	7647267	14058328	3277394	17476126

4-2-4 分地区广播节目制作交易情况(2014年)
Production and Transaction of Radio Program by Region (2014)

单位：小时 (hour)

地 区	Region	全年制作广播节目时间 Radio Programs Produced	新闻资讯类 News	专题服务类 Special Subject	综艺类 General Entertainment	广播剧类 Radio Plays	广告类 Advertising	其他类 Others
全 国	**National Total**	**7647267**	**1443464**	**2120517**	**2020456**	**185405**	**808148**	**1069277**
总局直属	Directly under the State Administration	351771	101752	171616	48209	4897	11316	13982
北 京	Beijing	139281	15611	29569	39662	6939	18606	28893
天 津	Tianjin	82132	11236	20184	28014	193	19506	2998
河 北	Hebei	362449	58763	104995	116478	5775	40479	35959
山 西	Shanxi	180308	33767	53415	48303	4819	17306	22697
内蒙古	Inner Mongolia	268903	43965	91414	76633	15891	29115	11885
辽 宁	Liaoning	389989	51608	125650	125417	6049	44175	37090
吉 林	Jilin	250944	35407	69548	91849	5710	31734	16696
黑龙江	Heilongjiang	292229	37317	102857	57951	10884	18706	64514
上 海	Shanghai	84673	23760	20559	31463	676	7359	857
江 苏	Jiangsu	603552	106702	156862	148263	18556	81998	91171
浙 江	Zhejiang	500325	96589	144031	122332	8686	52228	76458
安 徽	Anhui	179639	36543	42193	39429	3159	19650	38665
福 建	Fujian	256277	63278	68041	68625	3820	16499	36014
江 西	Jiangxi	196820	42632	51358	50434	5833	24033	22531
山 东	Shandong	505499	87414	122403	149120	12452	52452	81659
河 南	Henan	312758	55340	85216	92375	1443	35497	42887
湖 北	Hubei	242883	48825	65109	66476	2203	39316	20954
湖 南	Hunan	179588	38844	26831	47892	2548	21219	42255
广 东	Guangdong	607736	106756	127133	116786	20083	57868	179111
广 西	Guangxi	221858	42427	39177	74871	1131	18140	46112
海 南	Hainan	59506	9200	14234	10632	1277	8161	16002
重 庆	Chongqing	74646	22349	29306	10221	1866	5273	5630
四 川	Sichuan	237558	56316	68949	66187	2955	15671	27481
贵 州	Guizhou	125038	17442	34668	33649	2765	16359	20155
云 南	Yunnan	157862	42725	38127	33645	4380	17907	21079
西 藏	Tibet	32379	5462	11411	11319	1115	2645	427
陕 西	Shanxi	241756	45578	63228	58997	12476	32157	29321
甘 肃	Gansu	124480	24388	27594	38596	3547	18363	11993
青 海	Qinghai	39864	9516	9130	12836	2128	3058	3196
宁 夏	Ningxia	52095	11886	15024	14121	1899	6995	2170
新 疆	Xinjiang	292470	60066	90683	89672	9254	24358	18436

4-2-5 分地区电视节目制作交易情况(2014年)

Production and Transaction of TV Program by Region (2014)

地 区	Region	全年制作电视节目时间(小时) TV Programs Produced (hour)	新闻资讯类 News	专题服务类 Special Subject	综艺益智类 General Entertainment	影视剧类 TV Plays	广告类 Advertising	其他类 Others
全 国	**National Total**	**3277394**	**918296**	**848276**	**468355**	**116750**	**510275**	**415441**
总局直属	Directly under the State Administration	162500	45835	61820	37404	4050	131	13260
北 京	Beijing	100528	11993	37634	21104	8024	2627	19147
天 津	Tianjin	29145	5920	15883	5136	102	1771	333
河 北	Hebei	175990	36168	43373	36340	2374	35284	22452
山 西	Shanxi	87647	24056	16984	13321	2731	16926	13628
内蒙古	Inner Mongolia	71592	24519	17771	8323	10	16891	4078
辽 宁	Liaoning	178639	28713	36516	50705	1414	33520	27771
吉 林	Jilin	98307	18744	26947	29980	661	13465	8510
黑龙江	Heilongjiang	109622	30396	22541	16373	7467	13750	19095
上 海	Shanghai	60664	16577	15955	3765	4729	1995	17643
江 苏	Jiangsu	193135	58391	46047	20557	11960	36618	19563
浙 江	Zhejiang	156268	45370	37933	12840	4399	41619	14106
安 徽	Anhui	76278	24133	21886	9045	2089	11161	7965
福 建	Fujian	67806	23388	19478	5300	809	5476	13354
江 西	Jiangxi	103273	29756	23598	9894	7793	21527	10706
山 东	Shandong	219338	50259	49770	38627	19181	39777	21724
河 南	Henan	142405	37323	32361	27275		20871	24576
湖 北	Hubei	109228	32781	28217	11852	1673	21211	13495
湖 南	Hunan	141941	45095	29881	13206	161	25177	28422
广 东	Guangdong	192758	65389	49500	15144	14692	24303	23730
广 西	Guangxi	104166	34541	27126	12855	91	20585	8968
海 南	Hainan	12040	4920	2250	1165	164	1549	1993
重 庆	Chongqing	71960	15009	26819	8403	3041	5579	13110
四 川	Sichuan	144360	49530	38583	12739	7289	17373	18846
贵 州	Guizhou	42660	15652	7019	2861	2413	4574	10141
云 南	Yunnan	96711	31364	27054	7341	2500	16742	11712
西 藏	Tibet	11612	4562	3231	761	1300	829	929
陕 西	Shaanxi	110336	35747	27729	14638	486	18374	13361
甘 肃	Gansu	62877	20440	20212	6707	78	11125	4314
青 海	Qinghai	20446	8128	4034	805	1925	4190	1364
宁 夏	Ningxia	29974	7517	7261	3433	5	9339	2419
新 疆	Xinjiang	93188	36083	22863	10457	3140	15919	4726

4-2-5 续表 continued

地 区	Region	全年制作电视剧(集) TV plays Produced (part)	全年电视节目制作投资额(万元) Investment in Production of TV Programs (10 000 yuan)			全年电视节目国内销售额(万元) Domestic Sales of TV Programs (10 000 yuan)		
				#电视剧 TV Plays	#动画电视 Cartoon		#电视剧 TV Plays	#动画电视 Cartoon
全 国	**National Total**	**19638**	**16477475**	**1242552**	**149049**	**2378540**	**1556941**	**110871**
总局直属	Directly under the State Administration	403	1195885	17190	6061	163640	63109	7026
北 京	Beijing	3129	797247	505165	22520	501358	365352	7721
天 津	Tianjin	105	9310	69		7060	5043	
河 北	Hebei	538	22609	10565	7880	4303	967	59
山 西	Shanxi	211	4218	2577	38	3036	2329	45
内蒙古	Inner Mongolia		968		4	27		
辽 宁	Liaoning	115	34742	190	505	2048	302	317
吉 林	Jilin	302	607			382	382	
黑龙江	Heilongjiang		2900					
上 海	Shanghai	1774	53864	7390	1277	150797	72632	418
江 苏	Jiangsu	215	65489	53326	10515	146453	72150	1477
浙 江	Zhejiang	2717	450426	390360	22691	817290	664050	7307
安 徽	Anhui	324	50078	12943	9250	34547	8796	14658
福 建	Fujian	337	27273	12072	11691	17363	8127	7915
江 西	Jiangxi	159	10441		2260	7383	1439	5591
山 东	Shandong	1517	13151970	45882	182	166476	165415	90
河 南	Henan		28456					
湖 北	Hubei	854	161567	24851	14217	16001	8301	5341
湖 南	Hunan	39	52485	1862	8651	34851	265	2884
广 东	Guangdong	3680	115842	45924	27119	105902	34456	44955
广 西	Guangxi	108	7586	3920	1072	362		32
海 南	Hainan	218	20040	20000				
重 庆	Chongqing	162	17078	4625	2238	11150	3216	4490
四 川	Sichuan	574	13519	11634		6749	6749	
贵 州	Guizhou		1423			184		
云 南	Yunnan	135	10403	9035		8290	8196	
西 藏	Tibet							
陕 西	Shaanxi	509	164997	62649		171307	65587	
甘 肃	Gansu		5076	30	594	1418		473
青 海	Qinghai	1513	35					
宁 夏	Ningxia		760	200	285	164	80	73
新 疆	Xinjiang		185	95				

4-2-6 分地区广播节目播出情况(2014年)

Broadcasting of Radio Program by Region (2014)

地 区	Region	公共广播节目套数(套) Number of Public Radio Programs (set)	全年公共广播节目播出时间(小时) Broadcasting Hours of Radio Programs (hour)	#转中央台节目 Relaying Programs of CCTV	#自制节目 Own-produced Programs	#购买交换节目 Purchased or Exchanged Programs
全 国	**National Total**	**2686**	**14058328**	**1462697**	**9174115**	**2003205**
总局直属	Directly under the State Administration	22	342365	973	333119	8274
北 京	Beijing	25	172504	2025	132225	37349
天 津	Tianjin	22	150143	2848	92225	5406
河 北	Hebei	137	674058	44580	428902	169470
山 西	Shanxi	112	404706	50310	237439	62997
内蒙古	Inner Mongolia	125	674675	138908	335578	61717
辽 宁	Liaoning	110	672435	33704	477037	141475
吉 林	Jilin	73	486655	23433	328947	116908
黑龙江	Heilongjiang	95	489208	40324	310313	59988
上 海	Shanghai	21	137668	4102	109358	19871
江 苏	Jiangsu	130	824366	50070	641619	108874
浙 江	Zhejiang	111	749740	49810	558732	79508
安 徽	Anhui	105	521869	49589	329559	94834
福 建	Fujian	90	516507	98278	310724	31904
江 西	Jiangxi	107	399906	67655	225157	65357
山 东	Shandong	158	903748	70318	608494	180340
河 南	Henan	152	662681	71770	446134	89079
湖 北	Hubei	87	473395	47754	315069	77272
湖 南	Hunan	102	395924	60235	241488	36548
广 东	Guangdong	148	766094	49643	573457	76867
广 西	Guangxi	70	358516	31753	265724	33014
海 南	Hainan	24	117618	16744	66183	24479
重 庆	Chongqing	37	167824	20936	110194	25662
四 川	Sichuan	126	606917	109201	334102	85507
贵 州	Guizhou	40	227434	25635	137546	40286
云 南	Yunnan	50	301879	30690	219929	37589
西 藏	Tibet	9	48614	3023	33941	9108
陕 西	Shaanxi	107	484669	68742	286818	86250
甘 肃	Gansu	91	323485	65516	167634	42329
青 海	Qinghai	12	73912	5381	55606	7095
宁 夏	Ningxia	24	107148	16499	65076	16770
新 疆	Xinjiang	164	821669	112248	395787	71081

4-2-6 续表 continued

地 区	Region	按节目类型分播出时间(小时) by Type of Programs (hour)			按节目类型分播出时间(小时) by Type of Programs (hour)		
		新闻资讯类 News	专题服务类 Special Subject	综艺益智类 General Entertainment	广播剧类 Radio Plays	广告类 Advertising	其他类 Others
全 国	**National Total**	**2837111**	**3167377**	**3748730**	**784852**	**1312388**	**2207871**
总局直属	Directly under the State Administration	107857	135643	58311	10455	14555	15545
北 京	Beijing	18874	42422	82288	10738	11835	6346
天 津	Tianjin	18772	31146	48597	2116	24086	25426
河 北	Hebei	112386	153090	256105	26393	65305	60779
山 西	Shanxi	85703	89907	108473	35258	27202	58164
内蒙古	Inner Mongolia	115502	149881	213468	45977	53039	96808
辽 宁	Liaoning	94050	171752	226788	40257	66407	73180
吉 林	Jilin	63826	116030	195407	22471	61179	27742
黑龙江	Heilongjiang	80844	127785	96454	21247	37945	124934
上 海	Shanghai	43967	28859	43638	6717	12032	2454
江 苏	Jiangsu	150033	198714	197126	40286	103194	135013
浙 江	Zhejiang	157189	185000	173893	27580	75671	130407
安 徽	Anhui	97510	114077	109293	41653	48423	110913
福 建	Fujian	135271	109921	139638	17048	26609	88019
江 西	Jiangxi	93406	88352	99242	37596	33946	47365
山 东	Shandong	147523	171804	250276	69415	101706	163024
河 南	Henan	125809	139971	198859	39084	64096	94862
湖 北	Hubei	96821	117128	124216	25916	67861	41452
湖 南	Hunan	98917	60822	97276	20581	36393	81934
广 东	Guangdong	136922	148491	156015	32848	68286	223532
广 西	Guangxi	82195	59000	113310	7251	28022	68739
海 南	Hainan	25470	20563	30501	9096	9842	22146
重 庆	Chongqing	41744	46248	24638	17643	11607	25945
四 川	Sichuan	143700	130401	132072	28724	51105	120916
贵 州	Guizhou	43631	46219	50465	12290	24203	50627
云 南	Yunnan	67404	59806	62188	17668	35997	58815
西 藏	Tibet	8546	14431	15040	6179	3217	1201
陕 西	Shaanxi	106074	107983	97586	36536	69623	66868
甘 肃	Gansu	87466	60021	72442	21068	24893	57595
青 海	Qinghai	15816	14464	24093	4447	5974	9118
宁 夏	Ningxia	27298	25490	32388	5714	10816	5441
新 疆	Xinjiang	206585	201955	218644	44601	37319	112565

4-2-7 分地区电视节目播出情况(2014年)
Broadcasting of TV Program by Region (2014)

地 区	Region	公共电视节目套数(套) Number of Public TV Programs (set)	全年公共电视节目播出时间(小时) Broadcasting Hours of TV Programs (hour)	#转中央台节目 Relaying Programs of CCTV	#自制节目 Own-produced Programs	#购买交换节目 Purchased or Exchanged Programs
全 国	**National Total**	**3329**	**17476126**	**1260929**	**5878735**	**9069828**
总局直属	Directly under the State Administration	35	291462	8760	211063	54479
北 京	Beijing	26	125569	391	60362	64633
天 津	Tianjin	24	166125	5713	60507	99320
河 北	Hebei	178	813483	44065	297682	435065
山 西	Shanxi	116	484711	47810	150044	228729
内蒙古	Inner Mongolia	121	651439	86360	188231	270862
辽 宁	Liaoning	118	737549	16390	304445	401440
吉 林	Jilin	76	524737	16034	218720	282801
黑龙江	Heilongjiang	118	627979	89490	170365	216571
上 海	Shanghai	25	179072	2872	81227	94973
江 苏	Jiangsu	126	819528	25749	314451	467958
浙 江	Zhejiang	115	755633	24345	306075	413385
安 徽	Anhui	112	610265	30052	175203	370637
福 建	Fujian	101	349156	3788	156664	177616
江 西	Jiangxi	113	657407	101167	158691	354721
山 东	Shandong	194	1075595	68287	370856	578572
河 南	Henan	167	908730	61518	304816	496148
湖 北	Hubei	114	684004	26998	247281	393513
湖 南	Hunan	139	755190	90608	216621	367687
广 东	Guangdong	163	751275	41880	232804	407625
广 西	Guangxi	117	548711	26764	178317	307035
海 南	Hainan	15	83420	4331	27918	48050
重 庆	Chongqing	46	295355	15892	109438	162181
四 川	Sichuan	208	1112741	141180	326051	522134
贵 州	Guizhou	102	240732	15972	112774	92190
云 南	Yunnan	158	792396	67232	244576	412976
西 藏	Tibet	12	58630	3283	21867	30587
陕 西	Shaanxi	123	611069	50176	211354	299440
甘 肃	Gansu	107	452895	34936	126246	264442
青 海	Qinghai	16	91741	5135	28451	51269
宁 夏	Ningxia	28	158895	7452	52755	94214
新 疆	Xinjiang	216	1060634	96300	212880	608574

4-2-7 续表 continued

地区	Region	按节目类型分播出时间(小时) by Type of Programs (hour)			按节目类型分播出时间(小时) by Type of Programs (hour)		
		新闻资讯类 News	专题服务类 Special Subject	综艺益智类 General Entertainment	影视剧类 TV Plays	广告类 Advertising	其他类 Others
全国	**National Total**	**2443782**	**2196434**	**1436727**	**7426969**	**2032610**	**1939603**
总局直属	Directly under the State Administration	80249	85482	41140	69645	5020	9927
北京	Beijing	22905	48160	9284	28373	9782	7065
天津	Tianjin	18508	57358	10249	56346	16794	6869
河北	Hebei	103241	94902	89862	394676	93441	37360
山西	Shanxi	65920	41450	48018	203240	54460	71622
内蒙古	Inner Mongolia	81961	68295	55628	300653	71558	73345
辽宁	Liaoning	68642	96779	124029	278811	91333	77955
吉林	Jilin	49221	79340	110259	197874	63903	24140
黑龙江	Heilongjiang	69083	53487	48999	216202	49274	190933
上海	Shanghai	33918	39454	9414	62392	15283	18611
江苏	Jiangsu	108351	111210	55996	319617	126387	97966
浙江	Zhejiang	103248	93206	31497	324316	126074	77292
安徽	Anhui	85277	72422	36541	273016	94769	48240
福建	Fujian	59102	73085	20781	106018	40844	49327
江西	Jiangxi	80647	64295	37573	319843	69224	85824
山东	Shandong	125792	127452	111734	477428	133418	99770
河南	Henan	108418	103448	79450	426470	91789	99156
湖北	Hubei	90973	87242	45186	316598	106950	37054
湖南	Hunan	116594	72424	62360	340264	79534	84014
广东	Guangdong	122069	93803	42186	243544	91415	158258
广西	Guangxi	96769	65688	33643	214012	82367	56231
海南	Hainan	16044	6476	9777	29246	10232	11645
重庆	Chongqing	33951	58687	22531	114765	27195	38225
四川	Sichuan	171725	124494	62748	496325	116507	140943
贵州	Guizhou	70081	25098	12476	66341	28991	37745
云南	Yunnan	114654	90269	52306	366871	83564	84732
西藏	Tibet	7925	6600	2276	29505	4802	7522
陕西	Shaanxi	81824	68974	53556	261962	73085	71668
甘肃	Gansu	62000	49071	22286	232898	44030	42611
青海	Qinghai	14119	12870	9937	41135	5801	7880
宁夏	Ningxia	19291	13629	11979	77233	27553	9210
新疆	Xinjiang	161279	111286	73027	541352	97229	76462

4-2-8 分地区电视剧播出情况(2014年)

Broadcasting of TV Plays by Region (2014)

地 区	Region	全年电视剧播出数 Number of TV Plays Broadcasted		#进口电视剧 Imported TV Plays		全年动画电视播出时间(小时) Broadcasting Hours of Cartoon Cartoon (hour)	#进口动画电视 Imported Cartoon
		部 Set	集 Part	部 Set	集 Part		
全 国	**National Total**	**232802**	**6690010**	**2878**	**80527**	**304839**	**15883**
总局直属	Directly under the State Administration	1447	49438	69	2571	5315	484
北 京	Beijing	505	18237	2	74	6995	1860
天 津	Tianjin	2752	45884			2813	720
河 北	Hebei	13127	386822	25	531	6889	1316
山 西	Shanxi	5932	154985	46	1269	9805	62
内蒙古	Inner Mongolia	12694	303092	46	1117	8578	75
辽 宁	Liaoning	8598	256280	213	6805	5892	550
吉 林	Jilin	6899	217573	119	3580	1374	
黑龙江	Heilongjiang	4365	121639	102	3080	2739	605
上 海	Shanghai	1191	42509	39	968	14559	2419
江 苏	Jiangsu	8765	270380	56	1541	12804	
浙 江	Zhejiang	8811	283133	61	1810	20661	382
安 徽	Anhui	8604	251915	65	1912	7699	456
福 建	Fujian	3133	101173			8366	
江 西	Jiangxi	9777	295122	311	8990	13936	271
山 东	Shandong	13603	460957			13580	1473
河 南	Henan	15157	438667	34	691	8502	195
湖 北	Hubei	13154	349417	88	2230	10109	40
湖 南	Hunan	11251	294323	62	1830	22151	986
广 东	Guangdong	5446	191004	101	2568	24745	1131
广 西	Guangxi	5439	177853	28	573	10580	
海 南	Hainan	875	26935			1377	260
重 庆	Chongqing	5142	104244	67	2368	7928	
四 川	Sichuan	18079	443416	304	8893	18023	458
贵 州	Guizhou	2141	46736	50	1200	2001	
云 南	Yunnan	10359	289488	5	240	10288	365
西 藏	Tibet	738	23905			652	
陕 西	Shaanxi	7243	215723			7710	
甘 肃	Gansu	6646	201021	110	3556	9562	120
青 海	Qinghai	1048	28904	1	20	2408	
宁 夏	Ningxia	2492	68706	15	497	4290	17
新 疆	Xinjiang	17389	530529	859	21613	22507	1638

4-2-9 全国广播电视从业人员情况

Persons Engaged in Radio and TV Broadcasting Industry

单位：人 (person)

年份 地区	Year Region	从业人员 Number of Engaged Persons	#编辑、记者 Editors and Reporters	#播音员、主持人 Announcers and Anchor Persons	#工程技术人员 Engineering Technical Personnel
	2005	595377	102097	22108	107780
	2006	624287	107546	22409	116713
	2007	644206	110416	23345	117662
	2008	672722	116045	23691	124159
	2009	705817	122004	24627	126257
	2010	750899	132186	25743	132431
	2011	786372	135748	28007	143474
	2012	820410	142297	28164	151884
	2013	844330	146798	29683	152130
	2014	864351	152571	29116	149882
总局直属	Directly under the State Administration	52962	7673	641	12239
北　京	Beijing	46028	5586	785	4768
天　津	Tianjin	8160	2180	273	1187
河　北	Hebei	38018	6758	1579	5741
山　西	Shanxi	21558	5247	737	3288
内蒙古	Inner Mongolia	18625	4559	928	3150
辽　宁	Liaoning	28700	5217	1023	6604
吉　林	Jilin	20289	5071	831	5197
黑龙江	Heilongjiang	19283	4817	883	3983
上　海	Shanghai	27703	3439	505	3692
江　苏	Jiangsu	53699	8679	1708	8863
浙　江	Zhejiang	46634	7700	1729	7572
安　徽	Anhui	23071	4864	1235	4662
福　建	Fujian	25912	3735	713	3222
江　西	Jiangxi	20180	2983	760	2523
山　东	Shandong	57026	12036	2414	10846
河　南	Henan	50649	9702	1540	6556
湖　北	Hubei	38247	5894	1194	7730
湖　南	Hunan	44312	6365	1133	7743
广　东	Guangdong	51862	7092	1672	8654
广　西	Guangxi	15907	3765	718	3859
海　南	Hainan	4931	910	159	1462
重　庆	Chongqing	12128	1896	340	1928
四　川	Sichuan	39439	5125	1200	5121
贵　州	Guizhou	16019	3195	585	2361
云　南	Yunnan	19135	4143	844	4600
西　藏	Tibet	4509	478	122	891
陕　西	Shaanxi	19432	3995	868	3592
甘　肃	Gansu	15274	3006	662	2048
青　海	Qinghai	3755	951	244	1426
宁　夏	Ningxia	4725	871	226	825
新　疆	Xinjiang	16179	4639	865	3549

4-2-10 全国广播电视实际创收收入及资产情况
Revenue and Assets of Radio and TV Broadcasting Industry

单位：万元 (10 000 yuan)

年 份 Year	实际创收收入 Actual Revenue	#广告收入 Revenue from Advertising	#广播广告收入 Radio Advertising Revenue	#电视广告收入 TV Advertising Revenue	#网络收入 Revenue from Network Services
2005	8185441	4687858	505811	4065339	
2006	9599354	5273464	590108	4533350	2515097
2007	11294081	5999267	656863	5183081	3059343
2008	13506431	7016926	722244	6091123	3694988
2009	15820227	7817757	814648	6758184	4188499
2010	20028538	9399745	995807	7965883	4874430
2011	23711781	11228956	1233178	9345355	5637763
2012	28033517	12702465	1361954	10462897	6609791
2013	32427688	13870071	1399245	11192629	7549089
2014	36355079	14644911	1599361	11161883	8272101

4-2-10 续表 continued

单位：万元 (10 000 yuan)

年 份 Year	#有线电视收视费收入 Revenue from Subscription of Cable TV Programs	#付 费数字电视收入 Revenue from Pay Digital TV	#三网融合业务收入 Revenue from Three-network Convergence	资产总额 Total Assets
2005				27148379
2006	1835454	52331		29718427
2007	2115395	83371		33555382
2008	2500593	142183		39082171
2009	2846206	181747		44977878
2010	3225188	252921		57331162
2011	3641728	376876	205841	62633579
2012	4083530	448793	376684	74067132
2013	4378749	585982	501372	89196673
2014	4573905	665108	579657	100794934

4-2-11 分地区广播电视实际创收收入及资产情况(2014年)
Revenue of Radio and TV Broadcasting Industry by Region (2014)

单位：万元 (10 000 yuan)

地区	Region	实际创收收入 Actual Revenue	#广告收入 Revenue from Advertising	广播广告 Radio Advertising Revenue	电视广告 TV Advertising Revenue	其他广告 Other Advertising Revenue	#网络收入 Revenue from Network Services
全国	**National Total**	**36355079**	**14644911**	**1599361**	**11161883**	**1883667**	**8272101**
总局直属	Directly under the State Administration	5887730	3190358	87977	3039733	62648	271624
北京	Beijing	4042157	1753933	103782	781716	868435	383274
天津	Tianjin	400328	178269	53176	119527	5567	103239
河北	Hebei	552926	249521	62011	174413	13097	237699
山西	Shanxi	244197	105332	24609	77538	3185	114415
内蒙古	Inner Mongolia	211902	57486	13271	43768	447	147832
辽宁	Liaoning	708760	297629	76251	218146	3233	296049
吉林	Jilin	384815	140152	30506	109120	527	216570
黑龙江	Heilongjiang	525221	222609	53854	160115	8640	237979
上海	Shanghai	3598099	885452	65205	588477	231770	330337
江苏	Jiangsu	2676868	1031615	138528	821762	71324	774281
浙江	Zhejiang	3801994	1134254	146446	735268	252541	629018
安徽	Anhui	709766	366947	34355	319548	13043	147398
福建	Fujian	637540	222479	36076	163281	23122	233636
江西	Jiangxi	576546	220261	20224	195077	4960	168648
山东	Shandong	1504066	612107	114969	431835	65304	594846
河南	Henan	554057	310267	51918	249282	9066	172297
湖北	Hubei	890206	358474	49927	293108	15439	333655
湖南	Hunan	1984606	994563	58783	903651	32128	371987
广东	Guangdong	2353170	933288	123016	710005	100267	793469
广西	Guangxi	391910	123285	17041	99383	6860	200537
海南	Hainan	114274	71631	5562	51728	14341	37000
重庆	Chongqing	408043	136716	20141	100852	15723	208944
四川	Sichuan	945677	300382	44357	234898	21127	497443
贵州	Guizhou	638597	191993	42244	119521	30228	153199
云南	Yunnan	398590	154908	24395	128263	2250	178892
西藏	Tibet	28135	20790	187	20486	117	5273
陕西	Shaanxi	727206	215254	66798	144864	3592	203844
甘肃	Gansu	154636	54015	9380	43262	1373	81656
青海	Qinghai	41319	7047	1642	5164	240	25281
宁夏	Ningxia	92424	35621	3003	30109	2510	32808
新疆	Xinjiang	151443	56928	19726	36640	562	84278
新疆生产建设兵团	Xinjiang Production and Construction Crops	17870	11344		11344		4693

4-2-11 续表 continued

单位：万元 (10 000 yuan)

地 区	Region	有线广播电视收视费收入 Revenue from Subscription of Cable Radio and TV Programs	付费数字电视收入 Revenue from Pay Digital TV	三网融合业务收入 Revenue from Three-network Convergence	其他网络收 入 Revenue from Other Network Services	#广播电视节目销售收入 Revenue from Sales of Radio and TV Programs	资产总额 Total Assets
全 国	**National Total**	**4573905**	**665108**	**579657**	**2453431**	**2470826**	**100794934**
总局直属	Directly under the State Administration	115965	32410	54591	68657	163855	15951669
北 京	Beijing	108649	20529	55179	198918	529221	10886831
天 津	Tianjin	51033	3514	24392	24300	12239	1308529
河 北	Hebei	173035	8442	3892	52331	2876	1399666
山 西	Shanxi	94675	526	300	18914	3043	866823
内蒙古	Inner Mongolia	103596	13879		30357	27	855349
辽 宁	Liaoning	229852	11256	9923	45019	2389	2417203
吉 林	Jilin	121783	30707	5502	58578	382	2412952
黑龙江	Heilongjiang	173807	10223	3253	50696	859	1197469
上 海	Shanghai	149318	36394	9012	135612	150797	7431469
江 苏	Jiangsu	396384	41403	67011	269484	180230	8899807
浙 江	Zhejiang	306722	46593	98224	177478	818007	9003671
安 徽	Anhui	43008	67363	2591	34437	37480	1581538
福 建	Fujian	95326	21774	5535	111002	19864	1792339
江 西	Jiangxi	121274	13767	1256	32351	8940	993141
山 东	Shandong	364569	36875	7889	185514	37229	4421261
河 南	Henan	124304	4903	4841	38248	98	1764610
湖 北	Hubei	226476	20719	23040	63421	13162	2584670
湖 南	Hunan	188914	23357	31577	128138	88286	5472711
广 东	Guangdong	474340	36678	40896	241555	167670	6227467
广 西	Guangxi	91701	14045	11024	83767	749	1076550
海 南	Hainan	26851	1123		9027		338129
重 庆	Chongqing	106574	19858	30544	51968	11150	1244600
四 川	Sichuan	231229	47851	32103	186260	10195	3265772
贵 州	Guizhou	90697	29196	1383	31923	2542	1096364
云 南	Yunnan	103815	26228	14541	34308	8290	2164327
西 藏	Tibet	4669	107		498		208960
陕 西	Shaanxi	104287	20394	35472	43691	199109	2023385
甘 肃	Gansu	55173	9507	1731	15245	1553	769537
青 海	Qinghai	16280	2734	281	5986		183601
宁 夏	Ningxia	27401		565	4842	585	247904
新 疆	Xinjiang	47508	12754	3108	20909		706628
新疆生产建设兵团	Xinjiang Production and Construction Crops	4693					

4-2-12 分地区广播电视行政事业单位财务收支情况（2014年）

Main Financial Indicators of Administrative Organs and Institutions Engaged in Radio and TV Broadcasting (2014)

单位：万元 (10 000 yuan)

地 区	Region	总收入 Total Revenue	财政补助收入 Government Subsidy	事业收入 Revenue from Radio and TV Institutions	经营收入 Business Revenue
全 国	**National Total**	**15530653**	**4879830**	**8940234**	**776799**
总局直属	Directly under the State Administration	3920456	777393	2890061	
北 京	Beijing	643460	226584	331186	-988
天 津	Tianjin	225632	48114	154096	46
河 北	Hebei	363989	107097	204385	22759
山 西	Shanxi	259588	106113	127089	5877
内蒙古	Inner Mongolia	318072	292869	19125	231
辽 宁	Liaoning	511698	167240	331105	4942
吉 林	Jilin	268766	239845	14522	303
黑龙江	Heilongjiang	349845	95109	202353	43309
上 海	Shanghai	91293	79536	4448	728
江 苏	Jiangsu	730257	91362	585843	6445
浙 江	Zhejiang	724203	139004	386786	138496
安 徽	Anhui	458346	104529	338598	6826
福 建	Fujian	340925	144729	146631	1228
江 西	Jiangxi	264382	202491	44483	8880
山 东	Shandong	654826	113552	470011	26433
河 南	Henan	443859	111780	303413	13050
湖 北	Hubei	383284	124627	242774	5454
湖 南	Hunan	1091503	124133	887460	26713
广 东	Guangdong	1025331	109739	565816	287006
广 西	Guangxi	268746	141203	85035	33652
海 南	Hainan	115950	33347	8055	64749
重 庆	Chongqing	48158	38420	4457	2835
四 川	Sichuan	480729	309691	90773	59159
贵 州	Guizhou	117986	70330	39605	952
云 南	Yunnan	322235	164306	141353	3545
西 藏	Tibet	91623	64244	25038	1480
陕 西	Shaanxi	320591	105076	205099	1457
甘 肃	Gansu	160036	121928	32471	1110
青 海	Qinghai	127068	115614	3549	4331
宁 夏	Ningxia	79607	40064	35567	1459
新 疆	Xinjiang	308637	269759	19047	4333
新疆生产建设兵团	Xinjiang Production and Construction Crops	19570			

4-2-12 续表 continued

单位：万元 (10 000 yuan)

地 区	Region	其他收入 Other Revenue	总支出 Total Expenditure	资产总额 Total Assets	#固定资产原价 Original Value of Fixed Assets
全 国	**National Total**	**914220**	**13726391**	**39499478**	**16411292**
总局直属	Directly under the State Administration	253002	3009413	12019164	2586334
北 京	Beijing	86678	681589	1618600	568248
天 津	Tianjin	23376	214764	876347	251224
河 北	Hebei	29748	345507	704010	468946
山 西	Shanxi	20509	250520	525927	258226
内蒙古	Inner Mongolia	5847	306609	503927	253282
辽 宁	Liaoning	8411	502658	1091607	540277
吉 林	Jilin	14096	257264	671943	363141
黑龙江	Heilongjiang	9074	335643	672726	323033
上 海	Shanghai	6580	87671	229566	88855
江 苏	Jiangsu	46607	754948	2723694	953895
浙 江	Zhejiang	59918	699085	2214535	1208883
安 徽	Anhui	8393	436887	660299	342423
福 建	Fujian	48336	290898	752898	547923
江 西	Jiangxi	8527	254621	340124	206455
山 东	Shandong	44830	586261	2402211	1531866
河 南	Henan	15617	436364	752779	546519
湖 北	Hubei	10429	375273	877815	472861
湖 南	Hunan	53197	739957	2425865	604081
广 东	Guangdong	62770	1021182	2653416	1236386
广 西	Guangxi	8856	262411	517802	290346
海 南	Hainan	9799	62725	167904	91765
重 庆	Chongqing	2445	50265	105869	75751
四 川	Sichuan	21106	454067	889705	527958
贵 州	Guizhou	7099	108175	298528	208291
云 南	Yunnan	13030	286592	630622	296933
西 藏	Tibet	862	94783	208960	158484
陕 西	Shaanxi	8960	205100	983141	777930
甘 肃	Gansu	4527	144655	284880	189277
青 海	Qinghai	3574	99652	107859	46678
宁 夏	Ningxia	2517	76147	109878	90732
新 疆	Xinjiang	15498	294705	476878	304287
新疆生产建设兵团	Xinjiang Production and Construction Crops				

4-2-13 分地区广播电视行政事业单位实际创收情况（2014年）
Actual Revenue of Administrative Organs and Institutions Engaged in Radio and TV Broadcasting by Region (2014)

单位：万元 (10 000 yuan)

地区	Region	实际创收收入 Actual Revenue	广告收入 Revenue from Advertising	广播广告 Radio Advertising Revenue	电视广告 TV Advertising Revenue	其他广告 Other Advertising Revenue
全国	**National Total**	**10751910**	**8776353**	**1158135**	**7464673**	**153546**
总局直属	Directly under the State Administration	3111712	2748916	64213	2683601	1102
北京	Beijing	325570	285051	80508	204141	401
天津	Tianjin	162411	76524	53072	23245	206
河北	Hebei	258373	216216	48822	163241	4153
山西	Shanxi	157256	101586	24135	76152	1299
内蒙古	Inner Mongolia	65652	57486	13271	43768	447
辽宁	Liaoning	349985	276932	71771	204209	953
吉林	Jilin	160644	135313	30506	104609	198
黑龙江	Heilongjiang	279457	222415	53854	160115	8446
上海	Shanghai	12547	4029	912	2406	712
江苏	Jiangsu	638895	388509	79926	285897	22686
浙江	Zhejiang	556276	256246	58046	185699	12501
安徽	Anhui	352670	326668	34355	290038	2275
福建	Fujian	69501	58182	11036	45555	1591
江西	Jiangxi	178182	163769	20224	140937	2608
山东	Shandong	579666	528779	102630	386859	39289
河南	Henan	326789	286468	40737	243300	2431
湖北	Hubei	255386	195214	36830	155022	3362
湖南	Hunan	967475	879866	48989	823533	7344
广东	Guangdong	907306	693617	103907	586710	3000
广西	Guangxi	149048	115837	16718	95895	3223
海南	Hainan	73581	71631	5562	51728	14341
重庆	Chongqing	11107	7583	335	6754	493
四川	Sichuan	181585	119692	25092	80888	13711
贵州	Guizhou	56848	52050	8169	43175	706
云南	Yunnan	154426	142686	23981	118165	540
西藏	Tibet	28135	20790	187	20486	117
陕西	Shaanxi	209939	208754	66798	138364	3592
甘肃	Gansu	35419	26470	9175	17167	128
青海	Qinghai	8018	6848	1642	5164	41
宁夏	Ningxia	38560	33988	3003	29873	1112
新疆	Xinjiang	71619	56895	19726	36633	536
新疆生产建设兵团	Xinjiang Production and Construction Crops	17870	11344		11344	

4-2-13 续表 continued

单位：万元 (10 000 yuan)

地　区	Region	网络收入 Revenue from Network Services	有线广播电视收视费收入 Revenue from Subscription of Cable Radio and TV Programs	付费数字电视收入 Revenue from Pay Digital TV	三网融合业务收入 Revenue from Three-network Convergence	其他网络收入 Revenue from Other Network Services	广播电视节目销售收入 Revenue from Sales of Radio and TV Programs	其他创收收入 Revenue from Other Services
全　国	**National Total**	**968605**	**761208**	**34984**	**21190**	**151223**	**32734**	**974217**
总局直属	Directly under the State Administration	84464	81391	1559		1514	1252	277081
北　京	Beijing						1129	39391
天　津	Tianjin						65	85822
河　北	Hebei	30664	26644	246	337	3437	157	11336
山　西	Shanxi	41588	35504	358		5725	41	14041
内蒙古	Inner Mongolia	2880	2649	23		208		5286
辽　宁	Liaoning	57037	53109	14	100	3815	284	15733
吉　林	Jilin	3352	3259			93		21980
黑龙江	Heilongjiang	10667	10562	0	19	85	859	45516
上　海	Shanghai	456				456		8062
江　苏	Jiangsu	180030	125602	5172	3451	45805	1100	69255
浙　江	Zhejiang	250430	155338	18258	13393	63442		49599
安　徽	Anhui	15124	13337	966	127	694		10879
福　建	Fujian							11319
江　西	Jiangxi	7406	5469	1038		899		7007
山　东	Shandong	13120	11639	1098	5	377	6685	31082
河　南	Henan	29751	27308	5		2438		10571
湖　北	Hubei	44369	38095	697	1149	4429	10	15793
湖　南	Hunan	18470	14408	32	30	4000	9251	59888
广　东	Guangdong	149063	132557	2729	2578	11198	11622	53005
广　西	Guangxi	40	40					33171
海　南	Hainan	397	394			3		1552
重　庆	Chongqing	928	903			25		2597
四　川	Sichuan	8244	4659	2522		1063	191	53458
贵　州	Guizhou							4798
云　南	Yunnan						88	11652
西　藏	Tibet	5273	4669	107		498		2072
陕　西	Shaanxi	401	401					784
甘　肃	Gansu							8949
青　海	Qinghai	16	16					1154
宁　夏	Ningxia	17				17		4555
新　疆	Xinjiang	9727	8564	160		1003		4997
新疆生产建设兵团	Xinjiang Production and Construction Crops	4693	4693					1833

4-2-14 分地区广播电视行政事业单位资产负债情况(2014年)
Assets and Liabilities of Administrative Organs and Institutions Engaged in Radio and TV Broadcasting by Region (2014)

单位：万元 (10 000 yuan)

地区	Region	资产总额 Total Assets	#固定资产净值 Net Value of Fixed Assets	#专业设备 Radio and TV Equipment
全国	**National Total**	**39499478**	**16411292**	**6514129**
总局直属	Directly under the State Administration	12019164	2586334	1536890
北京	Beijing	1618600	568248	243780
天津	Tianjin	876347	251224	118091
河北	Hebei	704010	468946	191108
山西	Shanxi	525927	258226	136671
内蒙古	Inner Mongolia	503927	253282	135481
辽宁	Liaoning	1091607	540277	303042
吉林	Jilin	671943	363141	168746
黑龙江	Heilongjiang	672726	323033	44312
上海	Shanghai	229566	88855	39796
江苏	Jiangsu	2723694	953895	400988
浙江	Zhejiang	2214535	1208883	302251
安徽	Anhui	660299	342423	123273
福建	Fujian	752898	547923	235268
江西	Jiangxi	340124	206455	88691
山东	Shandong	2402211	1531866	388887
河南	Henan	752779	546519	289932
湖北	Hubei	877815	472861	123585
湖南	Hunan	2425865	604081	224429
广东	Guangdong	2653416	1236386	448315
广西	Guangxi	517802	290346	146166
海南	Hainan	167904	91765	8013
重庆	Chongqing	105869	75751	39613
四川	Sichuan	889705	527958	152077
贵州	Guizhou	298528	208291	35342
云南	Yunnan	630622	296933	151744
西藏	Tibet	208960	158484	50452
陕西	Shaanxi	983141	777930	111477
甘肃	Gansu	284880	189277	58193
青海	Qinghai	107859	46678	24750
宁夏	Ningxia	109878	90732	20274
新疆	Xinjiang	476878	304287	172493

4-2-15 分地区广播电视企业单位经营情况（2014年）

Main Financial Indicators of Enterprises Engaged in Radio and TV Broadcasting by Region (2014)

单位：万元 (10 000 yuan)

地　区	Region	总收入 Total Revenue	#营业收入 Revenue from Principal Business	本年应缴税金 Value Tax Payable	营业利润 Operating Profit	固定资产投资额 Investment in Fixed Assets	本年新增固定资产 Newly Increased Fixed Assets
全　国	**National Total**	**26732096**	**25676667**	**1320912**	**2389069**	**2361440**	**2499482**
总局直属	Directly under the State Administration	2874648	2742619	113690	146810	137834	108477
北　京	Beijing	4279236	4091100	236211	169407	251298	337688
天　津	Tianjin	239435	231185	9671	996	24269	24460
河　北	Hebei	300476	288130	10579	23184	61439	57792
山　西	Shanxi	90061	86575	6634	1220	7246	9292
内蒙古	Inner Mongolia	147844	146352	3673	32169	27533	27867
辽　宁	Liaoning	361399	355802	18114	79535	66688	72423
吉　林	Jilin	224988	223087	-471	44098	61113	38173
黑龙江	Heilongjiang	246563	243292	5776	19395	32085	28490
上　海	Shanghai	3688178	3565452	291185	354310	213093	235144
江　苏	Jiangsu	2071885	1893384	43866	362445	113860	121427
浙　江	Zhejiang	3305014	3193504	203467	546070	123157	97554
安　徽	Anhui	359035	354826	13536	42242	57359	49179
福　建	Fujian	572721	558524	37048	9045	71068	74234
江　西	Jiangxi	397226	390186	10869	23478	43719	31245
山　东	Shandong	931959	889244	36535	17947	167212	285955
河　南	Henan	232338	224875	11850	16324	138282	98781
湖　北	Hubei	652600	625642	15986	29307	90940	97821
湖　南	Hunan	1027101	1012842	38758	100875	122432	111807
广　东	Guangdong	1465795	1406632	100804	152965	37312	139829
广　西	Guangxi	250935	239601	6585	29294	40582	44717
海　南	Hainan	44270	37204	-960	771		
重　庆	Chongqing	409909	395234	12589	36679	84614	80237
四　川	Sichuan	907215	875516	14953	42216	184441	174602
贵　州	Guizhou	591862	578143	32949	39440	31295	3946
云　南	Yunnan	242885	225919	21172	14581	44516	38138
西　藏	Tibet						
陕　西	Shaanxi	517811	517264	18591	37474	79036	68911
甘　肃	Gansu	122579	119028	-112	2087	20199	14888
青　海	Qinghai	36374	33302	1965	979	8103	4801
宁　夏	Ningxia	59408	53268	1679	2639	5822	4830
新　疆	Xinjiang	80348	78937	3720	11090	14892	16776

4-2-16 分地区广播电视企业单位创收情况（2014年）
Actual Revenue of Enterprises Engaged in Radio and TV Broadcasting by Region (2014)

单位：万元 (10 000 yuan)

地 区	Region	实际创收收入 Actual Revenue	广告收入 Revenue from Advertising	广播广告收入 Radio Advertising Revenue	电视广告收入 TV Advertising Revenue	其他广告收入 Other Advertising Revenue
全 国	**National Total**	**25603170**	**5868558**	**441226**	**3697210**	**1730121**
总局直属	Directly under the State Administration	2776018	441442	23763	356132	61547
北 京	Beijing	3716587	1468882	23274	577575	868034
天 津	Tianjin	237917	101746	104	96281	5361
河 北	Hebei	294553	33305	13189	11172	8944
山 西	Shanxi	86940	3746	474	1386	1886
内蒙古	Inner Mongolia	146250				
辽 宁	Liaoning	358775	20697	4480	13937	2280
吉 林	Jilin	224170	4840		4511	329
黑龙江	Heilongjiang	245764	194			194
上 海	Shanghai	3585552	881423	64293	586072	231058
江 苏	Jiangsu	2037973	643105	58602	535865	48638
浙 江	Zhejiang	3245718	878008	88400	549569	240040
安 徽	Anhui	357096	40279		29511	10768
福 建	Fujian	568039	164296	25040	117725	21531
江 西	Jiangxi	398364	56491		54139	2352
山 东	Shandong	924401	83328	12339	44975	26015
河 南	Henan	227268	23799	11182	5982	6635
湖 北	Hubei	634820	163259	13097	138086	12077
湖 南	Hunan	1017131	114697	9795	80119	24784
广 东	Guangdong	1445864	239671	19109	123295	97268
广 西	Guangxi	242862	7448	323	3488	3637
海 南	Hainan	40694				
重 庆	Chongqing	396935	129133	19806	94097	15230
四 川	Sichuan	764092	180691	19265	154010	7416
贵 州	Guizhou	581749	139944	34075	76347	29522
云 南	Yunnan	244164	12222	414	10098	1710
西 藏	Tibet					
陕 西	Shaanxi	517267	6500		6500	
甘 肃	Gansu	119217	27545	204	26095	1245
青 海	Qinghai	33302	199			199
宁 夏	Ningxia	53864	1633		236	1397
新 疆	Xinjiang	79824	33		7	26

4-2-16 续表 continued

单位：万元 (10 000 yuan)

地 区	Region	网络收入 Revenue from Network Services	有线广播电视收视费收入 Revenue from Subscription of Cable Radio and TV Programs	付费数字电视收入 Revenue from Pay Digital TV	三网融合业务收入 Revenue from Three-network Convergence	其他网络收入 Revenue from Other Network Services	广播电视节目销售收入 Revenue from Sales of Radio and TV Programs	其他创收收入 Revenue from Other Services
全 国	**National Total**	**7303496**	**3812697**	**630124**	**558467**	**2302208**	**2438092**	**9993024**
总局直属	Directly under the State Administration	187160	34574	30852	54591	67144	162603	1984812
北 京	Beijing	383274	108649	20529	55179	198918	528092	1336338
天 津	Tianjin	103239	51033	3514	24392	24300	12174	20758
河 北	Hebei	207035	146392	8196	3554	48893	2718	51494
山 西	Shanxi	72827	59171	168	300	13189	3002	7366
内蒙古	Inner Mongolia	144952	100947	13856		30149	27	1271
辽 宁	Liaoning	239013	176743	11242	9823	41204	2105	96960
吉 林	Jilin	213218	118523	30707	5502	58485	382	5731
黑龙江	Heilongjiang	227312	163245	10222	3234	50611		18258
上 海	Shanghai	329881	149318	36394	9012	135156	150797	2223451
江 苏	Jiangsu	594250	270782	36230	63560	223679	179130	621487
浙 江	Zhejiang	378587	151385	28336	84831	114037	818007	1171115
安 徽	Anhui	132275	29671	66396	2464	33743	37480	147062
福 建	Fujian	233636	95326	21774	5535	111002	19864	150242
江 西	Jiangxi	161243	115806	12729	1256	31452	8940	171691
山 东	Shandong	581727	352930	35777	7883	185137	30544	228801
河 南	Henan	142546	96996	4899	4841	35810	98	60825
湖 北	Hubei	289286	188381	20022	21891	58992	13152	169122
湖 南	Hunan	353516	174506	23325	31547	124138	79035	469883
广 东	Guangdong	644406	341783	33949	38318	230357	156048	405738
广 西	Guangxi	200497	91661	14045	11024	83767	749	34169
海 南	Hainan	36604	26457	1123		9024		4090
重 庆	Chongqing	208016	105672	19858	30544	51943	11150	48636
四 川	Sichuan	489199	226570	45329	32103	185197	10003	84199
贵 州	Guizhou	153199	90697	29196	1383	31923	2542	286064
云 南	Yunnan	178892	103815	26228	14541	34308	8202	44848
西 藏	Tibet							
陕 西	Shaanxi	203443	103886	20394	35472	43691	199109	108216
甘 肃	Gansu	81656	55173	9507	1731	15245	1553	8464
青 海	Qinghai	25265	16264	2734	281	5986		7838
宁 夏	Ningxia	32791	27401		565	4825	585	18855
新 疆	Xinjiang	74551	38944	12593	3108	19906		5240

4-2-17 分地区广播电视企业单位资产负债情况(2014年)

Assets and Liabilities of Enterprises Engaged in Radio and TV Broadcasting by Region (2014)

单位: 万元 (10 000 yuan)

地 区	Region	资产总额 Total Assets	#固定资产净值 Net Value of Fixed Assets	负债总额 Total Liabilities	所有者权益 Owner's Equity
全 国	**National Total**	**61295456**	**14092048**	**31153255**	**30142202**
总局直属	Directly under the State Administration	3932505	708931	1761140	2171365
北 京	Beijing	9268231	999401	5495001	3773230
天 津	Tianjin	432182	155744	295581	136601
河 北	Hebei	695657	342975	414240	281417
山 西	Shanxi	340896	91912	214397	126499
内蒙古	Inner Mongolia	351422	239031	94305	257117
辽 宁	Liaoning	1325596	462250	944248	381347
吉 林	Jilin	1741009	333750	797165	943844
黑龙江	Heilongjiang	524743	254215	295786	228957
上 海	Shanghai	7201903	1191920	3142283	4059621
江 苏	Jiangsu	6176114	1305672	2671362	3504752
浙 江	Zhejiang	6789137	660177	3000503	3788634
安 徽	Anhui	921239	379753	576789	344450
福 建	Fujian	1039441	291759	575845	463596
江 西	Jiangxi	653017	147029	451588	201429
山 东	Shandong	2019050	919074	935054	1083996
河 南	Henan	1011831	300039	705632	306199
湖 北	Hubei	1706855	571399	849063	857792
湖 南	Hunan	3046846	701609	1260681	1786164
广 东	Guangdong	3574050	991571	1172521	2401530
广 西	Guangxi	558748	288228	328611	230137
海 南	Hainan	170225	87735	82128	88097
重 庆	Chongqing	1138731	339780	736489	402242
四 川	Sichuan	2376067	837219	1778406	597661
贵 州	Guizhou	797836	224397	431788	366048
云 南	Yunnan	1533705	349539	1056895	476810
西 藏	Tibet				
陕 西	Shaanxi	1040244	560144	592803	447440
甘 肃	Gansu	484658	203391	289645	195012
青 海	Qinghai	75741	31102	39090	36651
宁 夏	Ningxia	138026	39842	64094	73932
新 疆	Xinjiang	229751	82459	100120	129631

4-2-18 全国电视节目进出口情况

Basic Statistics on Imported and Exported TV Programs

单位：万元 (10 000 yuan)

年 份 Year	电视节目进口额 Value of Imported TV Programs	#电视剧 TV Plays	#动画电视 Cartoon	电视节目出口额 Value of Exported TV Programs	#电视剧 TV Plays	#动画电视 Cartoon
2006	33714	18513	803	16940	11085	5148
2007	32067	10757	981	12175	2435	7354
2008	45421	24293	878	12476	7525	2948
2009	49146	26887	128	9173	3584	4456
2010	43047	21450	247	21010	7484	11133
2011	54099	34564	702	22662	14649	3662
2012	62534	39584	1489	22824	15020	3105
2013	58658	24498	4432	18166	9250	4894
2014	209024	169807	11028	27226	20795	3190

4-2-19 全国电视节目进出口情况(2014年)

Basic Statistics on Imported and Exported TV Programs (2014)

指 标	Item	合计 Total	欧洲 Europe	非洲 Africa	美洲 America
全年电视节目进口总额(万元)	**Value of Imported TV Programs (10 000 yuan)**	**209023.5**	**9961.6**	**104.6**	**21271.4**
#电视剧	TV Play	169807.3	1371.4		11053.2
动画电视	Cartoon	11028.0	229.2		1019.0
纪录片	Documentary	5274.5	1472.1	104.6	1220.7
全年电视节目进口量(小时)	**Time of Imported TV Programs (hour)**	**26089**	**7217**	**3**	**6207**
#电视剧(部/集)	TV Play (set)	635/14022	82/281		110/2459
动画电视(小时)	Cartoon (hour)	4560	416		1041
纪录片(小时)	Documentary (hour)	2133	1245	3	376
全年电视节目出口总额(万元)	**Value of Exported TV Programs (10 000 yuan)**	**27225.7**	**2178.3**	**28.3**	**3225.0**
#电视剧	TV Play	20795.5	677.7	6.7	1209.8
动画电视	Cartoon	3190.0	42.1	1.0	1244.3
纪录片	Documentary	745.7	21.0	13.0	390.0
全年电视节目出口量(小时)	**Time of Exported TV Programs (hour)**	**21670**	**695**	**314**	**8472**
#电视剧(部/集)	TV Play (set)	296/13824	11/361	4/155	66/3908
动画电视(小时)	Cartoon (hour)	2628	41	19	689
纪录片(小时)	Documentary (hour)	1546	15	106	957

4-2-19 续表 continued

指 标	Item	#美国 United States	亚洲 Asia	#日本 Japan	#韩国 Republic of Korea
全年电视节目进口总额(万元)	**Value of Imported TV Programs (10 000 yuan)**	**20058.8**	**175847.8**	**93940.0**	**44295.1**
#电视剧	TV Play	10784.4	157382.7	85462.0	44129.1
动画电视	Cartoon	1019.0	9779.8	8384.2	
纪录片	Documentary	1077.5	2189.9	2.6	4.1
全年电视节目进口量(小时)	**Time of Imported TV Programs (hour)**	**6074**	**12592**	**3088**	**3348**
#电视剧(部/集)	TV Play (set)	109/2411	443/11282	67/825	186/4437
动画电视(小时)	Cartoon (hour)	1041	3103	2421	
纪录片(小时)	Documentary (hour)	342	493	6	1
全年电视节目出口总额(万元)	**Value of Exported TV Programs (10 000 yuan)**	**2306.5**	**21669.0**	**1934.4**	**833.0**
#电视剧	TV Play	318.6	18879.3	1314.0	767.1
动画电视	Cartoon	1237.6	1810.5	616.6	22.9
纪录片	Documentary	378.0	321.8		43.0
全年电视节目出口量(小时)	**Time of Exported TV Programs (hour)**	**4559**	**11980**	**261**	**505**
#电视剧(部/集)	TV Play (set)	30/992	211/9239	6/336	14/630
动画电视(小时)	Cartoon (hour)	419	1795	9	3
纪录片(小时)	Documentary (hour)	240	469		28

指 标	Item	#东南亚 Southeast Asia	#中国香港 Hong Kong China	#中国台湾 Taiwan, China	大洋洲 Oceania
全年电视节目进口总额(万元)	**Value of Imported TV Programs (10 000 yuan)**	**11072.1**	**21435.0**	**5055.9**	**1838.2**
#电视剧	TV Play	9329.7	14800.3	3661.7	
动画电视	Cartoon		248.8	1146.8	
纪录片	Documentary		2175.2	8.0	287.2
全年电视节目进口量(小时)	**Time of Imported TV Programs (hour)**	**1239**	**3371**	**1543**	**70**
#电视剧(部/集)	TV Play (set)	48/1540	108/2941	33/1519	
动画电视(小时)	Cartoon (hour)		159	523	
纪录片(小时)	Documentary (hour)		484	3	15:55
全年电视节目出口总额(万元)	**Value of Exported TV Programs (10 000 yuan)**	**3189.4**	**6513.7**	**7773.2**	**125.2**
#电视剧	TV Play	3151.7	5403.0	7438.5	22.1
动画电视	Cartoon	21.6	951.1	102.1	92.2
纪录片	Documentary		87.8	186.0	
全年电视节目出口量(小时)	**Time of Exported TV Programs (hour)**	**3410**	**1178**	**2994**	**208**
#电视剧(部/集)	TV Play (set)	91/3897	24/1029	71/3183	4/161
动画电视(小时)	Cartoon (hour)	137	230	184	84
纪录片(小时)	Documentary (hour)		37	402	

4-2-20 分地区电视节目进出口情况(2014年)

Basic Statistics on Imported and Exported TV Programs by Region (2014)

地 区	Region	全年电视节目进口总额(万元) Value of Imported TV Programs (10 000 yuan)	#电视剧 TV Play	#动画电视 Cartoon	全年电视节目进口量(小时) Time of Imported TV Programs (hour)	#动画电视 Cartoon	进口电视剧 Imported TV Plays 部 set	集 part
全 国	**National Total**	**209024**	**169807**	**11028**	**26089**	**4560**	**635**	**14022**
总局直属	Directly under the State Administration	28231	6235	754	7117	239	22	610
北 京	Beijing	145519	134848	10168	12774	4058	529	10782
天 津	Tianjin							
河 北	Hebei	40			104			
山 西	Shanxi							
内蒙古	Inner Mongolia							
辽 宁	Liaoning	30	30		15		1	20
吉 林	Jilin	33	33		227		12	342
黑龙江	Heilongjiang							
上 海	Shanghai	5186		105	3069	263		
江 苏	Jiangsu	1130	1130		64		4	84
浙 江	Zhejiang	5810	5810		291		15	388
安 徽	Anhui	21590	21590		1180		43	1573
福 建	Fujian							
江 西	Jiangxi							
山 东	Shandong							
河 南	Henan							
湖 北	Hubei							
湖 南	Hunan	21			365			
广 东	Guangdong	1304			716			
广 西	Guangxi	121	121		152		8	203
海 南	Hainan							
重 庆	Chongqing							
四 川	Sichuan							
贵 州	Guizhou							
云 南	Yunnan							
西 藏	Tibet							
陕 西	Shaanxi							
甘 肃	Gansu							
青 海	Qinghai	10	10		15		1	20
宁 夏	Ningxia							
新 疆	Xinjiang							

4-2-20 续表 continued

地区	Region	全年电视节目出口总额(万元) Value of Exported TV Programs (10 000 yuan)	#电视剧 TV Play	#动画电视 Cartoon	全年电视节目出口量(小时) Time of Exported TV Programs (hour)	#动画电视 Cartoon	出口电视剧 Exported TV Plays 部 set	集 part
全国	**National Total**	**27226**	**20795**	**3190**	**21670**	**2628**	**296**	**13824**
总局直属	Directly under the State Administration	4285	3749	6	4260	104	44	3324
北京	Beijing	5084	2068	1551	1897	202	47	1754
天津	Tianjin							
河北	Hebei							
山西	Shanxi							
内蒙古	Inner Mongolia							
辽宁	Liaoning							
吉林	Jilin							
黑龙江	Heilongjiang							
上海	Shanghai	5326	4365	42	6889	51	23	877
江苏	Jiangsu	3592	2975	617	93	9	3	112
浙江	Zhejiang	7894	7584	299	7319	1172	175	7639
安徽	Anhui							
福建	Fujian	5		5	7	7		
江西	Jiangxi							
山东	Shandong							
河南	Henan							
湖北	Hubei	138	47	92	47	2	2	60
湖南	Hunan	10		10	853	853		
广东	Guangdong	893	7	569	307	229	2	58
广西	Guangxi							
海南	Hainan							
重庆	Chongqing							
四川	Sichuan							
贵州	Guizhou							
云南	Yunnan							
西藏	Tibet							
陕西	Shaanxi							
甘肃	Gansu							
青海	Qinghai							
宁夏	Ningxia							
新疆	Xinjiang							

4-2-21 全国电影发展情况
Basic Statistics on Film Industry

年 份 Year	电影故事片厂(个) Number of Feature Film Studios (unit)	生产故事影片(部) Feature Films (reel)	生产动画影片(部) Cartoons (reel)	生产科教影片(部) Popular Science Films (reel)	生产纪录影片(部) Documentary Films (reel)	生产特种影片(部) Special Films (reel)
2005	32	260	7	33	2	
2006	32	330	13	36	13	
2007	32	402	6	34	9	
2008	33	406	16	39	16	2
2009	31	456	27	52	19	4
2010	31	526	16	54	16	9
2011	31	558	24	76	26	5
2012	31	745	33	74	15	26
2013	31	638	29	121	18	18
2014	31	618	40	52	25	23

年 份 Year	电影院线 Movie Circuit			全国电影票房收入(亿元) Domestic Movie Box Office Revenue (100 million yuan)	电视播映收入(亿元) Revenue from the Movie Channel Play (100 million yuan)	国产影片海外销售收入(亿元) Sales of Domestic-Produced Movies to Foreign Countries (100 million yuan)
	数量(条) Number of Movie Circuit (line)	院线内影院(家) Cinemas in Movie Circuit (unit)	银幕(块) Screens in Movie Circuit (unit)			
2005	36	1243	2668	20.00		
2006	34	1325	3034	26.20	12.00	19.10
2007	34	1427	3527	33.27	13.79	20.20
2008	34	1545	4097	43.41	25.28	15.64
2009	37	1687	4723	62.06	16.89	27.70
2010	37	1820	6256	101.72	20.32	35.17
2011	39	2803	9286	131.15	25.86	20.46
2012	40		13118	170.73	26.81	10.63
2013	42		18195	217.69		
2014	45		23600	296.39		

4-3-1 博物馆基本情况
Basic Statistics on Museums

年份 Year	机构数（个） Number of Institutions (unit)	从业人员（人） Number of Engaged Persons (person)	藏品数（件/套） Number of Collections (piece/set)	基本陈列、展览（个） Displays and Exhibitions (unit)	参观人次（万人次） Spectators (10 000 person-times)
2005	1581	38603	16199377	5929	11819
2006	1617	40818	13024192	5879	12032
2007	1722	42636	13760448	7689	25625
2008	1893	51587	14554158	8364	28328
2009	2252	59919	15711150	14057	32716
2010	2435	57431	17552482	26704	40679
2011	2650	62181	19023423	16921	47051
2012	3069	71748	23180726	20115	56401
2013	3473	79075	27191601	16822	63777
2014	3658	83970	29299673	19565	71774

4-3-1 续表 continued

年份 Year	实际使用房屋建筑面积（万平方米） Floor Space of Buildings Actually Used (10 000 sq.m)	收入合计（万元） Total Revenue (10 000 yuan)	#财政补助收入 Government Subsidy	支出合计（万元） Total Expenditure (10 000 yuan)
2005	556	344539	166731	319862
2006	580	409927	203740	363518
2007	676	506375	264585	472082
2008	748	609161	427451	572440
2009	967	765924	569299	700720
2010	1088	961176	728877	878727
2011	1179	1205789	991036	1171131
2012	1471	1492024	1203789	1424802
2013	1700	1755739	1402781	1706897
2014	1933	1955512	1584668	1874197

4-3-2 分地区博物馆基本情况(2014年)

Basic Statistics on Museums by Region (2014)

地 区	Region	机构数(个) Number of Institutions (unit)	从业人员(人) Number of Engaged Persons (person)	#专业技术人员 Professional Technical Staff	藏品数(件/套) Number of Collections (piece/set)	基本陈列、展览(个) Displays and Exhibitions (unit)
全 国	**National Total**	**3658**	**83970**	**30934**	**29299673**	**19565**
中央本级	Central-level	4	3030	1429	3160790	180
北 京	Beijing	41	1222	392	1251584	236
天 津	Tianjin	22	747	417	669665	150
河 北	Hebei	105	3318	1076	375522	532
山 西	Shanxi	99	2685	811	803379	296
内蒙古	Inner Mongolia	75	1470	838	493522	429
辽 宁	Liaoning	63	2202	1078	467050	364
吉 林	Jilin	78	1214	642	374808	428
黑龙江	Heilongjiang	158	2387	1089	694942	708
上 海	Shanghai	103	3138	1513	2359064	864
江 苏	Jiangsu	301	5948	2131	1721406	1891
浙 江	Zhejiang	187	4010	1466	1061045	1417
安 徽	Anhui	164	2657	1009	715617	880
福 建	Fujian	98	1940	725	483880	689
江 西	Jiangxi	137	2873	1064	476469	525
山 东	Shandong	243	5369	2279	1502130	1833
河 南	Henan	248	6265	1453	917092	1096
湖 北	Hubei	174	3380	1687	1894926	857
湖 南	Hunan	109	2639	830	554636	464
广 东	Guangdong	176	3309	1609	1080018	1404
广 西	Guangxi	106	1703	800	411224	397
海 南	Hainan	18	270	102	43715	114
重 庆	Chongqing	78	2246	773	646125	421
四 川	Sichuan	206	5795	1427	3283205	768
贵 州	Guizhou	74	1171	371	115588	183
云 南	Yunnan	86	1076	679	1245402	452
西 藏	Tibet	4	85	44	66126	18
陕 西	Shaanxi	238	7101	1795	1436898	790
甘 肃	Gansu	147	3082	854	543923	708
青 海	Qinghai	22	228	148	181009	67
宁 夏	Ningxia	12	266	125	80080	72
新 疆	Xinjiang	82	1144	278	188833	332

4-3-2 续表 1 continued

地区	Region	参观人次(万人次) Spectators (10 000 person-times)	门票销售总额(万元) Sales of Admission Tickets (10 000 yuan)	收入合计(万元) Total Revenue (10 000 yuan)	#财政补助收入 Government Subsidy	支出合计(万元) Total Expenditure (10 000 yuan)
全国	**National Total**	**71774**	**331007**	**1955512**	**1584668**	**1874197**
中央本级	Central-level	2592	83572	158525	128763	152721
北京	Beijing	498	2113	69262	64369	72980
天津	Tianjin	926	897	27336	24830	24025
河北	Hebei	2494	1234	47579	39144	43824
山西	Shanxi	1222	16301	52835	41996	51346
内蒙古	Inner Mongolia	990	363	34348	33418	32713
辽宁	Liaoning	1152	3252	52169	50869	41673
吉林	Jilin	959	4112	28610	23387	21668
黑龙江	Heilongjiang	2066	3264	40049	30041	37704
上海	Shanghai	1967	17266	219240	163405	205493
江苏	Jiangsu	7044	13172	125635	106097	118409
浙江	Zhejiang	4121	1976	95742	74342	93574
安徽	Anhui	2406	57	41961	33387	44103
福建	Fujian	2308		45339	38877	39204
江西	Jiangxi	2476	162	44557	39846	38334
山东	Shandong	4818	19204	109070	67002	96736
河南	Henan	4532	6969	54558	41619	59215
湖北	Hubei	2600	1091	59168	46503	59179
湖南	Hunan	3574	419	99057	78071	91208
广东	Guangdong	4021	4537	97339	90485	98140
广西	Guangxi	1508	27618	40183	29615	32573
海南	Hainan	157		7919	7497	5793
重庆	Chongqing	2154	11604	49501	42334	53570
四川	Sichuan	5329	28980	98297	72318	97659
贵州	Guizhou	1293	23	36506	29579	36763
云南	Yunnan	1679	13	16843	15301	27156
西藏	Tibet	38		3934	3906	1883
陕西	Shaanxi	3831	82226	109316	85078	106318
甘肃	Gansu	2008	561	53492	49566	50791
青海	Qinghai	233		6258	5828	7128
宁夏	Ningxia	128		4454	4275	5668
新疆	Xinjiang	652	23	26433	22921	26647

4-3-2 续表 2 continued

地 区	Region	资产总计 (万元) Total Assets (10 000 yuan)	#固定资产原价 Original Value of Fixed Assets	实际使用房屋建筑面积 (万平方米) Floor Space of Buildings Actually Used (10 000 sq.m)	#展览用房 Buildings for Exhibitions	#库房 Storeroom
全 国	**National Total**	**7089757**	**4402007**	**1933.12**	**926.25**	**158.53**
中央本级	Central-level	534558	191007	51.38	11.81	5.84
北 京	Beijing	178698	149755	28.25	13.57	1.50
天 津	Tianjin	30116	13719	18.74	8.65	2.48
河 北	Hebei	164218	114661	62.95	28.86	2.97
山 西	Shanxi	124550	32104	46.93	22.06	4.19
内蒙古	Inner Mongolia	200873	143021	56.07	26.74	3.77
辽 宁	Liaoning	147247	128924	47.53	26.04	4.81
吉 林	Jilin	45403	25251	23.43	15.52	1.57
黑龙江	Heilongjiang	220155	193276	58.84	35.66	3.53
上 海	Shanghai	848099	526437	74.60	27.86	7.79
江 苏	Jiangsu	764249	662144	200.64	102.70	11.74
浙 江	Zhejiang	348823	219909	97.18	44.28	8.71
安 徽	Anhui	216733	137744	63.84	31.75	5.24
福 建	Fujian	75414	32080	48.02	22.03	3.67
江 西	Jiangxi	200990	133325	52.70	27.63	5.28
山 东	Shandong	565605	282609	150.60	86.16	14.06
河 南	Henan	194771	102933	96.21	52.67	10.64
湖 北	Hubei	199384	130528	66.33	32.21	7.17
湖 南	Hunan	201906	84926	46.47	18.08	4.20
广 东	Guangdong	261895	145755	109.97	42.65	7.57
广 西	Guangxi	107243	66486	39.11	17.99	3.30
海 南	Hainan	9210	8316	4.47	1.74	0.20
重 庆	Chongqing	168238	75484	43.69	20.60	3.66
四 川	Sichuan	413087	229763	121.21	61.13	11.13
贵 州	Guizhou	95172	33615	48.44	35.86	1.62
云 南	Yunnan	59242	53393	33.79	16.50	2.49
西 藏	Tibet	384	384	3.38	1.05	0.27
陕 西	Shaanxi	414683	266107	145.01	43.88	10.17
甘 肃	Gansu	193787	147734	51.26	26.62	4.67
青 海	Qinghai	18747	15505	6.38	2.75	1.52
宁 夏	Ningxia	14163	11782	10.33	4.44	0.72
新 疆	Xinjiang	72114	43332	25.41	16.74	2.11

4-3-3 群众文化机构基本情况

Basic Statistics on Mass Cultural Institutions

年份 Year	机构数（个） Number of Institutions (unit)	从业人员（人） Number of Engaged Persons (person)	组织文艺活动次数（次） Number of Art and Cultural Activities (time)	举办训练班次（次） Number of Training Courses (time)	举办展览个数（个） Number of Exhibitions (unit)
2005	41588	122500	391439	190194	111300
2006	40088	123465	497779	218696	141150
2007	40601	128096	546477	242055	90900
2008	41156	131142	473613	299791	100877
2009	41959	137484	555052	304955	110251
2010	43382	141002	576799	358719	117353
2011	43675	147732	620586	339883	107785
2012	43876	156228	688482	387201	114774
2013	44260	164355	740611	390758	138225
2014	44423	170299	845421	469300	131728

4-3-3 续表 continued

年份 Year	收入合计（万元） Total Revenue (10 000 yuan)	#财政补贴收入 Government Subsidy	支出合计（万元） Total Expenditure (10 000 yuan)	实际使用房屋建筑面积（万平方米） Floor Space of Buildings Actually Used (10 000 sq.m)
2005	365887	279033	358641	1507
2006	428962	322773	412430	1623
2007	548301	432311	575722	1667
2008	660111	528838	653613	1931
2009	807244	681147	794190	2194
2010	944397	803918	931951	2527
2011	1285601	1122872	1267505	2983
2012	1453601	1300692	1467803	3172
2013	1667594	1478439	1635395	3389
2014	1901726	1623756	1828632	3686

4-3-4 分地区群众文化机构基本情况(2014年)

Basic Statistics on Mass Cultural Institutions by Region (2014)

地 区	Region	机构数(个) Number of Institutions (unit)	从业人员(人) Number of Engaged Persons (person)	#专业技术人员 Professional Technical Staff	组织文艺活动次数(次) Number of Art and Cultural Activities (time)	组织文艺活动观众人次(万人次) Attending Art and Cultural Activities (10 000 person-times)
全 国	**National Total**	**44423**	**170299**	**68138**	**845421**	**36382.4**
北 京	Beijing	346	2500	705	26297	570.3
天 津	Tianjin	299	1064	494	7734	212.3
河 北	Hebei	2397	7175	2468	38598	876.0
山 西	Shanxi	1538	4663	1813	22319	546.1
内蒙古	Inner Mongolia	1156	5008	2388	15431	575.8
辽 宁	Liaoning	1544	5925	2616	31622	990.2
吉 林	Jilin	974	4565	2650	14516	436.6
黑龙江	Heilongjiang	1640	5299	2579	20961	576.4
上 海	Shanghai	238	4958	1098	48725	3583.9
江 苏	Jiangsu	1395	7022	2931	48370	1758.7
浙 江	Zhejiang	1420	6908	3852	53039	2759.4
安 徽	Anhui	1557	5979	3216	33318	1097.4
福 建	Fujian	1215	3602	1300	14897	525.8
江 西	Jiangxi	1880	5936	1987	19078	831.9
山 东	Shandong	1969	8228	4221	60352	2201.7
河 南	Henan	2523	10878	2400	44527	1458.3
湖 北	Hubei	1390	5045	2360	23058	1234.5
湖 南	Hunan	2673	8058	2655	29194	1478.4
广 东	Guangdong	1746	10951	3071	47791	4135.6
广 西	Guangxi	1290	5109	2584	27993	1687.7
海 南	Hainan	233	790	265	3022	300.5
重 庆	Chongqing	1040	4741	1290	15720	869.2
四 川	Sichuan	4808	10428	3570	58761	2425.6
贵 州	Guizhou	1686	6006	2655	16786	752.6
云 南	Yunnan	1558	6980	5129	29161	1329.8
西 藏	Tibet	772	2044	467	4263	107.0
陕 西	Shaanxi	1772	7590	2635	20186	793.9
甘 肃	Gansu	1434	6191	1501	13509	512.3
青 海	Qinghai	413	1062	489	5567	304.4
宁 夏	Ningxia	253	1308	735	10240	433.8
新 疆	Xinjiang	1264	4286	2014	40386	1016.4

4-3-4 续表 1 continued

地 区	Region	举办训练班 Training Courses 班次（次）Number of Training Courses (time)	培训人次（万人次）Attending Training (10 000 person-times)	举办展览 Exhibitions 个数（个）Number of Exhibitions (time)	参观人次（万人次）Visitors (10 000 person-times)	收入合计（万元）Total Revenue (10 000 yuan)	#财政补贴收入 Government Subsidy
全 国	**National Total**	**469300**	**3577.7**	**131728**	**10262.7**	**1901726**	**1623756**
北 京	Beijing	27707	156.9	1804	91.4	62330	51732
天 津	Tianjin	6134	40.0	1221	44.3	23811	22672
河 北	Hebei	15068	102.6	5231	234.4	37902	36340
山 西	Shanxi	11465	80.0	3404	223.8	29710	29182
内蒙古	Inner Mongolia	6008	40.3	2116	134.1	44390	43245
辽 宁	Liaoning	22736	152.7	3366	169.1	42786	39487
吉 林	Jilin	6113	51.4	1565	123.5	47351	46389
黑龙江	Heilongjiang	7030	52.7	2819	189.5	36446	35201
上 海	Shanghai	38930	287.1	3423	525.5	130708	111605
江 苏	Jiangsu	20420	161.4	7847	407.3	127658	117906
浙 江	Zhejiang	36555	248.5	8918	813.4	182196	154445
安 徽	Anhui	17869	130.2	5116	299.9	46918	40584
福 建	Fujian	10041	64.8	3407	456.4	40578	33972
江 西	Jiangxi	11647	75.2	3748	225.8	38980	32673
山 东	Shandong	25211	226.7	9173	633.2	76327	70094
河 南	Henan	21628	153.5	8702	545.1	55660	51802
湖 北	Hubei	10444	95.1	4467	370.5	43981	36780
湖 南	Hunan	15499	133.0	4977	422.2	55484	48657
广 东	Guangdong	45111	440.8	7979	1316.6	173539	152668
广 西	Guangxi	10940	85.0	3095	262.2	45969	38816
海 南	Hainan	1902	18.3	537	51.7	9491	6606
重 庆	Chongqing	13701	108.6	3630	329.4	60946	51160
四 川	Sichuan	27787	174.2	10356	740.7	114593	102485
贵 州	Guizhou	9113	64.9	3154	204.3	44725	36636
云 南	Yunnan	14785	146.1	5213	488.9	150031	76537
西 藏	Tibet	1430	9.6	461	15.7	16884	14397
陕 西	Shaanxi	12222	102.7	5299	261.5	56658	46997
甘 肃	Gansu	7054	59.6	3623	228.8	36218	33281
青 海	Qinghai	1505	10.4	1050	35.5	10827	9928
宁 夏	Ningxia	2031	17.8	597	101.4	15826	14150
新 疆	Xinjiang	11214	87.7	5430	316.8	42805	37329

4-3-4 续表 2 continued

地 区	Region	支出合计（万元） Total Expenditure (10 000 yuan)	资产总计（万元） Total Assets (10 000 yuan)	#固定资产原价 Original Value of Fixed Assets	实际使用房屋建筑面积（万平方米） Floor Space of Buildings Actually Used (10 000 sq.m)	#业务用房面积 Buildings for Mass Cultural Activities
全 国	**National Total**	**1828632**	**4950128**	**4186805**	**3686.39**	**2653.44**
北 京	Beijing	52793	93831	75502	71.00	44.52
天 津	Tianjin	24727	46845	40297	29.98	19.40
河 北	Hebei	37926	115080	100399	116.98	86.11
山 西	Shanxi	29113	100208	92046	97.04	71.81
内蒙古	Inner Mongolia	44925	68055	61397	72.90	52.65
辽 宁	Liaoning	43291	127277	113606	121.34	67.99
吉 林	Jilin	43050	113039	100200	47.24	31.23
黑龙江	Heilongjiang	40296	66518	61789	78.95	54.09
上 海	Shanghai	118517	314378	217811	136.08	97.28
江 苏	Jiangsu	126716	348694	310512	347.68	259.82
浙 江	Zhejiang	180824	400599	338150	342.59	269.46
安 徽	Anhui	46291	182064	101580	98.05	80.75
福 建	Fujian	37380	160032	94254	121.35	93.23
江 西	Jiangxi	35191	142726	127332	106.52	70.52
山 东	Shandong	74700	177733	149431	245.49	163.57
河 南	Henan	55936	117573	107613	133.38	96.43
湖 北	Hubei	43503	101523	85877	120.34	84.44
湖 南	Hunan	57122	153156	137731	142.09	104.41
广 东	Guangdong	170951	495557	406989	366.31	259.73
广 西	Guangxi	45186	83248	65771	74.97	53.28
海 南	Hainan	8590	18076	15818	10.89	8.33
重 庆	Chongqing	57487	120015	101570	85.53	61.00
四 川	Sichuan	112190	307334	278658	210.30	158.71
贵 州	Guizhou	44532	109019	93372	77.68	54.59
云 南	Yunnan	114616	142350	125926	103.16	76.10
西 藏	Tibet	18978	332776	322738	36.97	29.42
陕 西	Shaanxi	57618	109064	92382	90.83	64.33
甘 肃	Gansu	36322	91991	81039	69.53	50.74
青 海	Qinghai	10806	53234	50994	14.55	12.05
宁 夏	Ningxia	15683	32263	20275	24.21	15.35
新 疆	Xinjiang	43376	225871	215748	92.49	62.10

4-3-5 公共图书馆基本情况
Basic Statistics on Public Libraries

年 份 Year	机构数(个) Number of Institutions (unit)	从业人员(人) Number of Engaged Persons (person)	总藏量(万册件) Total Collections (10 000 copies)	总流通人次(万人次) Total Number of Circulation (10 000 person-times)	#外借人次 Borrowing from Libraries	书刊文献外借册次(万册次) Number of Books and Periodicals Lent to Readers (10 000 copy-times)
2005	2762	50423	48056	23332	10821	20269
2006	2778	51311	50024	25218	11408	21039
2007	2799	54650	52053	26103	11454	21319
2008	2820	52021	55064	28141	12251	23129
2009	2850	52688	58521	32167	13277	25857
2010	2884	53564	61726	32823	13934	26392
2011	2952	54475	63896	37423	15316	28452
2012	3076	54997	68827	43437	17402	33191
2013	3112	56320	74896	49232	20552	40868
2014	3117	56071	79092	53036	22737	46734

4-3-5 续表 continued

年 份 Year	发放借书证数(万个) Accumulative Number of Library Cards Distributed (10 000 units)	收入合计(万元) Total Revenue (10 000 yuan)	#财政补贴收入 Government Subsidy	支出合计(万元) Total Expenditure (10 000 yuan)	实际使用公用房屋建筑面积(万平方米) Floor Space of Buildings Actually Used (10 000 sq.m)
2005	1062	325880	277848	312571	677
2006	1160	366089	319479	344076	719
2007	1273	450512	395441	431326	741
2008	1454	531926	477616	519841	780
2009	1749	613175	550808	606630	850
2010	2020	646085	583685	643629	900
2011	2214	813232	756357	776839	995
2012	2485	1002068	934890	977556	1058
2013	2877	1151163	1070575	1130035	1158
2014	3944	1212979	1137210	1163583	1232

4-3-6 分地区公共图书馆基本情况(2014年)

Basic Statistics on Public Libraries by Region (2014)

地 区	Region	机构数(个) Number of Institutions (unit)	从业人员(人) Number of Engaged Persons (person)	#专业技术人员 Professional Technical Staff	总藏量(万册) Total Collections (10 000 copies)	#图书 Books
全 国	**National Total**	**3117**	**56071**	**40186**	**79091.6**	**59772.2**
北 京	Beijing	24	1278	1026	2223.3	1973.0
天 津	Tianjin	31	1217	1094	1598.1	1404.4
河 北	Hebei	172	1899	1268	2104.8	1698.5
山 西	Shanxi	126	1593	1036	1471.8	1129.3
内蒙古	Inner Mongolia	116	1964	1612	1448.7	1204.0
辽 宁	Liaoning	129	2932	2172	3562.9	2822.3
吉 林	Jilin	66	1642	1355	1662.2	1363.9
黑龙江	Heilongjiang	107	1697	1396	1720.6	1420.3
上 海	Shanghai	25	2104	1612	7362.6	3114.4
江 苏	Jiangsu	114	3034	2203	6279.7	5338.7
浙 江	Zhejiang	98	3483	2072	5634.1	4794.6
安 徽	Anhui	113	1410	1007	1753.4	1397.7
福 建	Fujian	88	1278	935	2660.2	2064.6
江 西	Jiangxi	114	1390	880	2127.5	1583.8
山 东	Shandong	153	2730	2411	4480.3	3621.3
河 南	Henan	157	2934	1501	2312.3	1867.3
湖 北	Hubei	112	2231	1760	2821.6	2294.7
湖 南	Hunan	136	2106	1463	2422.2	1896.9
广 东	Guangdong	138	4047	2676	6366.8	5485.0
广 西	Guangxi	112	1508	1208	2481.5	1676.8
海 南	Hainan	21	327	251	411.9	358.5
重 庆	Chongqing	43	869	588	1242.2	988.1
四 川	Sichuan	198	2152	1319	3162.1	2495.6
贵 州	Guizhou	95	1015	784	1217.3	949.5
云 南	Yunnan	151	1804	1557	1864.2	1413.3
西 藏	Tibet	78	113	61	125.2	100.9
陕 西	Shaanxi	114	2167	1215	1514.1	1206.2
甘 肃	Gansu	103	1458	822	1306.6	996.7
青 海	Qinghai	49	370	286	393.7	328.0
宁 夏	Ningxia	26	536	417	689.6	563.5
新 疆	Xinjiang	107	1061	859	1292.2	1038.0

注：全国合计数中包括1个中央级公共图书馆。

a)Data of national total libiaries include one central-level public library.

4-3-6 续表 1 continued

地 区	Region	本年新购藏量（万册） New Collections During the Year (10 000 copies)	有效借书证数（个） Accumulative Number of Library Cards Distributed (10 000 units)	总流通人次（万人次） Total Number of Circulation (10 000 person-times)	#书刊文献外借人次 Borrowing from Libraries	书刊文献外借册次（万册次） Number of Books and Periodicals Lent to Readers (10 000 copy-times)
全 国	**National Total**	**4742.0**	**3944**	**53035.98**	**22736.7**	**46734.3**
北 京	Beijing	114.0	98	1145.83	394.9	953.1
天 津	Tianjin	122.0	67	681.00	284.7	779.1
河 北	Hebei	127.5	73	1210.50	442.7	837.7
山 西	Shanxi	71.6	46	675.77	298.5	445.6
内蒙古	Inner Mongolia	112.0	26	621.10	261.9	571.4
辽 宁	Liaoning	194.1	110	1891.78	723.5	1622.8
吉 林	Jilin	122.1	72	599.11	323.1	608.4
黑龙江	Heilongjiang	134.5	55	893.07	311.3	631.1
上 海	Shanghai	221.5	173	3961.49	1898.9	7854.4
江 苏	Jiangsu	361.1	526	5424.54	3216.6	4481.4
浙 江	Zhejiang	436.5	926	5479.52	1953.3	4935.9
安 徽	Anhui	169.6	75	1545.83	846.0	1394.1
福 建	Fujian	205.7	92	2051.91	851.2	2117.5
江 西	Jiangxi	77.5	81	1213.49	655.0	1059.2
山 东	Shandong	226.7	166	2557.77	1540.1	2623.4
河 南	Henan	104.2	97	1968.08	1060.1	1569.1
湖 北	Hubei	161.2	128	1867.68	1052.5	1755.4
湖 南	Hunan	117.4	99	1570.37	792.3	1476.5
广 东	Guangdong	600.7	438	7657.00	1697.7	3848.3
广 西	Guangxi	142.6	61	1997.96	754.2	1098.7
海 南	Hainan	35.6	12	268.48	72.3	188.3
重 庆	Chongqing	118.7	58	1221.13	471.3	989.7
四 川	Sichuan	164.0	76	1867.24	836.1	1535.7
贵 州	Guizhou	70.0	39	525.49	306.4	384.0
云 南	Yunnan	94.6	41	1210.00	529.9	892.1
西 藏	Tibet	36.1	1	16.65	7.4	8.9
陕 西	Shaanxi	79.5	32	927.44	354.2	634.8
甘 肃	Gansu	55.2	28	658.43	334.6	536.7
青 海	Qinghai	12.0	12	119.86	60.1	105.2
宁 夏	Ningxia	25.5	13	265.66	137.2	281.6
新 疆	Xinjiang	94.9	22.6643	543.64	256.2	406.5

4-3-6 续表 2 continued

地区	Region	收入合计(万元) Total Revenue (10 000 yuan)	#财政补贴收入 Government Subsidy	支出合计(万元) Total Expenditure (10 000 yuan)	资产总计(万元) Total Assets (10 000 yuan)	#固定资产原价 Original Value of Fixed Assets
全国	**National Total**	**1212979.1**	**1137210.3**	**1163582.8**	**4286340.9**	**3329576.3**
北京	Beijing	50519.0	48864.9	51956.9	219628.0	147206.3
天津	Tianjin	33545.8	32511.3	31586.0	77788.2	62383.0
河北	Hebei	23652.6	23132.8	24240.6	63911.6	56082.1
山西	Shanxi	21980.2	21442.2	19983.3	60867.2	51806.6
内蒙古	Inner Mongolia	35337.9	34286.2	34171.8	74118.8	58728.9
辽宁	Liaoning	46262.7	45544.6	45706.6	128928.3	105993.5
吉林	Jilin	25455.4	24904.2	26839.3	53752.1	40924.4
黑龙江	Heilongjiang	28306.1	27688.9	23907.4	80341.1	69143.4
上海	Shanghai	92581.2	81397.8	92027.0	385704.2	342945.6
江苏	Jiangsu	75455.1	70528.7	72936.8	261307.4	228160.5
浙江	Zhejiang	82652.4	77398.2	83152.4	249211.8	207624.4
安徽	Anhui	27250.3	24603.3	22278.2	85085.0	76126.6
福建	Fujian	32497.8	28711.5	29968.9	92347.8	77883.8
江西	Jiangxi	23935.0	21955.7	20575.0	55275.1	44769.4
山东	Shandong	45511.7	44553.3	42755.2	150807.4	134076.1
河南	Henan	28234.9	27239.7	28726.6	75542.5	64775.4
湖北	Hubei	45849.4	42969.8	45053.6	185149.1	94552.2
湖南	Hunan	29087.8	27135.7	26457.4	63658.7	51096.9
广东	Guangdong	117640.5	114010.9	118424.2	523164.9	469299.9
广西	Guangxi	25968.9	23347.2	26425.1	70854.1	59245.3
海南	Hainan	9850.3	9481.9	9146.9	21427.6	16202.7
重庆	Chongqing	22614.4	21417.8	21922.9	45087.5	37317.5
四川	Sichuan	55117.8	53586.6	41581.0	124471.2	88382.0
贵州	Guizhou	16019.2	14745.5	15178.1	95583.9	50874.7
云南	Yunnan	24822.8	23372.4	24195.8	86351.3	76549.3
西藏	Tibet	1978.0	1820.2	2175.1	9182.6	8476.4
陕西	Shaanxi	25416.3	23454.6	22626.5	74388.2	61586.8
甘肃	Gansu	25701.9	24555.8	22996.6	194932.9	166231.1
青海	Qinghai	6654.4	6259.3	6876.6	43508.8	9951.4
宁夏	Ningxia	13227.9	13062.7	12571.3	31092.8	26606.8
新疆	Xinjiang	23769.3	22539.7	22791.8	62922.0	39073.9

4-3-6 续表 3 continued

地 区 Region	实际使用公用房屋建筑面积(万平方米) Floor Space of Buildings Actually Used (10 000 sq.m)	#书库面积 Stack Rooms	#阅览室面积 Reading Rooms	阅览室坐席数(个) Seats of Reading Rooms (unit)
全 国 National Total	**1231.60**	**252.36**	**331.81**	**855520**
北 京 Beijing	24.9	4.7	6.5	15908.0
天 津 Tianjin	25.69	5.40	8.18	14258
河 北 Hebei	48.22	9.58	12.40	32120
山 西 Shanxi	40.77	7.15	11.41	25925
内蒙古 Inner Mongolia	34.33	5.50	9.30	25577
辽 宁 Liaoning	49.45	8.32	11.94	31073
吉 林 Jilin	24.65	4.48	7.74	18953
黑龙江 Heilongjiang	29.02	5.54	8.07	23310
上 海 Shanghai	41.43	9.25	10.41	21656
江 苏 Jiangsu	95.03	14.96	20.95	44782
浙 江 Zhejiang	85.87	16.06	20.66	50930
安 徽 Anhui	36.85	7.54	11.72	29453
福 建 Fujian	37.50	9.03	11.86	30453
江 西 Jiangxi	36.66	9.17	11.57	31506
山 东 Shandong	73.11	17.49	19.89	50094
河 南 Henan	54.56	11.56	13.23	41448
湖 北 Hubei	52.97	11.22	13.93	36643
湖 南 Hunan	38.23	10.87	9.54	31244
广 东 Guangdong	112.77	19.25	32.82	80527
广 西 Guangxi	33.40	8.26	8.32	26991
海 南 Hainan	8.10	1.94	2.26	5352
重 庆 Chongqing	26.32	5.15	7.21	19177
四 川 Sichuan	49.98	11.56	14.95	41680
贵 州 Guizhou	21.87	5.89	7.12	19816
云 南 Yunnan	34.20	8.42	8.98	27456
西 藏 Tibet	4.26	0.74	0.92	2359
陕 西 Shaanxi	24.67	4.70	7.76	18792
甘 肃 Gansu	20.99	4.47	5.64	18974
青 海 Qinghai	4.54	1.18	1.27	3422
宁 夏 Ningxia	11.05	3.11	3.41	8034
新 疆 Xinjiang	22.40	4.61	8.18	22452

4-3-7 艺术表演团体基本情况
Basic Statistics on Art Performance Troupes

年份 Year	机构数（个） Number of Institutions (unit)	从业人员（人） Number of Engaged Persons (person)	演出场次（万场次） Number of Performances (10 000 shows)	国内演出观众人次（万人次） Number of Domestic Audience (10 000 person-times)
2005	2805	141678	47	38894
2006	2866	144167	49	46115
2007	4512	220653	93	75896
2008	5114	208174	91	63187
2009	6139	184678	120	81716
2010	6864	185413	137	88456
2011	7055	226599	155	74585
2012	7321	242047	135	82805
2013	8180	260865	165	90064
2014	8769	262887	174	91020

4-3-7 续表 continued

年份 Year	收入合计（万元） Total Revenue (10 000 yuan)	#演出收入 Performance Income	支出合计（万元） Total Expenditure (10 000 yuan)	实际使用房屋建筑面积（万平方米） Floor Space of Buildings Actually Used (10 000 sq.m)
2005	545640	114381	527627	462
2006	620479	134253	602838	408
2007	829045	203757	750817	429
2008	933685	204842	832225	432
2009	1121559	288214	1048083	457
2010	1239255	342696	1203561	466
2011	1540263	526745	1486696	526
2012	2310460	641480	2081911	617
2013	2800266	735532	2331821	638
2014	2264046	757028	2024045	716

4-3-8 分地区艺术表演团体基本情况(2014年)

Basic Statistics on Art Performance Troupes by Region (2014)

地区	Region	机构数(个) Number of Institutions (unit)	从业人员(人) Number of Engaged Persons (person)	#专业技术人员 Professional Technical Staff	演出场次(万场次) Number of Performances (10 000 shows)	#国内演出 Domestic Performances	国内演出观众人次(万人次) Number of Domestic Audience (10 000 person-times)
全 国	**National Total**	**8769**	**262887**	**143472**	**173.9**	**171.1**	**91019.7**
中央本级	Central-level	18	5291	3616	0.4	0.4	461.4
北 京	Beijing	344	6963	4098	2.5	2.2	1026.1
天 津	Tianjin	66	2761	2120	1.1	1.1	418.4
河 北	Hebei	458	13750	9161	7.8	7.6	5369.7
山 西	Shanxi	351	13668	6652	5.5	5.4	3592.1
内蒙古	Inner Mongolia	177	7428	5457	2.6	2.4	1779.3
辽 宁	Liaoning	207	4785	3308	1.6	1.5	826.2
吉 林	Jilin	56	2954	2097	0.6	0.6	502.7
黑龙江	Heilongjiang	39	3513	2675	0.6	0.5	310.7
上 海	Shanghai	158	5773	3769	2.8	2.8	1017.1
江 苏	Jiangsu	287	8323	6041	6.3	6.1	2605.9
浙 江	Zhejiang	891	27293	10042	18.3	18.2	14669.6
安 徽	Anhui	988	20796	12594	29.0	28.9	14095.7
福 建	Fujian	393	13114	6917	10.8	10.8	4182.4
江 西	Jiangxi	219	6000	3207	3.4	3.4	2238.9
山 东	Shandong	481	11519	8113	16.5	16.4	3746.6
河 南	Henan	598	20053	8030	20.6	20.6	11110.2
湖 北	Hubei	273	8520	5604	3.9	3.8	3344.4
湖 南	Hunan	271	8203	4799	5.0	4.9	1711.7
广 东	Guangdong	325	10759	4540	4.7	4.6	2741.7
广 西	Guangxi	67	3042	1793	0.9	0.9	663.9
海 南	Hainan	71	2708	1115	1.0	1.0	1673.0
重 庆	Chongqing	512	6692	2033	6.2	6.1	1557.5
四 川	Sichuan	492	11566	4918	6.4	6.4	1887.3
贵 州	Guizhou	105	3645	1784	1.7	0.9	611.4
云 南	Yunnan	284	8966	4767	5.3	5.3	2605.6
西 藏	Tibet	88	2420	743	0.5	0.5	411.6
陕 西	Shaanxi	143	7745	4822	2.4	2.3	2110.1
甘 肃	Gansu	190	6211	3231	2.2	2.2	2149.9
青 海	Qinghai	64	1770	740	0.3	0.3	261.3
宁 夏	Ningxia	31	1331	602	1.4	1.4	414.3
新 疆	Xinjiang	122	5325	4084	1.7	1.6	923.1

4-3-8 续表 1 continued

地 区	Region	收入合计（万元） Total Revenue (10 000 yuan)	#财政补贴收入 Government Subsidy	#演出收入 Performance Income	支出合计（万元） Total Expenditure (10 000 yuan)	#人员支出 Personnel Expenses	资产总计（万元） Total Assets (10 000 yuan)
全 国	**National Total**	**2264046**	**1195914**	**757028**	**2024045**	**1047825**	**4408440**
中央本级	Central-level	147740	92808	24957	148917	60977	377865
北 京	Beijing	161167	97415	50780	145281	46519	460453
天 津	Tianjin	45609	38265	3541	41368	20557	37832
河 北	Hebei	59869	26640	27357	63689	30994	241230
山 西	Shanxi	61649	34454	21468	56258	32614	82438
内蒙古	Inner Mongolia	67343	59830	5930	59607	42696	47331
辽 宁	Liaoning	63223	30191	11245	55846	21040	97057
吉 林	Jilin	31614	25428	4311	32482	15672	44468
黑龙江	Heilongjiang	34635	28605	1902	36997	24426	44021
上 海	Shanghai	129829	55513	37136	113284	53959	462579
江 苏	Jiangsu	92122	42071	41511	83838	45667	111804
浙 江	Zhejiang	183996	53919	112186	166343	100337	197224
安 徽	Anhui	139756	61060	64283	76230	44664	155587
福 建	Fujian	86167	39088	37403	83673	55154	149368
江 西	Jiangxi	43057	18797	19957	27357	16589	56100
山 东	Shandong	90099	52021	25619	78914	45711	109005
河 南	Henan	100473	38351	49629	98274	51389	235292
湖 北	Hubei	73355	46232	17259	65364	34504	97560
湖 南	Hunan	69075	30307	32225	53080	24366	86920
广 东	Guangdong	114276	46413	31783	103978	50157	436003
广 西	Guangxi	32238	22145	5497	29397	12133	41319
海 南	Hainan	19476	6711	8946	20655	12221	39989
重 庆	Chongqing	43887	16971	23058	39822	20275	85047
四 川	Sichuan	94580	38964	47181	80565	37124	192279
贵 州	Guizhou	20061	10640	4481	20662	8829	68562
云 南	Yunnan	76107	34304	23488	65932	33069	191712
西 藏	Tibet	15987	14204	101	15066	9699	22000
陕 西	Shaanxi	54084	33575	11233	49708	28783	89620
甘 肃	Gansu	37431	36292	7784	35158	21965	61368
青 海	Qinghai	10336	7999	1705	10507	5340	25105
宁 夏	Ningxia	11877	9164	1516	11289	3066	23782
新 疆	Xinjiang	52931	47540	1554	54507	37331	37520

4-3-8 续表 2 continued

地 区	Region	#固定资产原价 Original Value of Fixed Assets	实际使用房屋建筑面积（万平方米） Floor Space of Buildings Actually Used (10 000 sq.m)	#排练练功用房 Buildings for Rehearsing	流动舞台车演出情况 Performances of Flow Stage Car：流动舞台车数量（辆） Number of Flow Stage Cars (unit)	演出场次（万场次） Number of Performances (10 000 shows)	观众人次（万人次） Number of Audiences (10 000 person-times)
全 国	**National Total**	**1293825**	**716.3**	**105.7**	**1336**	**10.62**	**9900.6**
中央本级	Central-level	230908	29.8	3.9			
北 京	Beijing	50552	17.0	1.0	1		
天 津	Tianjin	10967	10.6	1.4	4	0.05	68.2
河 北	Hebei	30061	68.3	4.0	81	0.55	505.4
山 西	Shanxi	45456	33.3	4.1	110	0.45	297.0
内蒙古	Inner Mongolia	28238	22.7	5.5	83	0.35	254.3
辽 宁	Liaoning	30004	16.5	3.2	12	0.03	33.2
吉 林	Jilin	24533	10.7	2.6	37	0.21	177.0
黑龙江	Heilongjiang	20881	14.9	3.0	15	0.05	52.5
上 海	Shanghai	52739	9.9	1.1			
江 苏	Jiangsu	35879	31.0	5.2	49	0.40	400.6
浙 江	Zhejiang	53579	42.6	2.3	17	0.09	97.8
安 徽	Anhui	23671	26.6	2.0	46	0.60	508.4
福 建	Fujian	89003	21.5	2.2	20	0.05	40.8
江 西	Jiangxi	36361	13.9	1.5	48	0.49	286.5
山 东	Shandong	47291	33.2	8.1	87	1.29	1283.6
河 南	Henan	34703	35.9	5.7	172	2.65	3038.3
湖 北	Hubei	57160	31.0	6.3	73	0.93	952.4
湖 南	Hunan	27112	27.0	4.5	111	0.98	571.5
广 东	Guangdong	79211	25.7	3.7	5	0.02	8.7
广 西	Guangxi	24358	6.4	1.1	15	0.07	117.6
海 南	Hainan	10750	6.1	0.7	14	0.04	39.9
重 庆	Chongqing	31062	15.8	1.7	11	0.06	57.0
四 川	Sichuan	26463	32.8	2.2	15	0.04	42.8
贵 州	Guizhou	30323	11.6	1.7	7	0.03	18.2
云 南	Yunnan	22757	25.6	3.1	58	0.21	238.2
西 藏	Tibet	18308	14.9	3.8	14	0.03	23.3
陕 西	Shaanxi	45184	27.1	4.1	68	0.37	335.1
甘 肃	Gansu	29687	16.0	2.2	47	0.14	146.0
青 海	Qinghai	15220	4.7	1.8	11	0.01	12.3
宁 夏	Ningxia	6378	3.0	1.0	15	0.16	143.8
新 疆	Xinjiang	25024	30.2	11.0	90	0.29	150.4

4-3-9 文化系统艺术表演场馆基本情况
Basic Statistics on Art Performance Places of Culture System

年份 Year	机构数（个）Number of Institutions (unit)	从业人员（人）Number of Engaged Persons (person)	坐席数（个）Seating Capacity (unit)	演(映)出场次（万场次）Number of Performances (10 000 shows)	#艺术演出 Art Performances
2005	1866	35678	1410814	60.1	8.9
2006	1839	34890	1413647	58.9	9.1
2007	1732	32806	1307456	59.9	8.2
2008	1662	29691	1171012	64.2	7.2
2009	1449	28059	1126705	41.9	7.4
2010	1461	25280	1077250	53.8	7.2
2011	1429	26480	1080266	56.2	5.9
2012	1279	25076	945580	57.5	7.2
2013	1344	26036	1027946	82.9	6.6
2014	1338	25709	1187359	78.1	7.0

4-3-9 续表 continued

年份 Year	观众人次（万人次）Number of Audience (10 000 person-times)	#艺术演出 Art Performances	收入合计（万元）Total Revenue (10 000 yuan)	#艺术演出 Art Performances Income
2005			131678	50226
2006			163431	67066
2007	9100.3	3637.6	173344	63162
2008	8121.8	3211.1	155505	40055
2009	7492.6	3206.7	182863	39558
2010	8992.8	3165.3	177731	38309
2011	6927	2685.8	266099	51227
2012	6099.7	2191.7	218223	44454
2013	7776.3	2662.4	426361	82489
2014	6844.4	2598.3	403699	84512

4-3-10 分地区文化系统艺术表演场馆基本情况(2014年)
Basic Statistics on Art Performance Places of Culture System by Region (2014)

地 区	Region	机构数(个) Number of Institutions (unit)	从业人员(人) Number of Engaged Persons (person)	#专业技术人员 Professional Technical Staff	坐席数(个) Seating Capacity (unit)	演(映)出场次合计(万场次) Number of Performances (10 000 shows)	#艺术演出 Art Performances
全 国	**National Total**	**1338**	**25709**	**6946**	**1187359**	**78.1**	**7.0**
中央本级	Central-level	7	232	17	6684	0.1	0.1
北 京	Beijing	17	1088	234	14943	1.1	0.3
天 津	Tianjin	28	346	18	15125	1.6	0.2
河 北	Hebei	77	1197	244	49704	1.8	0.1
山 西	Shanxi	99	1469	358	87998	7.2	0.2
内蒙古	Inner Mongolia	19	327	110	16590	1.5	0.1
辽 宁	Liaoning	33	494	71	17891	0.5	0.2
吉 林	Jilin	28	570	189	14697	2.0	0.3
黑龙江	Heilongjiang	34	422	72	19473	0.1	0.1
上 海	Shanghai	24	364	55	20317	1.2	0.3
江 苏	Jiangsu	111	2817	544	103967	32.5	1.7
浙 江	Zhejiang	62	1156	401	58345	4.6	0.5
安 徽	Anhui	48	1172	578	51358	1.0	0.2
福 建	Fujian	57	942	277	35454	4.8	0.1
江 西	Jiangxi	49	754	288	203684	0.7	0.3
山 东	Shandong	93	1734	471	70663	1.0	0.2
河 南	Henan	140	3265	314	94803	1.1	0.2
湖 北	Hubei	52	1241	333	52264	2.7	0.2
湖 南	Hunan	57	965	364	49589	2.6	0.2
广 东	Guangdong	44	1467	382	50783	1.5	0.2
广 西	Guangxi	17	134	40	11593	2.1	0.1
海 南	Hainan	7	197	43	6996	0.1	0.0
重 庆	Chongqing	15	160	101	6600	0.1	0.0
四 川	Sichuan	41	416	179	26112	0.2	0.1
贵 州	Guizhou	7	96	51	60	0.0	0.0
云 南	Yunnan	17	117	37	11569	0.1	0.1
西 藏	Tibet	14	55	54	3864	0.0	0.0
陕 西	Shaanxi	85	1700	907	49849	0.8	0.2
甘 肃	Gansu	22	414	43	13983	1.6	0.6
青 海	Qinghai	16	75	7	7418	0.2	0.0
宁 夏	Ningxia	3	27	20	1604	0.1	0.0
新 疆	Xinjiang	15	296	144	13379	3.2	0.1

4-3-10 续表 1 continued

地 区	Region	观众人次合计（万人次） Number of Audience (10 000 person-times)	#艺术演出观众人次 Art Performances	收入合计（万元） Total Revenue (10 000 yuan)	#财政拨款 Government Subsidy	#演出收入 Performance Income	支出合计（万元） Total Expenditure (10 000 yuan)
全 国	**National Total**	**6844.4**	**2598.3**	**403699**	**149079**	**84512**	**396749**
中央本级	Central-level	56.4	54.2	5941	41	4029	4608
北 京	Beijing	216.3	171.0	66151	27824	28473	65947
天 津	Tianjin	153.2	82.1	9217	1108	590	9017
河 北	Hebei	144.4	47.0	9370	3804	1191	10077
山 西	Shanxi	327.1	94.8	16700	7871	555	15835
内蒙古	Inner Mongolia	82.6	29.8	6379	5256	141	6891
辽 宁	Liaoning	134.5	51.5	5075	1336	216	5854
吉 林	Jilin	150.0	44.1	8350	5743	1482	8656
黑龙江	Heilongjiang	55.9	32.3	1646	1325	92	4706
上 海	Shanghai	237.8	149.1	15024	2995	3001	14029
江 苏	Jiangsu	1696.5	289.0	65909	9823	13235	61405
浙 江	Zhejiang	744.3	285.7	30791	11593	4517	29730
安 徽	Anhui	317.1	101.8	9978	4375	2526	9889
福 建	Fujian	250.5	35.0	16857	6546	942	14200
江 西	Jiangxi	197.6	123.3	8734	5032	1160	10042
山 东	Shandong	313.5	158.6	15333	6903	2704	16153
河 南	Henan	220.6	97.8	9951	3807	1451	10344
湖 北	Hubei	261.8	146.0	14748	4585	3910	14835
湖 南	Hunan	319.2	129.0	9308	4057	1214	9342
广 东	Guangdong	272.1	143.8	31014	13457	5125	29175
广 西	Guangxi	114.5	62.3	2243	65	66	2017
海 南	Hainan	23.5	13.1	658	325	206	747
重 庆	Chongqing	22.9	15.8	1736	904	276	1668
四 川	Sichuan	93.5	59.4	5366	2314	789	5302
贵 州	Guizhou	2.8	2.0	596	41		954
云 南	Yunnan	38.9	25.1	2190	507	547	2193
西 藏	Tibet	9.0	5.2	907	897		849
陕 西	Shaanxi	188.0	91.0	21364	12033	5390	20289
甘 肃	Gansu	70.4	37.4	5498	800	646	4199
青 海	Qinghai	55.5	5.0	552	154	15	669
宁 夏	Ningxia	7.2	1.1	233	143	15	224
新 疆	Xinjiang	66.9	15.2	5881	3418	12	6904

4-3-10 续表 2 continued

地 区	Region	#人员支出 Personnel Expenses	资产总计(万元) Total Assets (10 000 yuan)	#固定资产原价 Original Value of Fixed Assets	实际使用房屋建筑面积(万平方米) Floor Space of Buildings Actually Used (10 000 sq.m)	#演(映)业务用房 Buildings for Performances
全 国	**National Total**	**123511**	**1586660**	**1101182**	**735.2**	**365.9**
中央本级	Central-level	856	5279	1498	6.4	3.9
北 京	Beijing	11232	148269	45844	31.5	23.8
天 津	Tianjin	1758	11620	8014	11.4	5.7
河 北	Hebei	4214	58420	52645	41.3	28.7
山 西	Shanxi	4826	80830	62800	47.4	25.5
内蒙古	Inner Mongolia	2227	81994	81514	16.8	4.8
辽 宁	Liaoning	2225	11580	10941	12.7	7.2
吉 林	Jilin	5182	25150	18795	9.5	6.2
黑龙江	Heilongjiang	2735	7447	5117	7.3	4.4
上 海	Shanghai	3411	54659	41606	15.5	9.7
江 苏	Jiangsu	13306	212783	163331	138.9	50.2
浙 江	Zhejiang	11199	65787	53706	47.1	26.4
安 徽	Anhui	3176	58861	16291	23.1	11.2
福 建	Fujian	5516	82414	77837	23.9	10.5
江 西	Jiangxi	3506	100548	28017	32.2	13.7
山 东	Shandong	5657	65126	50925	44.3	24.3
河 南	Henan	4731	44491	39460	34.9	17.0
湖 北	Hubei	5063	55113	49542	31.0	18.3
湖 南	Hunan	3745	46066	41006	20.6	10.5
广 东	Guangdong	8815	136556	119987	53.9	20.2
广 西	Guangxi	545	4818	3641	5.4	2.5
海 南	Hainan	294	14431	11599	4.7	1.8
重 庆	Chongqing	485	4484	4365	3.8	2.5
四 川	Sichuan	2877	69539	24984	16.0	8.8
贵 州	Guizhou	280	10707	1124	1.2	0.0
云 南	Yunnan	975	6895	5946	4.5	2.7
西 藏	Tibet	663	6914	6773	3.2	1.1
陕 西	Shaanxi	9716	52364	34302	26.0	12.1
甘 肃	Gansu	1358	40116	19528	8.4	5.2
青 海	Qinghai	288	4538	3885	3.7	2.1
宁 夏	Ningxia	155	306	306	0.4	0.2
新 疆	Xinjiang	2496	18554	15855	8.0	4.5

4-3-11 文物保护管理机构基本情况

Basic Statistics on Agencies of Cultural Relics Preservation

年份 Year	机构数（个） Number of Institutions (unit)	从业人员（人） Number of Engaged Persons (person)	藏品数（件/套） Number of Collections (piece/set)	基本陈列、展览（个） Displays and Exhibitions (unit)
2005	2186	34052	2416460	2034
2006	2204	29257	2342103	1987
2007	2229	31175	2255038	2992
2008	2223	29661	2187639	2106
2009	2263	28629	1958904	2449
2010	2436	30171	2149366	3419
2011	2735	33035	2251805	2243
2012	2705	34854	1767573	2128
2013	2809	35334	1906829	1181
2014	3280	37843	2092332	1566

年份 Year	参观人次（万人次） Spectators (10 000 person-times)	收入合计（万元） Total Revenue (10 000 yuan)	#财政补助收入 Government Subsidy	支出合计（万元） Total Expenditure (10 000 yuan)
2005	5837	214336	49539	187185
2006	6411	225287	54485	202865
2007	19161	269410	76441	235417
2008	6956	311916	110983	276187
2009	9205	308949	147401	290560
2010	11198	365904	187973	330748
2011	9442	463609	240214	419425
2012	10433	535779	311260	459988
2013	10711	819557	490110	705411
2014	12182	757303	511636	689769

4-3-12 文物保护科研机构基本情况

Basic Statistics on Scientific and Research Agencies of Cultural Relics

年份 Year	机构数（个） Number of Institutions (unit)	从业人员（人） Number of Engaged Persons (person)	藏品数（件/套） Number of Collections (piece/set)	实际使用房屋建筑面积（万平方米） Floor Space of Buildings Actually Used (10 000 sq.m)	收入合计（万元） Total Revenue (10 000 yuan)	#财政补助收入 Government Subsidy	支出合计（万元） Total Expenditure (10 000 yuan)
2009	104	3799	929189	30	88210	27872	86062
2010	108	3846	870223	28	120767	40768	110215
2011	107	4078	822390	62	139450	71760	135304
2012	114	4917	1208701	101	182418	118631	158831
2013	115	5243	1594975	96	208924	122562	170898
2014	118	7314	1459852	102	243812	135367	207016

4-3-13 分地区文物保护管理机构基本情况(2014年)

Basic Statistics on Agencies of Cultural Relics Preservation by Region (2014)

地 区	Region	机构数 (个) Number of Institutions (unit)	从业人员 (人) Number of Engaged Persons (person)	#专业技术人员 Professional Technical Staff	藏品数 (件/套) Number of Collections (piece/set)	基本陈列、展览 (个) Displays and Exhibitions (unit)
全 国	**National Total**	**3280**	**37843**	**8971**	**2092332**	**1566**
北 京	Beijing	26	2787	239	32406	47
天 津	Tianjin	8	115	67	2435	5
河 北	Hebei	165	4052	902	103241	51
山 西	Shanxi	141	2143	565	180907	30
内蒙古	Inner Mongolia	89	643	396	48109	84
辽 宁	Liaoning	61	1288	395	49783	57
吉 林	Jilin	52	137	94	5096	
黑龙江	Heilongjiang	86	330	257	22079	56
上 海	Shanghai	6	87	62	2917	1
江 苏	Jiangsu	54	357	144	29593	39
浙 江	Zhejiang	93	1839	650	75182	189
安 徽	Anhui	94	472	287	74862	111
福 建	Fujian	37	163	58	4310	18
江 西	Jiangxi	66	593	212	102702	107
山 东	Shandong	112	3382	995	202100	45
河 南	Henan	124	2403	574	229696	39
湖 北	Hubei	49	761	330	27110	52
湖 南	Hunan	82	795	167	138377	77
广 东	Guangdong	35	321	96	31101	71
广 西	Guangxi	67	335	159	30333	54
海 南	Hainan	10	166	25	725	18
重 庆	Chongqing	25	225	85	36898	21
四 川	Sichuan	174	1809	509	245158	114
贵 州	Guizhou	73	326	167	15142	26
云 南	Yunnan	124	720	547	97102	103
西 藏	Tibet	1026	7184	42	163056	
陕 西	Shaanxi	210	3064	671	104222	93
甘 肃	Gansu	56	721	108	6566	24
青 海	Qinghai	29	40	23	1941	6
宁 夏	Ningxia	22	286	114	25539	17
新 疆	Xinjiang	84	299	31	3644	11

4-3-13 续表 1 continued

地 区	Region	参观人次 (万人次) Spectators (10 000 person-times)	门票销售总额 (万元) Sales of Admission Tickets (10 000 yuan)	收入合计 (万元) Total Revenue (10 000 yuan)	#财政补助收入 Government Subsidy	支出合计 (万元) Total Expenditure (10 000 yuan)
全 国	**National Total**	**12181.6**	**292107**	**757303**	**511636**	**689769**
北 京	Beijing	1350.1	42421	102997	53849	95552
天 津	Tianjin	22.8	393	2300	1842	2366
河 北	Hebei	843.9	30291	62186	30933	51698
山 西	Shanxi	1061.5	16097	28712	20483	29654
内蒙古	Inner Mongolia	115.7	1089	13595	12643	13677
辽 宁	Liaoning	178.9	5237	19085	15692	17403
吉 林	Jilin			12382	12308	9542
黑龙江	Heilongjiang	67.7		6099	3607	5195
上 海	Shanghai	2.3		2716	2644	3182
江 苏	Jiangsu	256.7	114	19694	16743	17852
浙 江	Zhejiang	1347.0	26474	73910	36726	74615
安 徽	Anhui	205.1	550	10803	8093	8385
福 建	Fujian	26.3	48	6524	4269	5191
江 西	Jiangxi	348.6	680	13980	11392	13344
山 东	Shandong	1305.1	91941	59452	35058	54671
河 南	Henan	1003.6	32244	48547	36360	43019
湖 北	Hubei	241.9	1352	8457	5362	7687
湖 南	Hunan	371.7	1415	36565	32660	35997
广 东	Guangdong	310.5	2716	7009	4037	7241
广 西	Guangxi	159.2	92	15015	4574	8279
海 南	Hainan	114.3	191	2397	1884	2333
重 庆	Chongqing	60.5	94	6286	6068	5925
四 川	Sichuan	647.9	23332	63403	60989	58489
贵 州	Guizhou	101.6	902	6788	5212	5281
云 南	Yunnan	448.6	23	15989	13870	12492
西 藏	Tibet	90.5	1466	18436	6223	14475
陕 西	Shaanxi	1096.7	4121	43478	27604	44703
甘 肃	Gansu	273.3	6923	14997	7527	13097
青 海	Qinghai	14.7		2069	2041	830
宁 夏	Ningxia	92.6	1570	26559	25700	21151
新 疆	Xinjiang	22.4	332	6872	5246	6443

4-3-13 续表 2 continued

地区	Region	资产总计(万元) Total Assets (10 000 yuan)	#固定资产原价 Original Value of Fixed Assets	实际使用房屋建筑面积(万平方米) Floor Space of Buildings Actually Used (10 000 sq.m)	#展览用房 Buildings for Exhibitions	#文物库房 Storeroom
全国	**National Total**	**1551192**	**596732**	**304.76**	**93.37**	**13.77**
北京	Beijing	117859	23081	11.91	2.08	0.13
天津	Tianjin	1692	474	1.37	0.98	0.03
河北	Hebei	80249	29643	12.04	3.94	1.11
山西	Shanxi	38984	18870	17.37	5.59	1.08
内蒙古	Inner Mongolia	11215	8434	7.03	3.25	0.51
辽宁	Liaoning	41815	36090	12.43	3.15	0.41
吉林	Jilin	3522	390	0.19	0.01	0.02
黑龙江	Heilongjiang	3704	2247	2.36	1.23	0.24
上海	Shanghai	7478	4762	1.26	0.65	0.06
江苏	Jiangsu	19009	8580	3.50	1.90	0.29
浙江	Zhejiang	153353	98016	24.39	10.48	0.69
安徽	Anhui	14372	8513	4.70	2.11	0.40
福建	Fujian	13088	7668	2.59	0.80	0.09
江西	Jiangxi	15614	6878	13.08	4.95	0.46
山东	Shandong	442382	65041	32.08	11.23	0.66
河南	Henan	138522	38940	18.12	6.48	1.66
湖北	Hubei	11269	8399	13.67	2.23	0.42
湖南	Hunan	43529	12799	8.71	3.07	0.41
广东	Guangdong	12843	7146	5.55	3.53	0.12
广西	Guangxi	7892	3167	6.42	2.48	0.30
海南	Hainan	28407	25260	1.08	0.42	0.00
重庆	Chongqing	19507	17671	4.81	2.10	0.73
四川	Sichuan	180246	80849	19.46	5.74	1.80
贵州	Guizhou	10936	8080	3.19	1.85	0.23
云南	Yunnan	20891	8955	11.47	4.39	0.63
西藏	Tibet	25433	6837	30.01	0.61	0.18
陕西	Shaanxi	49715	37157	23.00	4.63	0.85
甘肃	Gansu	29556	17768	3.88	1.28	0.06
青海	Qinghai	396	237	3.01	0.34	0.02
宁夏	Ningxia	2812	2150	2.84	1.17	0.15
新疆	Xinjiang	4902	2631	3.26	0.72	0.06

4-3-14 分地区文物保护科研机构基本情况(2014年)

Basic Statistics on Scientific and Research Agencies of Cultural Relics by Region (2014)

地 区	Region	机构数(个) Number of Institutions (unit)	从业人员(人) Number of Engaged Persons (person)	#专业技术人员 Professional Technical Staff	藏品数(件/套) Number of Collections (piece/set)	基本陈列、展览(个) Displays and Exhibitions (unit)	参观人次(万人次) Spectators (10 000 person-times)
全 国	**National Total**	**118**	**7314**	**2662**	**1459852**	**39**	**300.8**
中央本级	Central-level	1	123	118			
北 京	Beijing	2	2139	65	153		
天 津	Tianjin						
河 北	Hebei	5	178	119	121861	1	0.1
山 西	Shanxi	10	338	168	7053		104.9
内蒙古	Inner Mongolia	2	55	45	14479	5	
辽 宁	Liaoning	4	127	95	5725	3	5.5
吉 林	Jilin	3	84	65	8432		
黑龙江	Heilongjiang	2	50	40	5186		
上 海	Shanghai						
江 苏	Jiangsu	5	59	34	7166	2	0.3
浙 江	Zhejiang	5	155	78	14988		
安 徽	Anhui	1	42	36	4877		
福 建	Fujian	1	12	12			
江 西	Jiangxi	2	54	33	1438	9	3.8
山 东	Shandong	10	116	90	25253	2	0.2
河 南	Henan	15	1242	406	698147	1	1.0
湖 北	Hubei	3	111	86	7425		
湖 南	Hunan	3	143	78	52458		
广 东	Guangdong	4	220	56	383992	1	0.0
广 西	Guangxi	4	94	73	3031	2	13.7
海 南	Hainan						
重 庆	Chongqing	1	142	38			
四 川	Sichuan	4	98	69	950		10.0
贵 州	Guizhou	2	38	34	1667		
云 南	Yunnan	2	37	32	2453		
西 藏	Tibet	1	17	12			
陕 西	Shaanxi	15	408	286	49050		
甘 肃	Gansu	5	1011	368	32293	7	121.0
青 海	Qinghai	1	38	32	5542		
宁 夏	Ningxia	3	63	45	149	2	39.9
新 疆	Xinjiang	2	120	49	6084	4	0.4

4-3-14 续表 1 continued

地 区	Region	门票销售总额（万元） Sales of Admission Tickets (10 000 yuan)	收入合计（万元） Total Revenue (10 000 yuan)	#财政补助收入 Government Subsidy	支出合计（万元） Total Expenditure (10 000 yuan)	资产总计（万元） Total Assets (10 000 yuan)
全 国	**National Total**	**21589**	**243812**	**135367**	**207016**	**409355**
中央本级	Central-level		10373	4039	9956	43605
北 京	Beijing		39882	1256	26720	33681
天 津	Tianjin					
河 北	Hebei		11882	5847	10393	12724
山 西	Shanxi	8878	22994	18922	18914	21509
内蒙古	Inner Mongolia		3783	3608	5116	4947
辽 宁	Liaoning		5340	5293	4226	10422
吉 林	Jilin		2046	1759	1737	4930
黑龙江	Heilongjiang		838	836	838	1016
上 海	Shanghai					
江 苏	Jiangsu	0	2677	1218	2151	2231
浙 江	Zhejiang		5113	3945	5702	1990
安 徽	Anhui		3920	1921	3102	9275
福 建	Fujian		290	158	368	154
江 西	Jiangxi		4815	4263	2191	5431
山 东	Shandong		5046	2950	4264	8411
河 南	Henan		22904	10925	14219	25229
湖 北	Hubei		4413	1761	3775	7545
湖 南	Hunan		3984	3984	3984	9091
广 东	Guangdong		7477	4766	8309	7707
广 西	Guangxi	10	4849	950	4000	13764
海 南	Hainan					
重 庆	Chongqing		4315	3760	5286	6220
四 川	Sichuan	34	6316	2367	4403	9359
贵 州	Guizhou		2958	1614	2521	4156
云 南	Yunnan		4406	632	4350	910
西 藏	Tibet		737	187	188	137
陕 西	Shaanxi		18681	16794	16298	20214
甘 肃	Gansu	12459	32772	22140	34710	125499
青 海	Qinghai		1731	1175	1551	2227
宁 夏	Ningxia	21	2456	2202	2693	5241
新 疆	Xinjiang	187	6817	6096	5053	11731

4-3-14 续表 2 continued

地区	Region		实际使用房屋建筑面积(万平方米) Floor Space of Buildings Actually Used (10 000 sq.m)			文化保护规划和方案设计(个) Planning and Project of Cultural Relics Preservation (unit)
		#固定资产原价 Original Value of Fixed Assets		#展览用房 Buildings for Exhibitions	#库房 Storeroom	
全 国	**National Total**	**140696**	**101.53**	**8.54**	**1.99**	**377**
中央本级	Central-level	22225	1.32	0.28	0.13	98
北 京	Beijing	1051	0.31	0.00	0.00	
天 津	Tianjin					
河 北	Hebei	4295	1.39	0.88		58
山 西	Shanxi	5439	5.72	0.55	0.10	6
内蒙古	Inner Mongolia	2864	1.05	0.40		
辽 宁	Liaoning	3288	0.71	0.02		19
吉 林	Jilin	2492	0.67	0.10	0.01	
黑龙江	Heilongjiang	1016	0.20	0.05	0.03	4
上 海	Shanghai					
江 苏	Jiangsu	541	0.16	0.08		3
浙 江	Zhejiang	1780	1.95	0.55	0.40	
安 徽	Anhui	3049	1.76			
福 建	Fujian	154				
江 西	Jiangxi	594				4
山 东	Shandong	1331	0.80	0.26	0.02	14
河 南	Henan	12474	68.13	1.92	0.49	15
湖 北	Hubei	2084	1.51	0.99	0.19	12
湖 南	Hunan	5849	0.99	0.49	0.03	34
广 东	Guangdong	2886	1.47	0.30	0.01	
广 西	Guangxi	1655	0.85	0.01		51
海 南	Hainan					
重 庆	Chongqing	441	0.96			15
四 川	Sichuan	1902	0.59			
贵 州	Guizhou	514				
云 南	Yunnan	910	0.19			
西 藏	Tibet	137				12
陕 西	Shaanxi	15044	2.69	0.58	0.41	5
甘 肃	Gansu	40049	5.76	0.52	0.19	16
青 海	Qinghai	542	0.53	0.16		
宁 夏	Ningxia	1267	0.16	0.01		
新 疆	Xinjiang	4823	1.68	0.39		11

4-3-15 文化类社会组织情况

Basic Statistics on Social Organizations Related with Culture

单位：个 (unit)

年份 地区	Year Region	机构数 Number of Institutions	社团 Social Organization	基金会 Fund Organization	民办非企业 Non-enterprise Units Run by NGO
	2007	22383	16690	115	5578
	2008	25154	18555	94	6505
	2009	26988	19687	113	7188
	2010	29180	20926	140	8114
	2011	31483	22472	184	8827
	2012	35808	25036	182	10590
	2013	39022	27115	213	11694
	2014	44492	30101	243	14148
中央本级	Central-level	63	45	1	17
北京	Beijing	627	346	48	233
天津	Tianjin	219	106	8	105
河北	Hebei	1214	961		253
山西	Shanxi	1199	907	9	283
内蒙古	Inner Mongolia	807	638	3	166
辽宁	Liaoning	988	715		273
吉林	Jilin	625	522	1	102
黑龙江	Heilongjiang	845	705	2	138
上海	Shanghai	781	312	19	450
江苏	Jiangsu	5697	3436	15	2246
浙江	Zhejiang	3001	1853	16	1132
安徽	Anhui	1565	1223	5	337
福建	Fujian	2040	1641	5	394
江西	Jiangxi	974	779	1	194
山东	Shandong	3965	1940	7	2018
河南	Henan	2048	1317	6	725
湖北	Hubei	2331	1176	6	1149
湖南	Hunan	1662	1158	10	494
广东	Guangdong	3666	2411	42	1213
广西	Guangxi	826	673		153
海南	Hainan	441	294	7	140
重庆	Chongqing	683	583	3	97
四川	Sichuan	2297	1784	4	509
贵州	Guizhou	663	586		77
云南	Yunnan	1456	1273	5	178
西藏	Tibet	50	44	4	2
陕西	Shaanxi	1686	1209	13	464
甘肃	Gansu	1106	801	3	302
青海	Qinghai	258	159		99
宁夏	Ningxia	242	160		82
新疆	Xinjiang	467	344		123

注：本表数据来自民政部的社会组织统计。
a) Data in the table above sources from Ministry of Civil Affairs.

4-3-16 烈士纪念建筑物管理单位基本情况
Basic Statistics on Martyr Memorial Building Management Units

年份 地区	Year Region	机构数（个） Number of Institutions (unit)	从业人员（人） Number of Engaged Persons (person)	固定资产总计（亿元） Fixed Assets (100 million yuan)	收入合计（亿元） Total Revenue (100 million yuan)	支出合计（亿元） Total Expenditure (100 million yuan)
	2005	989	8871	25.5	5.9	5.5
	2006	1072	9009	22.7	6.8	6.2
	2007	1056	9304	26.2	7.5	7.6
	2008	1133	9277	27.9	7.3	12.3
	2009	1137	9062	28.6	9.7	8.9
	2010	1195	9245	31.7	9.3	9.3
	2011	1227	9436	36.0	10.8	11.0
	2012	1306	9618	42.3	13.6	13.4
	2013	1463	10221	49.1	14.5	14.2
	2014	1516	10201	511874.9	164144.0	162170.6
北　京	Beijing	5	61	11915.4	1684.0	2132.2
天　津	Tianjin	9	140	12146.4	2904.6	2323.0
河　北	Hebei	106	885	26117.7	17997.0	17794.8
山　西	Shanxi	59	388	14414.3	8319.9	8822.2
内蒙古	Inner Mongolia	13	116	8970.1	1887.1	1980.5
辽　宁	Liaoning	46	329	7300.6	4083.0	3739.9
吉　林	Jilin	30	376	7048.7	2453.2	3104.4
黑龙江	Heilongjiang	25	201	5874.6	1277.4	1352.9
上　海	Shanghai	11	236	68440.8	9017.0	9040.1
江　苏	Jiangsu	88	685	36419.0	13956.2	13450.1
浙　江	Zhejiang	40	185	10649.0	5113.1	4804.0
安　徽	Anhui	51	396	24934.2	4438.1	4050.2
福　建	Fujian	54	182	4548.5	3449.4	2806.4
江　西	Jiangxi	67	293	9520.4	2191.5	2310.4
山　东	Shandong	116	938	58204.1	31956.2	31956.2
河　南	Henan	99	1359	26291.2	8215.3	8169.6
湖　北	Hubei	56	690	24082.9	6207.8	6081.1
湖　南	Hunan	42	390	21577.6	2842.0	2775.4
广　东	Guangdong	115	318	18873.0	14780.8	11655.6
广　西	Guangxi	23	307	16613.0	5014.6	6071.1
海　南	Hainan	8	38	2404.0	12.0	372.2
重　庆	Chongqing	20	72	4455.8	1311.1	1302.0
四　川	Sichuan	165	444	47650.7	3282.5	3784.4
贵　州	Guizhou	55	137	9776.9	583.5	609.0
云　南	Yunnan	64	162	8332.9	405.9	439.3
西　藏	Tibet	5	14	1212.5		2.0
陕　西	Shaanxi	41	352	15208.7	3397.0	3415.4
甘　肃	Gansu	79	385	5043.1	4423.5	4325.9
青　海	Qinghai	1	9	437.0	273.0	273.0
宁　夏	Ningxia	9	29	805.5	183.3	124.0
新　疆	Xinjiang	14	84	2606.3	2484.0	3103.3

4-3-16 续表 continued

年 份 地 区	Year Region	烈士纪念建筑物数(个) Number of Martyr Memorial Buildings (unit)	#纪念馆(陈列馆) Memorial Hall	藏品量(万件) Total Collections (10 000 pieces)	参观人次(万人次) Spectators (10 000 person-times)	零散烈士纪念建筑物数(个) Scattered Martyr Memorial Buildings (unit)
	2005	8122	987	15.9	4596.4	7483
	2006	7220	921	17.0	5072.2	7414
	2007	7402	912	18.0	5231.0	7186
	2008	7406	919	18.8	4464.8	7569
	2009	8101	1076	19.3	6758.4	7622
	2010	7367	1090	20.1	5189.6	9729
	2011	9900	1143	21.3	5784.5	12378
	2012	12584	1209	22.7	6837.1	13151
	2013	13602	1282	22.8	7062.7	13601
	2014	9289	1299	226061.0	7561.4	
北 京	Beijing	41	6	1093.0	29.6	
天 津	Tianjin	35	14	1563.0	71.2	
河 北	Hebei	472	95	38963.0	411.7	
山 西	Shanxi	152	54	3927.0	156.3	
内蒙古	Inner Mongolia	33	17	335.0	37.2	
辽 宁	Liaoning	630	26	14350.0	103.4	
吉 林	Jilin	395	27	5437.0	76.5	
黑龙江	Heilongjiang	403	16	7595.0	268.4	
上 海	Shanghai	65	16	2607.0	178.1	
江 苏	Jiangsu	366	108	19980.0	746.1	
浙 江	Zhejiang	136	39	6664.0	176.1	
安 徽	Anhui	926	199	5840.0	417.0	
福 建	Fujian	175	23	1578.0	322.4	
江 西	Jiangxi	218	19	7928.0	96.2	
山 东	Shandong	711	164	31357.0	1629.5	
河 南	Henan	895	100	10441.0	357.0	
湖 北	Hubei	493	71	18167.0	355.5	
湖 南	Hunan	102	19	3461.0	147.2	
广 东	Guangdong	251	13	1072.0	500.3	
广 西	Guangxi	64	10	2199.0	116.4	
海 南	Hainan	485	21	1181.0	93.5	
重 庆	Chongqing	124	18	2931.0	232.7	
四 川	Sichuan	931	95	9642.0	335.6	
贵 州	Guizhou	239	13	424.0	119.6	
云 南	Yunnan	212	20	2311.0	70.0	
西 藏	Tibet	12	4	5702.0	1.6	
陕 西	Shaanxi	413	38	4589.0	166.7	
甘 肃	Gansu	260	37	7846.0	252.7	
青 海	Qinghai	12	2	5400.0	4.5	
宁 夏	Ningxia	9	5	859.0	12.8	
新 疆	Xinjiang	29	10	619.0	75.7	

4-3-17 档案馆机构和人员情况

Basic Statistics on Archive Institutions and Personnel

单位：个，人 (unit, person)

年 份 Year	国家综合档案馆 National Comprehensive Archives		国家专门档案馆 National Special Archives	
	馆 数 Number of Institutions	专职人员 Full-time Personnel	馆 数 Number of Institutions	专职人员 Full-time Personnel
2005	3142	23413	238	3452
2006	3154	22689	239	3537
2007	3161	21399	245	3737
2008	3170	21414	240	3663
2009	3191	20949	241	3626
2010	3194	19750	252	3833
2011	3196	19985	255	3843
2012	3237	18009	238	3577
2013	3325	18106	240	3579
2014	3319	17863	247	3538

注：2012年新修订的《全国档案事业统计年报制度》不再细分事业单位的属性，统称“省部属事业单位档案馆”。省部属事业单位包括文化事业档案馆数，科技事业单位档案馆数。

a) The newly revised Annual Report of National Archive Statistics in 2012 does not further subcategorize public institutions by their attributes, but generally called public archive institutions affiliated to ministries or provincial governments. Public institutions affiliated to ministries or provincial governments include cultural archive institutions, and science and technology archive institutions.

4-3-17 续表 continued

单位：个，人 (unit, person)

年 份 Year	部门档案馆 Department Archives		企业档案馆数 Enterprise Archive Institutions	文化事业档案馆数 Culture Archive Institutions	科技事业单位档案馆数 Science and Technology Archive Institutions
	馆 数 Number of Institutions	专职人员 Full-time Personnel			
2005	145	2020	301	105	63
2006	137	1699	216	110	95
2007	146	1985	215	126	94
2008	154	1886	241	141	87
2009	149	1814	233	167	96
2010	167	1747	223	160	111
2011	170	2121	183	179	124
2012	183	2161	204	260	
2013	218	2182	189	274	
2014	209	2129	169	252	

注：2012年新修订的《全国档案事业统计年报制度》不再细分事业单位的属性，统称“省部属事业单位档案馆”。省部属事业单位包括文化事业档案馆数，科技事业单位档案馆数。

a) The newly revised Annual Report of National Archive Statistics in 2012 does not further subcategorize public institutions by their attributes, but generally called public archive institutions affiliated to ministries or provincial governments. Public institutions affiliated to ministries or provincial governments include cultural archive institutions, and science and technology archive institutions.

4-3-18 国家综合档案馆基本情况
Basic Statistics on National Comprehensive Archives

年 份 Year	馆藏档案（万卷、万件）Number of Archives (10 000 volumes, 10 000 pieces)	照片档案（万张）Photos (10 000 sheets)	开放档案（万卷、万件）Archives Open to Public (10 000 volume, 10 000 pieces)	利用档案（万卷、万件次）Utilized Archives (10 000 volume-times, 10 000 piece-times)	档案馆建筑面积（万平方米）Floor Space of Archive Institutions (10 000 sq.m)
1991	9637.4	371.0	2094.3	937.0	348.1
1992	10003.5	402.4	2018.7	773.8	255.7
1993	10726.8	435.5	2140.7	891.9	275.9
1994	10782.9	449.6	2454.6	674.4	268.3
1995	11318.3	485.5	2790.3	529.3	282.5
1996	11341.4	494.6	2939.2	485.4	297.5
1997	12222.9	553.0	3304.6	501.0	347.6
1998	12276.5	579.7	3556.5	446.5	310.7
1999	12866.8	584.5	3808.2	508.5	328.4
2000	13314.0	631.7	4072.0	494.4	336.2
2001	13756.6	642.8	4129.7	575.4	342.0
2002	14790.7	720.5	4301.1	548.8	351.0
2003	15945.9	797.4	4618.4	602.6	361.4
2004	17601.5	827.9	4868.3	813.9	376.8
2005	18688.7	908.8	5132.3	868.0	393.1
2006	21656.5	1277.2	5746.3	1166.4	406.1
2007	23675.3	1393.3	5875.5	1244.9	421.9
2008	25051.0	1505.3	6072.2	1257.4	465.4
2009	28089.2	1646.3	6687.4	1308.0	473.3
2010	32198.6	1809.2	7428.6	1417.3	504.4
2011	35445.5	1965.8	7828.4	1564.5	551.1
2012	40547.7	1827.4	8254.6	1521.1	627.1
2013	42454.5	1927.6	8900.5	1477.8	709.3
2014	53470.3	2041.8	9179.7	1688.8	924

4-4-1 分地区国家级风景名胜区基本情况(2014年)
Basic Statistics on National Scenic Area by Region (2014)

地区	Region	风景名胜区面积(平方公里) Area of National Scenic Area (sq.km)	#供游览面积 Area for Tourism	游人量(万人次) Number of Visitors (10 000 person-times)	#境外游人 Overseas Visitors
全国	**National Total**	**99175**	**41660**	**77594.60**	**2456.20**
北京	Beijing	263	46	1361.50	49.70
天津	Tianjin	106	10	148.90	0.50
河北	Hebei	4161	2864	4317.70	51.40
山西	Shanxi	1384	237	662.30	5.30
内蒙古	Inner Mongolia	489	103	33.00	0.20
辽宁	Liaoning	1744	1212	2321.20	30.60
吉林	Jilin	828	158	227.40	8.40
黑龙江	Heilongjiang	2874	1322	367.00	20.00
江苏	Jiangsu	3323	297	6960.80	195.10
浙江	Zhejiang	4288	1613	11295.00	366.50
安徽	Anhui	2229	1417	1718.90	67.50
福建	Fujian	1325	757	4456.40	145.60
江西	Jiangxi	3038	1413	4998.00	155.50
山东	Shandong	884	458	3862.70	68.90
河南	Henan	1395	1015	2451.30	60.30
湖北	Hubei	1595	748	1885.00	78.50
湖南	Hunan	3133	1258	6944.10	243.80
广东	Guangdong	713	303	5555.10	20.40
广西	Guangxi	5560	1582	3858.70	208.20
海南	Hainan	71	14	1148.00	35.70
重庆	Chongqing	2500	912	1078.20	64.40
四川	Sichuan	16995	5116	3422.40	64.00
贵州	Guizhou	3503	1596	2360.90	70.20
云南	Yunnan	3806	898	2489.70	229.60
西藏	Tibet	14609	3121	169.90	0.70
陕西	Shaanxi	760	359	2371.30	159.50
甘肃	Gansu	1099	250	513.40	50.20
青海	Qinghai	8978	8978	132.70	1.00
宁夏	Ningxia	109	19	125.30	3.10
新疆	Xinjiang	7413	3584	357.80	1.40

4-4-1 续表 1 continued

地 区	Region	景区资金收入合计(万元) Total Revenue (10 000 yuan)	#国家拨款 State Budget	#经营收入 Business Revenue	#门 票 Admission Ticket
全 国	**National Total**	**5642377**	**567921**	**4561667**	**2162364**
北 京	Beijing	62352	6578	48564	44422
天 津	Tianjin	10062	1512	8550	4436
河 北	Hebei	167985	1330	141630	83315
山 西	Shanxi	36055	2816	25241	17043
内蒙古	Inner Mongolia	263		263	
辽 宁	Liaoning	200360	2916	194792	69094
吉 林	Jilin	14212	200	13712	1339
黑龙江	Heilongjiang	117949	34872	73393	13966
江 苏	Jiangsu	198696	15282	177377	56336
浙 江	Zhejiang	357635	118484	230928	161548
安 徽	Anhui	443940	16252	396424	106474
福 建	Fujian	360566	70468	290098	62815
江 西	Jiangxi	492773	29304	382511	158499
山 东	Shandong	197431	10138	186591	149780
河 南	Henan	131220	5227	121693	94368
湖 北	Hubei	411606	95822	136940	59662
湖 南	Hunan	627476	67131	549952	156531
广 东	Guangdong	106304	23937	68898	30743
广 西	Guangxi	69419	6066	32003	15348
海 南	Hainan	152448	3240	120230	80113
重 庆	Chongqing	277268	3290	269978	78338
四 川	Sichuan	584686	23605	560605	307631
贵 州	Guizhou	80975	6846	66835	49264
云 南	Yunnan	276823	2195	228581	141663
西 藏	Tibet	200		200	6500
陕 西	Shaanxi	189695	2995	180830	178594
甘 肃	Gansu	22799	2394	20405	13654
青 海	Qinghai	18577		18577	9459
宁 夏	Ningxia	11188	5510	5678	4190
新 疆	Xinjiang	21414	9511	10188	7239

4-4-1 续表 2 continued

地 区	Region	景区资金支出合计(万元) Total Expenditure (10 000 yuan)	#经营支出 Business Expenditure	#固定资产投资完成额 Investment for Fixed Assets Completed	#维护支出 Maintenance Expenditure
全 国	**National Total**	**5311767**	**2711390**	**2078532**	**577105**
北 京	Beijing	61436	4634	38929	2783
天 津	Tianjin	9914	1181	8733	772
河 北	Hebei	171141	131953	36388	20391
山 西	Shanxi	25760	3980	15469	10469
内蒙古	Inner Mongolia	263		263	85
辽 宁	Liaoning	58055	23524	31413	11122
吉 林	Jilin	6880	3966	2392	570
黑龙江	Heilongjiang	128864	52928	66356	27065
江 苏	Jiangsu	217339	104235	96339	19967
浙 江	Zhejiang	372694	164889	204650	53284
安 徽	Anhui	526465	188004	328600	13109
福 建	Fujian	222281	179445	38218	13520
江 西	Jiangxi	922705	721587	193682	45598
山 东	Shandong	128849	19496	105040	45381
河 南	Henan	178140	98365	75082	23461
湖 北	Hubei	201013	111054	72296	34264
湖 南	Hunan	640471	334128	144875	113149
广 东	Guangdong	111421	36811	71862	30525
广 西	Guangxi	56410	15933	33577	21008
海 南	Hainan	117335	24534	92800	17399
重 庆	Chongqing	310645	182285	126228	21518
四 川	Sichuan	473046	118530	150347	21946
贵 州	Guizhou	108402	71648	36496	2710
云 南	Yunnan	140298	60237	64608	19544
西 藏	Tibet				
陕 西	Shaanxi	23155	10532	11321	1677
甘 肃	Gansu	19514	5305	14209	3542
青 海	Qinghai	27237	14106	13131	256
宁 夏	Ningxia	4895	2306	2479	976
新 疆	Xinjiang	47139	25794	2749	1014

4-4-2 娱乐场所基本情况
Basic Statistics on Entertainment Units

年 份 Year	机构数 (个) Number of Institutions (unit)	从业人员 (人) Number of Engaged Persons (person)	资产总计 (万元) Total Assets (10 000 yuan)	营业收入 (万元) Business Revenue (10 000 yuan)	营业利润 (万元) Business Profits (10 000 yuan)
2005	55302	494243	2898572	1882946	272150
2006	51742	490289	2990424	2101890	329557
2007	82174	611108	5927457	3546201	583689
2008	84356	639511	7048155	3709413	659403
2009	82200	636800	6271305	4130085	1367846
2010	85854	703520	7635552	4772099	1718734
2011	92577	758377	9661392	5661798	1939320
2012	90271	765250	11136779	6048764	1982344
2013	89652	835658	19109269	8842052	2224658
2014	84179	729516	16144969	11023662	2606315

4-4-3 分地区娱乐场所基本情况(2014年)

Basic Statistics on Entertainment Units by Region (2014)

地 区	Region	机构数 (个) Number of Institutions (unit)	从业人员 (人) Number of Engaged Persons (person)	资产总计 (万元) Total Assets (10 000 yuan)	营业收入 (万元) Business Revenue (10 000 yuan)	营业成本 (万元) Business Costs (10 000 yuan)
全 国	**National Total**	**84179**	**729516**	**16144969**	**11023662**	**8417374**
北 京	Beijing	995	10055	1677237	575031	548375
天 津	Tianjin	622	8585	184995	46464	35338
河 北	Hebei	2243	15724	203067	99831	69882
山 西	Shanxi	1211	12289	270341	97863	65120
内蒙古	Inner Mongolia	3041	11497	516482	165890	116218
辽 宁	Liaoning	4036	23395	290014	130775	84082
吉 林	Jilin	1659	8613	151861	63184	36176
黑龙江	Heilongjiang	2774	10919	115667	60094	32817
上 海	Shanghai	2206	23517	908592	327174	274804
江 苏	Jiangsu	7263	59614	1063442	533110	377861
浙 江	Zhejiang	4745	66199	1379797	764080	627608
安 徽	Anhui	3602	26883	1507222	193913	142128
福 建	Fujian	1947	34469	561417	1974615	1570253
江 西	Jiangxi	3052	20732	283079	134035	76849
山 东	Shandong	2584	27589	304329	144393	91187
河 南	Henan	2249	25936	293606	148954	98836
湖 北	Hubei	2261	23821	401101	249296	158325
湖 南	Hunan	2842	33637	318760	236636	126620
广 东	Guangdong	7211	89953	1403932	657376	553981
广 西	Guangxi	2843	23926	285375	159047	115323
海 南	Hainan	479	6708	114218	70109	49211
重 庆	Chongqing	2651	22964	235712	195378	141004
四 川	Sichuan	5822	41296	735705	435943	284171
贵 州	Guizhou	2557	20347	1191070	182661	121377
云 南	Yunnan	7428	37130	663313	269043	193989
西 藏	Tibet	501	4647	87034	47463	24570
陕 西	Shaanxi	1017	12103	199508	99770	65407
甘 肃	Gansu	1278	10542	197727	1441208	1199054
青 海	Qinghai	581	2402	35491	22681	16816
宁 夏	Ningxia	844	4717	63946	52074	13524
新 疆	Xinjiang	1635	9307	500931	1445573	1106470

4-4-3 续表 continued

地 区	Region	#养老、医疗、失业等保险费 Endowment, Medical and Unemployment Insurance	#工资总额 Total Wages Payable	#税金总额 Total Taxes	营业利润（万元） Business Profits (10 000 yuan)
全 国	**National Total**	**134079**	**2000125**	**465885**	**2606315**
北 京	Beijing	11147	119869	59067	26656
天 津	Tianjin	884	10315	2108	11158
河 北	Hebei	1055	24285	3039	29948
山 西	Shanxi	518	20817	4008	32743
内蒙古	Inner Mongolia	867	11837	1713	49672
辽 宁	Liaoning	1677	22283	3826	46692
吉 林	Jilin	767	10197	2910	27008
黑龙江	Heilongjiang	370	10209	1662	27277
上 海	Shanghai	13084	65036	19882	52370
江 苏	Jiangsu	10508	114359	20058	155249
浙 江	Zhejiang	13779	170349	39141	136472
安 徽	Anhui	4979	42687	4409	51786
福 建	Fujian	5912	74412	27182	404363
江 西	Jiangxi	1857	24519	2879	57186
山 东	Shandong	3399	28303	4343	53202
河 南	Henan	1717	32913	4313	50118
湖 北	Hubei	6926	48024	7827	90971
湖 南	Hunan	3620	33759	8741	110017
广 东	Guangdong	21356	191258	56678	103395
广 西	Guangxi	2686	39791	10552	43724
海 南	Hainan	1700	19463	3057	20898
重 庆	Chongqing	4535	49690	7550	54374
四 川	Sichuan	13490	76620	17735	151772
贵 州	Guizhou	2066	43139	6886	61284
云 南	Yunnan	2190	51771	8221	75054
西 藏	Tibet	106	8747	1867	22893
陕 西	Shaanxi	1156	20694	2418	34363
甘 肃	Gansu	509	320493	106547	242155
青 海	Qinghai	55	4376	658	5865
宁 夏	Ningxia	28	3531	290	38550
新 疆	Xinjiang	1134	306379	26318	339103

4-4-4 网吧基本情况

Basic Statistics on Internet Bars

年 份 Year	机构数 (个) Number of Institutions (unit)	从业人员 (人) Number of Engaged Persons (person)	资产总计 (万元) Total Assets (10 000 yuan)	营业收入 (万元) Business Revenue (10 000 yuan)	营业利润 (万元) Business Profits (10 000 yuan)
2005	106526	374904	1674628	1464218	408269
2006	114273	443745	2210843	2016913	329557
2007	133163	539460	4304405	3434114	1036162
2008	134267	565707	5307279	3645153	913361
2009	138048	580749	5585437	3785362	1510735
2010	140376	584912	5864306	3626809	1490620
2011	141275	567170	6282208	3754922	1565375
2012	135683	529362	6222263	3539807	1431362
2013	131013	478242	8051486	3879399	1425890
2014	129368	452368	7431831	4479929	1962960

4-4-5 分地区网吧基本情况(2014年)

Basic Statistics on Internet Bars by Region (2014)

地 区	Region	机构数 (个) Number of Institutions (unit)	从业人员 (人) Number of Engaged Persons (person)	资产总计 (万元) Total Assets (10 000 yuan)	营业收入 (万元) Business Revenue (10 000 yuan)
全 国	**National Total**	**129368**	**452368**	**7431831**	**4479929**
北 京	Beijing	939	3940	126998.7	76851.5
天 津	Tianjin	954	4275	80675.9	29939
河 北	Hebei	4826	13443	158781.8	84735.5
山 西	Shanxi	3323	11310	136714.5	105652.7
内蒙古	Inner Mongolia	3401	9315	350205	84042.9
辽 宁	Liaoning	5040	16060	229965.1	149829.2
吉 林	Jilin	2464	6711	101693.5	57185
黑龙江	Heilongjiang	4309	11912	137873.7	79967.2
上 海	Shanghai	1305	6520	100686.7	62769.3
江 苏	Jiangsu	8367	26685	478449.8	335229.4
浙 江	Zhejiang	7026	24703	1467771.1	258817.3
安 徽	Anhui	5394	17285	271596.8	138219.2
福 建	Fujian	2254	8414	102298.6	416766.6
江 西	Jiangxi	4313	15448	181511.5	131364.9
山 东	Shandong	10132	28421	327125.4	184929.6
河 南	Henan	8610	28779	365201.7	208660.5
湖 北	Hubei	6718	24747	338727.4	341932.8
湖 南	Hunan	11105	34677	383891.9	358578.7
广 东	Guangdong	7980	35960	392734.2	244931.2
广 西	Guangxi	3990	15066	144800.5	85251.4
海 南	Hainan	680	3143	62170.3	36674.2
重 庆	Chongqing	2755	11850	147567	117941.1
四 川	Sichuan	9041	36221	529317.5	339858
贵 州	Guizhou	2400	11104	179046.1	113776.9
云 南	Yunnan	3814	14385	171634.4	158290.4
西 藏	Tibet	364	1265	18489.8	11151.9
陕 西	Shaanxi	2970	13931	179270	114224.8
甘 肃	Gansu	1570	5473	77038.7	43999
青 海	Qinghai	466	2020	25284.6	17098.2
宁 夏	Ningxia	625	2570	39296.8	22196.8
新 疆	Xinjiang	2233	6735	125012.8	69064.3

4-4-5 续表 continued

地 区	Region	营业成本 (万元) Business Costs (10 000 yuan)	#养老、医疗、失业等保险费 Endowment, Medical and Unemployment Insurance	#工资总额 Total Wages Payable	#税金总额 Total Taxes	营业利润 (万元) Business Profits (10 000 yuan)
全 国	**National Total**	**2517104**	**63939**	**748503**	**106782**	**1962960**
北 京	Beijing	50432.1	808.6	17701.3	1350.1	26419.3
天 津	Tianjin	22005.2	338.8	5867.2	1180.7	7934
河 北	Hebei	53713.7	631.5	19746.7	2910.6	31021.2
山 西	Shanxi	73914.8	484.2	17996	2463.9	31738
内蒙古	Inner Mongolia	48015.4	1145.8	12480.5	1690.7	36027.5
辽 宁	Liaoning	84180.9	690.2	10137.2	1264.1	65648.4
吉 林	Jilin	33455.3	647.3	9518.3	2322.6	23729.7
黑龙江	Heilongjiang	45505.8	268.3	9044	1202.1	34517
上 海	Shanghai	49806.9	1720.9	17136	2241.9	12962.5
江 苏	Jiangsu	203973.4	4865.3	52321.3	8117	131256
浙 江	Zhejiang	190478.6	4263.5	58096.3	8640.5	68338.9
安 徽	Anhui	92725.1	1752.9	26824.5	2055.2	45494.1
福 建	Fujian	47605.3	1124.8	17612.8	2130.6	369161.4
江 西	Jiangxi	74702.5	2164.4	23032.4	3134.7	56662.4
山 东	Shandong	102289.1	3197.6	32215	3970.7	82662.4
河 南	Henan	125532.6	2519.1	42177.5	4989.7	83136
湖 北	Hubei	167236.6	5086.4	41897.1	6440.8	174696.1
湖 南	Hunan	161420.2	6216	39805.4	10417.3	197162.9
广 东	Guangdong	193088.1	7707	77341.6	10571.6	51844.2
广 西	Guangxi	61338.4	1283.3	22400.9	2447.7	23913
海 南	Hainan	22473.5	689.6	10253.4	1274.4	14200.7
重 庆	Chongqing	79423.8	2491.3	25391.8	1728.4	38517.3
四 川	Sichuan	202735.3	8368.6	65850.6	11078.4	137122.6
贵 州	Guizhou	69774.4	1667	22672	3271	44002.4
云 南	Yunnan	91900.9	1134.5	20820.1	2831.9	66389.5
西 藏	Tibet	4088.1	19.1	2359.5	317	7063.8
陕 西	Shaanxi	70799.4	1671.2	19488.2	2793.5	43469.4
甘 肃	Gansu	26352.2	143	9358.9	860.3	17646.8
青 海	Qinghai	11510.5	144.8	3887.7	460	5587.7
宁 夏	Ningxia	10856	85.8	2480.3	190.1	11340.8
新 疆	Xinjiang	45770	609.3	12588.3	2434.8	23294.4

4-4-6 分地区动漫企业基本情况(2014年)

Basic Statistics on Comic and Animation Enterprises by Region (2014)

单位：万元 (10 000 yuan)

地区	Region	企业数(个) Number of Enterprises (unit)	从业人员(人) Number of Engaged Persons (person)	资产总计 Total Assets	营业收入 Business Revenue	营业成本 Business Cost	营业利润 Business Profit
全国	**National Total**	**586**	**31476**	**1858746**	**801180**	**755432**	**45747**
北京	Beijing	66	2465	173502	43743	46373	-2630
天津	Tianjin	19	753	138130	10178	13669	-3492
河北	Hebei	13	520	11583	4210	4960	-750
山西	Shanxi	18	287	13750	2736	2681	56
内蒙古	Inner Mongolia	6	190	18307	3167	2183	984
辽宁	Liaoning	17	778	24390	14460	13363	1096
吉林	Jilin	8	637	58413	3779	7731	-3952
黑龙江	Heilongjiang	14	1304	30348	15377	13152	2225
上海	Shanghai	30	1569	217107	57384	64568	-7184
江苏	Jiangsu	77	2683	138025	46004	50931	-4927
浙江	Zhejiang	23	992	105639	27890	30455	-2565
安徽	Anhui	24	1186	39485	27828	23968	3860
福建	Fujian	34	1942	92412	57212	52653	4559
江西	Jiangxi	23	2076	39081	66121	57069	9052
山东	Shandong	9	400	14248	5455	5715	-260
河南	Henan	23	745	25751	4400	6776	-2376
湖北	Hubei	36	2169	151999	66896	50488	16408
湖南	Hunan	24	2140	126253	82166	76001	6165
广东	Guangdong	63	6137	313219	217516	179577	37940
广西	Guangxi	9	301	3792	2999	2914	85
海南	Hainan	1	40	3082	1576	1153	423
重庆	Chongqing	6	477	20165	12557	11246	1311
四川	Sichuan	5	413	7479	4314	4308	6
贵州	Guizhou	4	122	5081	1369	1252	117
云南	Yunnan	9	324	16091	6542	6530	12
西藏	Tibet						
陕西	Shaanxi	8	317	12439	7420	6541	879
甘肃	Gansu	6	244	21110	4169	3281	888
青海	Qinghai						
宁夏	Ningxia	3	71	3001	1078	745	333
新疆	Xinjiang	7	105	4073	1516	1169	347

4-4-6 续表 continued

单位：万元 (10 000 yuan)

地 区	Region	利润总额 Total Profits	本年发放工资总额 Total Wages Payable During the Year	本年应交税金总额 Total Taxes Payable During the Year	经营面积(万平方米) Floor Space of Buildings Actually Used (10 000 sq.m)	原创漫画作品(部) Original Comics (unit)	原创动画作品(部) Original Animations (unit)
全 国	**National Total**	**102294**	**154684**	**41898**	**83**	**9390**	**3102**
北 京	Beijing	539	16698	3131	4.52	3113	223
天 津	Tianjin	-922	2666	642	1.28	107	46
河 北	Hebei	53	1971	461	0.89	753	28
山 西	Shanxi	220	866	121	0.49	6	72
内蒙古	Inner Mongolia	1571	443	29	0.35	40	275
辽 宁	Liaoning	1259	3859	951	1.53	3	60
吉 林	Jilin	-3799	2261	189	2.86	14	11
黑龙江	Heilongjiang	3006	1218	426	3.43	458	711
上 海	Shanghai	-1660	14432	3831	2.5	65	37
江 苏	Jiangsu	-1138	11560	1628	13.01	48	129
浙 江	Zhejiang	2399	3012	1943	2.83	1036	83
安 徽	Anhui	5470	4720	1307	2.37	9	44
福 建	Fujian	7130	10531	2719	4.82	335	217
江 西	Jiangxi	9876	6005	2223	11.41	37	99
山 东	Shandong	-661	1557	383	0.71	2	15
河 南	Henan	-125	2246	352	2.17	51	39
湖 北	Hubei	20085	8472	1242	2.48	55	27
湖 南	Hunan	18862	10900	4015	3.75	303	96
广 东	Guangdong	46932	43140	14186	8.65	2699	417
广 西	Guangxi	443	835	119	0.69	9	21
海 南	Hainan	5	186	13	0.22		
重 庆	Chongqing	1614	1935	524	0.72	5	5
四 川	Sichuan	702	906	103	0.5	12	282
贵 州	Guizhou	138	418	63	1.11	5	5
云 南	Yunnan	139	1039	210	5.3	2	95
西 藏	Tibet						
陕 西	Shaanxi	1051	1109	238	0.64	206	19
甘 肃	Gansu	1069	543	99	2.05	14	32
青 海	Qinghai						
宁 夏	Ningxia	428	210	25	0.34	1	5
新 疆	Xinjiang	472	212	99	0.28	2	9

4-5-1 全国广告业基本情况
Basic Statistics on Advertising Industry

年 份 Year	广告经营单位 (个) Number of Advertising Units (unit)	广告从业人员 (人) Number of Persons Engaged in Advertising (person)	广告经营额 (万元) Advertising Turnover (10 000 yuan)
2005	125394	940415	14163487
2006	143555	1040090	15730017
2007	172615	1112528	17409626
2008	185765	1266393	18995614
2009	209482	1334898	20410322
2010	243445	1480625	23406076
2011	296507	1673444	31255529
2012	377778	2177840	46982791
2013	445365	2622053	50197459
2014	543690	2717939	56056033

4-5-2 分地区广告经营单位

Number of Advertising Units by Region

单位：个 (unit)

地 区	Region	2006	2007	2008	2009	2010	2011	2012	2013	2014
全 国	**National Total**	**143555**	**172615**	**185765**	**204982**	**243445**	**296507**	**377778**	**445365**	**543690**
北 京	Beijing	15614	17866	15680	15692	17837	18297	25176	24803	28823
天 津	Tianjin	5350	9472	7601	7601	8587	12185	14272	16045	21827
河 北	Hebei	3804	4137	4340	4347	3748	3863	5375	7237	4969
山 西	Shanxi	2145	2321	2827	3016	4047	4275	4333	5188	5162
内蒙古	Inner Mongolia	1837	1794	2075	2239	3347	3559	6835	7891	7258
辽 宁	Liaoning	3763	3775	4488	4829	5294	5310	8671	8386	9661
吉 林	Jilin	1681	1680	1969	2852	3824	4399	5650	5580	9932
黑龙江	Heilongjiang	2754	2635	2433	2669	2468	2917	3393	4441	4772
上 海	Shanghai	15124	26480	30757	36960	47563	58560	68574	84451	118067
江 苏	Jiangsu	10380	11679	12150	13486	15864	17506	24824	26599	27550
浙 江	Zhejiang	9207	10671	11848	13362	15772	20284	23005	27981	29967
安 徽	Anhui	4366	5031	5464	5145	6834	6994	8486	9730	11706
福 建	Fujian	4273	4593	5543	7382	7588	8837	10455	15430	16203
江 西	Jiangxi	2230	3042	3215	3693	4063	4173	7006	7643	8505
山 东	Shandong	9272	9504	11077	11803	15436	21315	26136	37634	50269
河 南	Henan	3065	3032	5894	6780	7969	8621	10343	12621	14574
湖 北	Hubei	3808	4234	4644	5088	5415	6565	7389	12565	15618
湖 南	Hunan	2803	2857	3173	2692	4031	5473	9908	14839	17871
广 东	Guangdong	18379	20903	19004	21396	25037	27178	33972	32666	35431
广 西	Guangxi	3047	2561	4256	4631	4825	4857	9206	10928	16282
海 南	Hainan	1161	1281	949	1155	1389	1959	2097	3975	3802
重 庆	Chongqing	3284	4496	6441	8022	8584	16610	21224	25637	33661
四 川	Sichuan	5561	5567	5706	5192	7075	11011	14542	13640	16548
贵 州	Guizhou	1199	1199	1199	1199	1203	2330	3487	1723	1092
云 南	Yunnan	3181	3574	3887	4159	4561	6539	9513	11215	14524
西 藏	Tibet	314	324	352	362	417	621	653	683	731
陕 西	Shaanxi	1398	1450	2040	1768	2253	2816	2934	2859	1976
甘 肃	Gansu	251	227	328	1612	1754	1911	2018	3987	3726
青 海	Qinghai	370	378	390	401	413	536	677	730	2426
宁 夏	Ningxia	1052	1174	1223	1281	1861	1999	2191	1458	2238
新 疆	Xinjiang	2882	4678	4812	4168	4386	5007	5433	6800	8519

4-5-3 分地区广告从业人员

Basic Statistics on Persons Engaged in Advertising by Region

单位：人 (person)

地区	Region	2006	2007	2008	2009	2010	2011	2012	2013	2014
全国	**National Total**	**1040099**	**1112528**	**1266393**	**1334898**	**1480525**	**1673444**	**2177840**	**2622053**	**2717939**
北京	Beijing	131540	129293	109838	125651	123582	120975	98670	106764	127369
天津	Tianjin	34677	39997	44734	43776	57768	64219	69195	80489	120174
河北	Hebei	27720	28920	28751	30112	25584	26196	20019	31720	17574
山西	Shanxi	16630	17641	20042	20706	25353	25253	24124	28047	29249
内蒙古	Inner Mongolia	13097	12213	15496	17370	21433	23654	48397	50690	46849
辽宁	Liaoning	29938	28590	30000	32431	38870	39088	59953	62383	65095
吉林	Jilin	5783	5139	10230	15046	19167	16338	33769	35961	41468
黑龙江	Heilongjiang	19437	17758	21307	20613	19154	22866	24011	25388	27501
上海	Shanghai	77800	82041	114422	168488	215208	182356	213539	262979	293204
江苏	Jiangsu	79209	87599	92696	100877	108523	117462	177963	253360	215542
浙江	Zhejiang	67732	76711	80191	94658	113701	139286	156194	179573	186297
安徽	Anhui	28976	29830	31957	31889	38526	41392	51090	63578	77715
福建	Fujian	39211	38291	41417	54752	57151	67707	72907	102695	112051
江西	Jiangxi	23064	29445	31956	32055	35260	35810	56048	66088	68747
山东	Shandong	75194	76151	79133	81513	97705	114562	154247	216045	276577
河南	Henan	30209	29943	50014	49546	53463	60682	69440	81481	91509
湖北	Hubei	24305	27830	30267	33367	40745	43981	44740	71736	85964
湖南	Hunan	25654	26090	27634	16244	20136	27488	45646	98389	107641
广东	Guangdong	102755	120679	168113	157772	152136	183844	207053	222086	256264
广西	Guangxi	27673	23278	35289	34750	32491	36950	162489	45836	88979
海南	Hainan	13248	13998	5970	7289	7956	11412	14105	17403	15351
重庆	Chongqing	27280	30176	45031	46383	45763	77216	98255	146197	160564
四川	Sichuan	56415	57140	57570	30374	32477	74738	91185	44375	47343
贵州	Guizhou	7781	7781	7781	7781	7821	12110	17435	7810	4140
云南	Yunnan	16847	17841	18856	19563	20377	26647	80223	260547	85120
西藏	Tibet	1951	1965	2105	2214	2663	3892	3897	1661	2054
陕西	Shaanxi	5371	5432	17797	11446	15125	19881	20252	14741	9415
甘肃	Gansu	1988	1906	2434	12440	12622	13527	14027	9142	7692
青海	Qinghai	2909	3052	3109	3156	3182	4127	4345	4724	9379
宁夏	Ningxia	7216	7505	7739	7910	11126	11619	13174	5896	11663
新疆	Xinjiang	18489	35293	34514	24726	25457	28166	31448	24269	29449

4-5-4 分地区广告经营额

Basic Statistics on Advertising Turnover by Region

单位：万元 (10 000 yuan)

地区	Region	2005	2006	2007	2008	2009
全国	**National Total**	**14163487**	**15730017**	**17409626**	**18995614**	**20410322**
北京	Beijing	2515576	2888889	3455746	3922959	4238201
天津	Tianjin	527801	618001	737137	839202	929026
河北	Hebei	87393	92717	127454	128791	137833
山西	Shanxi	141259	163390	186263	201665	241880
内蒙古	Inner Mongolia	38193	45471	69434	84382	104449
辽宁	Liaoning	455363	516222	399644	428508	442073
吉林	Jilin	131380	149796	165187	188264	220607
黑龙江	Heilongjiang	171865	184117	192535	203948	214565
上海	Shanghai	2664690	2656091	2989505	3133541	3182216
江苏	Jiangsu	906323	1260433	1305384	1535291	1789402
浙江	Zhejiang	956970	1087633	1246676	1382663	1518760
安徽	Anhui	226023	256226	310609	363714	467038
福建	Fujian	360925	412764	497410	560714	815270
江西	Jiangxi	163354	192352	212998	231682	249753
山东	Shandong	611084	708912	689559	702359	763132
河南	Henan	229651	234520	241404	330443	350996
湖北	Hubei	263469	235809	287132	319572	345067
湖南	Hunan	208724	302900	333113	357640	72551
广东	Guangdong	2346230	2429041	2567197	2505990	2691187
广西	Guangxi	115448	142822	100000	61141	59614
海南	Hainan	32606	31432	33156	35991	50132
重庆	Chongqing	271022	278944	293442	333293	331962
四川	Sichuan	295371	347945	450144	506337	560468
贵州	Guizhou	76419	76419	76419	81419	81419
云南	Yunnan	136536	160867	164465	177626	202360
西藏	Tibet	18456	19426	20955	12238	15004
陕西	Shaanxi	38883	37155	38566	138894	140442
甘肃	Gansu	30359	36498	36122	40815	52116
青海	Qinghai	11000	15698	20533	24022	25168
宁夏	Ningxia	23922	24557	27193	28306	16403
新疆	Xinjiang	107192	122970	134244	134209	101229

4-5-4 续表 continued

单位：万元 (10 000 yuan)

地 区	Region	2010	2011	2012	2013	2014
全 国	**National Total**	**23405076**	**31255529**	**46982791**	**50197459**	**56056033**
北 京	Beijing	5366075	8096238	18076138	17947004	19218405
天 津	Tianjin	1041410	1224000	1400889	1859919	2173803
河 北	Hebei	111999	117406	72509	130966	57395
山 西	Shanxi	258859	308566	340590	357366	350829
内蒙古	Inner Mongolia	111829	134331	306339	305059	214589
辽 宁	Liaoning	510257	516301	954810	971860	987868
吉 林	Jilin	256011	284600	343428	348793	391094
黑龙江	Heilongjiang	300475	347454	426538	453027	485589
上 海	Shanghai	3780770	4376913	4378926	4495594	4636489
江 苏	Jiangsu	1532984	2498939	4362070	5008744	4241330
浙 江	Zhejiang	1922537	2205542	2361417	3105854	3154643
安 徽	Anhui	584573	695946	820853	921441	1118909
福 建	Fujian	953866	1101842	1202931	1407180	1585591
江 西	Jiangxi	287216	323216	350300	378665	371160
山 东	Shandong	867693	1180083	1763867	2182205	2828396
河 南	Henan	331570	355623	817906	1043717	1312050
湖 北	Hubei	253245	554167	625525	887799	1248263
湖 南	Hunan	658912	1043066	1151296	1443225	1764002
广 东	Guangdong	2525674	3736551	4663079	4006717	6885455
广 西	Guangxi	55364	56074	116165	237464	237312
海 南	Hainan	54905	100941	134379	113240	64072
重 庆	Chongqing	267376	339572	375526	535289	642168
四 川	Sichuan	657248	751177	1026968	1107613	1167277
贵 州	Guizhou	81629	96450	136450	47595	28869
云 南	Yunnan	212087	294777	343174	368878	367836
西 藏	Tibet	17317	22574	22596	27357	29137
陕 西	Shaanxi	178182	204714	167098	164167	124646
甘 肃	Gansu	65664	87904	90519	26341	26234
青 海	Qinghai	28012	38019	41206	45358	73058
宁 夏	Ningxia	27899	31612	33241	33064	32225
新 疆	Xinjiang	103436	130929	76057	235958	237338

4-5-5 建筑设计资质企业财务状况

Basic Statistics on Enterprises with Qualification of Architectural Design

单位：万元 (10 000 yuan)

年份 Year	企业数（个） Number of Enterprises (unit)	年末从业人员（人） Number of Engaged Persons (person)	营业收入 Business Revenue	工程设计收入 Revenue from Architectural Design	营业成本 Business Costs	营业税金及附加 Business Tax and Extra Charges	利润总额 Total Profits
2005	4884	234329	3237923	2279707	2266299	166401	275254
2006	4927	248217	4552516	2788937	3603802	192057	362412
2007	4770	248927	5205057	3117790	3820277	237104	585939
2008	4898	265937	6767675	3601185	5622401	291890	564984
2009	4639	262262	7465897	4214278	5575048	393833	638462
2010	4503	271640	9437047	5696845	7019460	477471	853991
2011	4741	301146	10671552	7704387	7926979	542042	983842
2012	4756	334079	16766975	8026237	13527863	907360	1105260
2013	4721	440723	32027066	9234444	28274503	1041536	1732014
2014	4629	619936	33922163	9086579	29314282	929261	1876940

4-5-5 续表 continued

单位：万元 (10 000 yuan)

年份 Year	#应交所得税 Income Tax	净利润 Net Profit	资产合计 Total Assets	#流动资产 Current Assets	#固定资产 Fixed Assets	负债合计 Total Liabilities	所有者权益合计 Owner's Equity
2005	58188	173398	3120317	1861566	912490	1597350	1255350
2006	81953	285219	4395009	2932160	915817	2629112	1688414
2007	135849	443711	5650968	3894876	1756092	3439318	2333035
2008	125108	432196	6681307	4652548	1226162	3318025	2297147
2009	129068	514118	7447221	5246011	1228264	4398034	3150781
2010	166461	717026	9202050	6605237	1349599	5391611	3732603
2011	204346	852486	9987260	7212448	1661136	5863598	4123662
2012	223003	878387	17915480	13163508	2292400	13637479	6352764
2013	309702	1456197	33746082	25871119	3619539	24112948	9477527
2014	319710	1560491	36754717	28907065	3225231	25357933	12009528

4-5-6 建筑装饰工程设计资质企业财务状况

Basic Statistics on Enterprises with Qualification of Architectural Decoration Design

单位：万元 (10 000 yuan)

年 份 Year	企业数 (个) Number of Enterprises (unit)	年末从业人员 (人) Number of Engaged Persons (person)	营业收入 Business Revenue	工程设计收入 Revenue from Architectural Design	营业成本 Business Costs	营业税金及附加 Business Tax and Extra Charges	利润总额 Total Profits
2005	1922	116229	4845623	217989	4344140	156669	174627
2006	1830	118365	5351344	275378	4845880	175239	214781
2007	1761	133011	6772134	304296	6886845	265928	259775
2008	1743	144531	8770511	337127	8451226	316453	287908
2009	1540	137928	8109865	374588	7216557	294696	359116
2010	1431	152487	10106854	498147	9431278	369509	461116
2011	1582	183071	16787224	687997	14989836	628354	827684
2012	1657	210874	19704075	822418	19290291	843912	969811
2013	1627	225853	25514507	892322	22999605	952834	1350681
2014	1617	240280	27512847	736817	24961140	1028564	992554

4-5-6 续表 continued

单位：万元 (10 000 yuan)

年 份 Year	#应交所得税 Income Tax	净利润 Net Profit	资产合计 Total Assets	#流动资产 Current Assets	#固定资产 Fixed Assets	负债合计 Total Liabilities	所有者权益合计 Owner's Equity
2005	42835	121780	4748227	3864734	596025	2868364	1837941
2006	55610	153302	5190652	4162897	593598	3022365	1847896
2007	72562	196918	5862296	4776311	1085985	3760263	2138982
2008	66152	232092	6320592	5259003	613924	3934500	2261839
2009	87273	266457	6675043	5271951	635702	3953432	2334507
2010	115984	313182	7569608	6336449	710851	4719375	2676857
2011	206080	631805	12187969	10122453	1103385	7482452	4705518
2012	225349	746820	16427116	14154047	1039688	11686290	5363942
2013	281129	960104	20071977	17306144	1053119	13014844	7106297
2014	293793	691812	26851028	22592936	1465867	18610067	8077389

4-5-7 与文化产业相关的通信业基本情况

Basic Statistics on Communication Service Related with Culture Industries

指标名称	Item	2005	2006	2007
用户规模	**Number of Subscribers**			
移动电话用户(万户)	Mobile Telephone Subscribers (10 000 subscribers)	39340.6	46105.8	54730.6
#移动个性化回铃用户	Subsctibers of Mobile Music Ring Back Tone			
手机报用户	Subscribers of Mobile Newspapers			
(固定)互联网宽带接入用户(万户)	Subscribers with Access to Internet by Broadband (10 000 subscribers)	3735.0	5085.3	6641.4
移动互联网用户(万户)	Subscribers of Mobile Internet (10 000 subscribers)			
宽带电视用户(万户)	Subscribers of Broadband TV (10 000 subscribers)			
手机电视用户(万户)	Subscribers of Mobile TV (10 000 subscribers)			
互联网网民人数(亿人)	Internet Users (100 million persons)	1.11	1.37	2.10
业务使用量	**Business Volume**			
移动短信业务量(亿条)	Short Message Services (100 million messages)	3046.3	4295.4	5945.8
固定互联网宽带接入时长(亿分钟)	Access Length of Fixed Internet by Broadband (100 million minutes)			
移动互联网接入流量(万GB)	Access Volume of Mobile Internet (10 000 GB)			
网页长度(总字节数)(GB)	Length of Webpages (GB)	67300	122306	189160
网站数(万个)	Number of Websites (10 000 units)	69.4	84.0	150.0
网络基础设施投资和能力	**Infrastructure Investmen and Capacity**			
电信固定资产投资(亿元)	Fixed Assets Investment of Telecommunication (100 million yuan)	2097.8	2214.0	2370.1
#互联网及数据通信	Internet and Data Communication			
移动电话基站(万个)	Base Stations of Mobile Phones (10 000 units)	36.2	44.2	54.6
光缆线路长度(万公里)	Length of Optical Cable Lines (10 000 km)	407.3	428	577.7
互联网宽带接入端口(万个)	Broad Band Subscribers Port of Internet (10 000 ports)	4874.7	6486.4	8539.3
IPv4地址数(万个)	Number of IPv4 Addresses (10 000 units)	7437.0	9802.0	13527.0
IPv6地址数(块/32)	Number of IPv6 Addresses (piece/32)			
互联网国际出口带宽(Mbps)	International Internet Bandwidth (Mbps)	136106	256696	368927
服务水平	**Service**			
移动电话普及率(部/百人)	Popularization Rate of Mobile Telephone (sets/100 persons)	30.3	35.3	41.6
互联网普及率(%)	Popularization Rate of Internet (%)	8.5	10.5	16.0
移动电话漫游国家和地区(个)	Countries(Regions)with Mobile Phone Roaming (unit)	203	219	231
开通互联网业务的行政村比重(%)	Percentage of Administrative Village with Access to Internet (%)			
开通互联网宽带业务的行政村比重(%)	Percentage of Administrative Village with Access to Internet by Broadband (%)			
增值电信服务	**Value-added Telecom**			
增值电信服务企业数(个)	Number of Enterprises Engaged in Value-added Telecom (unit)			19857
从事增值电信业务人员(人)	Number of Enmployed Persons (person)			508371
增值电信业务收入(亿元)	Revenue from Value-added Telecom (100 million yuan)			432.8

4-5-7 续表 1 continued

指 标 名 称	Item	2008	2009	2010
用户规模	**Number of Subscribers**			
移动电话用户(万户)	Mobile Telephone Subscribers (10 000 subscribers)	64124.5	74721.4	85900.3
#移动个性化回铃用户	Subsctibers of Mobile Music Ring Back Tone		48311.0	57408.2
手机报用户	Subscribers of Mobile Newspapers			11189.7
(固定)互联网宽带接入用户(万户)	Subscribers with Access to Internet by Broadband (10 000 subscribers)	8287.9	10397.8	12629.1
移动互联网用户(万户)	Subscribers of Mobile Internet (10 000 subscribers)		37709.6	51520.8
宽带电视用户(万户)	Subscribers of Broadband TV (10 000 subscribers)			719.0
手机电视用户(万户)	Subscribers of Mobile TV (10 000 subscribers)			909.5
互联网网民人数(亿人)	Internet Users (100 million persons)	2.98	3.84	4.57
业务使用量	**Business Volume**			
移动短信业务量(亿条)	Short Message Services (100 million messages)	6996.9	7726.5	8277.5
固定互联网宽带接入时长(亿分钟)	Access Length of Fixed Internet by Broadband (100 million minutes)			104017.5
移动互联网接入流量(万GB)	Access Volume of Mobile Internet (10 000 GB)		1175.3	39935.9
网页长度(总字节数)(GB)	Length of Webpages (GB)	438898	1010848	1833476
网站数(万个)	Number of Websites (10 000 units)	287.8	323.2	190.8
网络基础设施投资和能力	**Infrastructure Investmen and Capacity**			
电信固定资产投资(亿元)	Fixed Assets Investment of Telecommunication (100 million yuan)	3068.0	3773.1	3021.6
#互联网及数据通信	Internet and Data Communication	232.4	342.7	405.8
移动电话基站(万个)	Base Stations of Mobile Phones (10 000 units)	69.0	111.1	139.8
光缆线路长度(万公里)	Length of Optical Cable Lines (10 000 km)	677.8	829.5	996.2
互联网宽带接入端口(万个)	Broad Band Subscribers Port of Internet (10 000 ports)	10890.4	13835.7	18781.1
IPv4地址数(万个)	Number of IPv4 Addresses (10 000 units)	18127.3	23244.6	27763.7
IPv6地址数(块/32)	Number of IPv6 Addresses (piece/32)		63	401
互联网国际出口带宽(Mbps)	International Internet Bandwidth (Mbps)	640287	866367	1098957
服务水平	**Service**			
移动电话普及率(部/百人)	Popularization Rate of Mobile Telephone (sets/100 persons)	48.5	56.3	64.4
互联网普及率(%)	Popularization Rate of Internet (%)	22.6	28.9	34.3
移动电话漫游国家和地区(个)	Countries(Regions)with Mobile Phone Roaming (unit)	237	237	239
开通互联网业务的行政村比重(%)	Percentage of Administrative Village with Access to Internet (%)			94.8
开通互联网宽带业务的行政村比重(%)	Percentage of Administrative Village with Access to Internet by Broadband (%)			80.1
增值电信服务	**Value-added Telecom**			
增值电信服务企业数(个)	Number of Enterprises Engaged in Value-added Telecom (unit)	20195	19558	20071
从事增值电信业务人员(人)	Number of Enmployed Persons (person)	490731	591121	763548
增值电信业务收入(亿元)	Revenue from Value-added Telecom (100 million yuan)	640.5	864.2	1223.6

4-5-7 续表 2 continued

指 标 名 称	Item	2011	2012	2013	2014
用户规模	**Number of Subscribers**				
移动电话用户(万户)	Mobile Telephone Subscribers (10 000 subscribers)	98625.3	111215.5	122911.3	128609.3
#移动个性化回铃用户	Subsctibers of Mobile Music Ring Back Tone	61414.3	60838.4	60249.9	-
手机报用户	Subscribers of Mobile Newspapers	16105.7	9592.5	8746.5	-
(固定)互联网宽带接入用户(万户)	Subscribers with Access to Internet by Broadband (10 000 subscribers)	15000.1	17518.3	18890.9	20048.3
移动互联网用户(万户)	Subscribers of Mobile Internet (10 000 subscribers)	63432.3	76436.5	80756.3	87522.1
宽带电视用户(万户)	Subscribers of Broadband TV (10 000 subscribers)	1348.8	2174.3	2842.5	3363.7
手机电视用户(万户)	Subscribers of Mobile TV (10 000 subscribers)	5676.2	7085.1	4411.2	-
互联网网民人数(亿人)	Internet Users (100 million persons)	5.1	5.6	6.2	6.5
业务使用量	**Business Volume**				
移动短信业务量(亿条)	Short Message Services (100 million messages)	8790.0	8973.1	8567.0	7674.2
固定互联网宽带接入时长(亿分钟)	Access Length of Fixed Internet by Broadband (100 million minutes)	197701.8	278468.2	325447.5	414354.8
移动互联网接入流量(万GB)	Access Volume of Mobile Internet (10 000 GB)	54083.1	87926.1	126715.7	206193.6
网页长度(总字节数)(GB)	Length of Webpages (GB)	3160028	4902328	7133363	8879006
网站数(万个)	Number of Websites (10 000 units)	229.6	268.1	320.2	334.9
网络基础设施投资和能力	**Infrastructure Investmen and Capacity**				
电信固定资产投资(亿元)	Fixed Assets Investment of Telecommunication (100 million yuan)	3382.2	3616.2	3742.6	4006.2
#互联网及数据通信	Internet and Data Communication	438.4	417.9	511.1	400.2
移动电话基站(万个)	Base Stations of Mobile Phones (10 000 units)	175.2	206.6	241.0	350.8
光缆线路长度(万公里)	Length of Optical Cable Lines (10 000 km)	1211.9	1479.3	1745.4	2061.3
互联网宽带接入端口(万个)	Broad Band Subscribers Port of Internet (10 000 ports)	23239.4	32108.4	35945.3	40546.1
IPv4地址数(万个)	Number of IPv4 Addresses (10 000 units)	33044.0	33053.5	33030.8	33198.8
IPv6地址数(块/32)	Number of IPv6 Addresses (piece/32)	9398	12535	16670	18797
互联网国际出口带宽(Mbps)	International Internet Bandwidth (Mbps)	1389529	1899792	3406824	4118663
服务水平	**Service**				
移动电话普及率(部/百人)	Popularization Rate of Mobile Telephone (sets/100 persons)	73.6	82.5	90.3	-
互联网普及率(%)	Popularization Rate of Internet (%)	38.3	42.1	45.8	-
移动电话漫游国家和地区(个)	Countries(Regions)with Mobile Phone Roaming (unit)	258	258	258	258
开通互联网业务的行政村比重(%)	Percentage of Administrative Village with Access to Internet (%)	94.8	94.9	-	-
开通互联网宽带业务的行政村比重(%)	Percentage of Administrative Village with Access to Internet by Broadband (%)	84.0	87.9	91.0	93.5
增值电信服务	**Value-added Telecom**				
增值电信服务企业数(个)	Number of Enterprises Engaged in Value-added Telecom (unit)	21291	20815	22099	24001
从事增值电信业务人员(人)	Number of Enmployed Persons (person)	771988	788256	839916	807999
增值电信业务收入(亿元)	Revenue from Value-added Telecom (100 million yuan)	1813.9	2510.7	3317.0	4229.4

5

港澳台地区统计资料

Statistical Indicators of
Hong Kong, Macao and Taiwan, China

5-1-1 香港文化及创意产业增加值
Value Added of the Cultural and Creative Industries of Hong Kong, China

单位：百万港元，% (HKD million,%)

项 目	Item	2005	2006	2007	2008
文化及创意产业增加值	**Value-added of Cultural and Creative Industries**	**52258**	**57309**	**65117**	**63275**
艺术品、古董及工艺品	Art, Antiques and Crafts	4223	4437	5446	5470
文化教育及图书馆、档案保存和博物馆服务	Cultural Education and Library, Archive and Museum Services				984
表演艺术	Performing Arts	661	628	726	706
电影及录像和音乐	Film, Video and Music	2243	3401	3564	3122
电视及电台	Television and Radio	5543	5018	5232	4614
出版	Publishing	14145	14908	17445	15716
软件、电脑游戏及互动媒体	Software, Computer Games and Interactive Media	16508	19240	21253	18204
设计	Design	1001	1291	1459	2683
建筑	Architecture	3161	3484	3452	4941
广告	Advertising	3869	4056	5713	6075
娱乐服务	Amusement Services	904	847	827	759
文化及创意产业增加值占本地生产总值百分比	**% of GDP**	**3.8**	**3.9**	**4.1**	**3.9**

注：1. 资料来自中国香港特别行政区政府统计处。
2. 2008年之前的文化及创意产业数据不包括文化教育及图书馆、档案保存和博物馆服务，故与2008年及以后年份数据不可比(下表同)。

a)Data source: Census and Statistics Department of Hong Kong SAR.

b)Figures for 2008 and onwards are not strictly comparable with those of earlier years where data for cultural education and library, archive and museum services are not covered. The same applies to the table following.

5-1-1 续表 continued

单位：百万港元，% (HKD million,%)

项 目	Item	2009	2010	2011	2012	2013
文化及创意产业增加值	**Value-added of Cultural and Creative Industries**	**63266**	**77573**	**89551**	**97837**	**106050**
艺术品、古董及工艺品	Art, Antiques and Crafts	5631	7121	10142	11446	13633
文化教育及图书馆、档案保存和博物馆服务	Cultural Education and Library, Archive and Museum Services	976	1065	1137	1161	1246
表演艺术	Performing Arts	824	862	872	932	876
电影及录像和音乐	Film, Video and Music	2741	2982	3239	3643	3524
电视及电台	Television and Radio	4189	5677	7322	7043	7986
出版	Publishing	12329	13655	13329	14066	14112
软件、电脑游戏及互动媒体	Software, Computer Games and Interactive Media	21429	27263	32663	37755	40265
设计	Design	2289	2932	3615	3310	3711
建筑	Architecture	6674	7968	8537	9261	9762
广告	Advertising	5250	6805	7128	7322	8682
娱乐服务	Amusement Services	932	1244	1566	1899	2253
文化及创意产业增加值占本地生产总值百分比	**% of GDP**	**4.0**	**4.5**	**4.7**	**4.9**	**5.1**

5-1-2 香港文化及创意产业就业人数
Number of Persons Engaged in the Cultural and Creative Industries of Hongkong, China

单位：人，% (person,%)

项 目	Item	2005	2006	2007	2008
文化及创意产业就业人数	**Number of Persons Engaged in Cultural and Creative Industries**	**171990**	**177200**	**180620**	**191260**
艺术品、古董及工艺品	Art, Antiques and Crafts	18020	18340	17730	17620
文化教育及图书馆、档案保存和博物馆服务	Cultural Education and Library, Archive and Museum Services				7310
表演艺术	Performing Arts	2610	3010	3020	2910
电影及录像和音乐	Film, Video and Music	14010	14820	15670	15180
电视及电台	Television and Radio	7350	6600	6150	6960
出版	Publishing	47010	47540	47690	46950
软件、电脑游戏及互动媒体	Software, Computer Games and Interactive Media	39930	41540	42730	43850
设计	Design	9610	9030	10260	11100
建筑	Architecture	10560	10700	11410	12890
广告	Advertising	16000	17410	18120	18450
娱乐服务	Amusement Services	6890	8210	7830	8040
占总就业人数的百分比	**% Share of Total Employment**	**5.1**	**5.2**	**5.2**	**5.4**

资料来源：中国香港特别行政区政府统计处。
Data source: Census and Statistics Department of Hong Kong SAR.

5-1-2 续表 continued

单位：人，% (person,%)

项 目	Item	2009	2010	2011	2012	2013
文化及创意产业就业人数	**Number of Persons Engaged in Cultural and Creative Industries**	**188250**	**189430**	**192930**	**200370**	**207490**
艺术品、古董及工艺品	Art, Antiques and Crafts	16910	16600	17160	17730	18430
文化教育及图书馆、档案保存和博物馆服务	Cultural Education and Library, Archive and Museun Services	7450	8410	8810	9100	9420
表演艺术	Performing Arts	2910	3010	3370	3810	4200
电影及录像和音乐	Film, Video and Music	14500	14270	14180	14700	14990
电视及电台	Television and Radio	5790	5440	5460	5730	6420
出版	Publishing	46500	45680	44550	44220	43900
软件、电脑游戏及互动媒体	Software, Computer Games and Interactive Media	43790	44700	46600	49700	52600
设计	Design	11300	12080	13150	14140	15120
建筑	Architecture	12720	13310	14030	14670	15310
广告	Advertising	18390	17820	17600	18320	18510
娱乐服务	Amusement Services	7980	8110	8000	8230	8590
占总就业人数的百分比	**% Share of Total Employment**	**5.4**	**5.4**	**5.4**	**5.5**	**5.6**

5-1-3 香港文化及创意产品进出口情况

Total Exports and Imports of Cultural and Creative Goods of Hongkong, China

单位：百万港元，%　　(HKD million,%)

项　目	Item	2005	2006	2007	2008
文化及创意产品的出口	**Exports of Cultural and Creative Goods**	**422365**	**453666**	**422756**	**439342**
古董及工艺品产品	Antiques and Crafts Goods	9860	10133	10672	10496
视觉艺术及设计产品	Visual arts and Design Goods	44926	43792	47849	50010
视听及互动媒体产品	Audio-visual and Interactive Media Goods	316487	347798	303884	317928
表演艺术及节庆产品	Performing Arts and Celebration Goods	40125	39748	46491	46267
出版产品(书籍及报刊)	Publishing Goods (Books and Press)	10967	12195	13860	14641
占整体出口的百分比	**% of Total Exports of Goods**	**18.8**	**18.4**	**15.7**	**15.6**
文化及创意产品的进口	**Imports of Cultural and Creative Goods**	**357412**	**403146**	**413691**	**438975**
古董及工艺品产品	Antiques and Crafts Goods	8703	9607	10847	10187
视觉艺术及设计产品	Visual arts and Design Goods	35187	34646	41953	48755
视听及互动媒体产品	Audio-visual and Interactive Media Goods	276249	320551	309993	327244
表演艺术及节庆产品	Performing Arts and Celebration Goods	30807	30904	42228	43737
出版产品(书籍及报刊)	Publishing Goods (Books and Press)	6466	7438	8670	9052
占整体进口的百分比	**% of Total Imports of Goods**	**15.3**	**15.5**	**14.4**	**14.5**

资料来源：中国香港特别行政区政府统计处。
Data source: Census and Statistics Department of Hong Kong SAR.

5-1-3 续表 continued

单位：百万港元，%　　(HKD million,%)

项　目	Item	2009	2010	2011	2012	2013
文化及创意产品的出口	**Exports of Cultural and Creative Goods**	**371644**	**449803**	**495826**	**537874**	**507105**
古董及工艺品产品	Antiques and Crafts Goods	8363	9849	11194	10696	11505
视觉艺术及设计产品	Visual arts and Design Goods	37235	44990	56400	63450	66430
视听及互动媒体产品	Audio-visual and Interactive Media Goods	273635	334621	362876	393864	364993
表演艺术及节庆产品	Performing Arts and Celebration Goods	40355	47294	52010	57469	52204
出版产品(书籍及报刊)	Publishing Goods (Books and Press)	12056	13049	13346	12395	11973
占整体出口的百分比	**% of Total Exports of Goods**	**15.1**	**14.8**	**14.9**	**15.7**	**14.2**
文化及创意产品的进口	**Imports of Cultural and Creative Goods**	**392782**	**477698**	**545928**	**609622**	**596230**
古董及工艺品产品	Antiques and Crafts Goods	8656	10946	15287	13394	14005
视觉艺术及设计产品	Visual arts and Design Goods	40599	58888	91783	106054	110480
视听及互动媒体产品	Audio-visual and Interactive Media Goods	289894	347103	370599	415080	399201
表演艺术及节庆产品	Performing Arts and Celebration Goods	45804	51944	59015	66266	64222
出版产品(书籍及报刊)	Publishing Goods (Books and Press)	7829	8817	9244	8828	8322
占整体进口的百分比	**% of Total Imports of Goods**	**14.6**	**14.2**	**14.5**	**15.6**	**14.7**

5-1-4 香港文化及创意服务输出和输入情况
Exports and Imports of Cultural and Creative Services of HongKong, China

单位：百万港元，% (HKD million,%)

项 目	Item	2005	2006	2007	2008
文化及创意服务的输出	**Exports of Cultural and Creative Services**	**13632**	**14628**	**16602**	**20921**
广告、市场研究及公众意见调查服务	Advertising, Market Research and Public Opinion Polling Services	4117	4292	4770	4748
建筑、工程、科学及其他技术服务	Architectural, Engineering and Other Technical Services	2281	2153	3150	3988
电脑服务	Computer Services	1608	2337	1613	4754
资讯服务	Information Services	451	443	545	551
视听及有关服务	Audio-visual and Related Services	1907	2006	1945	1775
其他个人、文化及康乐服务	Other Personal, Cultural and Recreational Services	1023	1219	1679	2077
研究及发展服务	Research and Development Services	412	228	236	363
特许经营权及商标以外的知识产权使用费	Charges for the Use of Intellectual Property Rights Other Than Franchises and Trademarks	1833	1950	2664	2665
占服务输出总额的百分比	**% of Total Exports of Services**	**3.7**	**3.5**	**3.3**	**3.8**
文化及创意服务的输入	**Imports of Cultural and Creative Services**	**15595**	**15261**	**17548**	**20297**
广告、市场研究及公众意见调查服务	Advertising, Market Research and Public Opinion Polling Services	2557	2515	3129	3282
建筑、工程、科学及其他技术服务	Architectural, Engineering and Other Technical Services	712	678	824	1107
电脑服务	Computer Services	2884	2405	2703	3495
资讯服务	Information Services	435	481	593	490
视听及有关服务	Audio-visual and Related Services	278	275	304	654
其他个人、文化及康乐服务	Other Personal, Cultural and Recreational Services	125	158	230	466
研究及发展服务	Research and Development Services	1174	1757	1560	1524
特许经营权及商标以外的知识产权使用费	Charges for the Use of Intellectual Property Rights Other Than Franchises and Trademarks	7430	6992	8205	9279
占服务输入总额的百分比	**% of Total Imports of Services**	**3.6**	**3.1**	**3.3**	**3.6**

资料来源：中国香港特别行政区政府统计处。
Data source: Census and Statistics Department of Hong Kong SAR.

5-1-4 续表 continued

单位：百万港元，% (HKD million,%)

项 目	Item	2009	2010	2011	2012	2013
文化及创意服务的输出	**Exports of Cultural and Creative Services**	**19707**	**22185**	**24276**	**25771**	**25065**
广告、市场研究及公众意见调查服务	Advertising, Market Research and Public Opinion Polling Services	4902	5063	5701	6090	6451
建筑、工程、科学及其他技术服务	Architectural, Engineering and Other Technical Services	3595	3745	3731	3946	3815
电脑服务	Computer Services	4787	6307	6621	7027	7293
资讯服务	Information Services	509	570	742	766	760
视听及有关服务	Audio-visual and Related Services	881	869	858	869	732
其他个人、文化及康乐服务	Other Personal, Cultural and Recreational Services	2162	2441	2820	2807	1087
研究及发展服务	Research and Development Services	350	395	535	606	903
特许经营权及商标以外的知识产权使用费	Charges for the Use of Intellectual Property Rights Other Than Franchises and Trademarks	2521	2795	3268	3660	4024
占服务输出总额的百分比	**% of Total Exports of Services**	**3.9**	**3.5**	**3.4**	**3.4**	**3.1**
文化及创意服务的输入	**Imports of Cultural and Creative Services**	**20674**	**23544**	**24316**	**25340**	**25189**
广告、市场研究及公众意见调查服务	Advertising, Market Research and Public Opinion Polling Services	3031	3725	3984	4498	4386
建筑、工程、科学及其他技术服务	Architectural, Engineering and Other Technical Services	1382	1971	2483	2544	2593
电脑服务	Computer Services	3733	3788	3481	3706	4260
资讯服务	Information Services	555	596	730	774	1127
视听及有关服务	Audio-visual and Related Services	304	307	495	544	464
其他个人、文化及康乐服务	Other Personal, Cultural and Recreational Services	423	341	233	320	289
研究及发展服务	Research and Development Services	1135	908	917	1047	1069
特许经营权及商标以外的知识产权使用费	Charges for the Use of Intellectual Property Rights Other Than Franchises and Trademarks	10111	11908	11993	11907	11001
占服务输入总额的百分比	**% of Total Imports of Services**	**4.4**	**4.3**	**4.2**	**4.3**	**4.3**

5-2-1 澳门文化活动参与情况

Basic Statistics on Arts Attendance of Macao,China

单位：% (%)

类 别	Category	2014					
		总参与率 Total Participation Rate	去电影院 Visiting Movie Theaters	参观博物馆或世遗景点 Visiting Museums or Historic Spots	去图书馆 Visiting Libraries	观看表演 Performing Arts Attendance	参观艺术展览 Visting Art Exhibition
总 计	**Total**	**53.6**	**32.6**	**22.6**	**22.4**	**20.7**	**7.6**
按性别分组	**By Sex**						
男	Male	50.2	32.1	21.3	19.6	16.4	6.7
女	Female	56.7	33.2	23.9	25.0	24.7	8.5
按年龄分组	**By Age**						
16-24岁	Aged 16-24	80.1	61.7	28.0	47.2	37.6	11.7
25-34岁	Aged 25-34	71.2	57.4	26.4	22.6	24.0	6.8
35-44岁	Aged 35-44	47.8	28.0	24.4	19.6	16.3	7.6
45-54岁	Aged 45-54	39.6	15.3	19.6	15.4	14.4	8.4
55岁及以上	Aged 55 and Over	37.2	9.6	17.0	16.0	16.4	5.5
按教育程度分组	**By Education Attainment**						
小学教育	Primary Education	32.4	11.3	12.6	13.6	12.6	2.8
初中教育	Junior Secondary Education	48.8	25.3	21.7	21.4	18.0	7.4
高中教育	Senior Secondary Education	56.4	37.3	21.6	21.3	19.5	6.5
高等教育	Higher Education	76.3	56.1	34.3	33.9	32.9	13.8
其 他	Other Education	27.0	4.6	12.5	9.4	10.8	2.3
按经济活动状况分组	**By Economic Activity Status**						
劳动人口	Economically Active Population	53.4	34.9	22.3	19.2	19.1	7.4
非劳动人口	Non-economically Active Population	54.0	26.7	23.6	31.1	25.0	8.1

5-2-1 续表 continued

单位：% (%)

类 别	Category	2013 总参与率 Total Participation Rate	去电影院 Visiting Movie Theaters	参观博物馆或世遗景点 Visiting Museums or Historic Spots	去图书馆 Visiting Libraries	观看表演 Performing Arts Attendance	参观艺术展览 Visting Art Exhibition
总 计	**Total**	**56.7**	**32.4**	**27.1**	**23.1**	**20.6**	**8.3**
按性别分组	**By Sex**						
男	Male	56.6	33.9	26.7	22.6	19.8	8.5
女	Female	56.8	31.2	27.5	23.6	21.4	8.1
按年龄分组	**By Age**						
16-24岁	Aged 16-24	84.5	63.1	32.2	47.2	30.0	10.6
25-34岁	Aged 25-34	67.6	51.7	26.8	21.1	23.4	7.6
35-44岁	Aged 35-44	55.6	28.8	34.5	21.8	19.3	9.6
45-54岁	Aged 45-54	42.2	16.6	23.3	15.9	16.3	7.2
55岁及以上	Aged 55 and Over	41.1	10.0	21.7	16.6	16.4	7.2
按教育程度分组	**By Education Attainment**						
小学教育	Primary Education	37.3	12.7	20.3	14.6	12.0	5.6
初中教育	Junior Secondary Education	50.6	25.3	24.2	22.0	17.2	5.6
高中教育	Senior Secondary Education	62.1	36.3	29.7	25.7	20.7	6.8
高等教育	Higher Education	80.1	58.1	36.4	32.1	33.2	16.2
其 他	Other Education	26.8	4.7	13.3	8.8	10.3	2.5
按经济活动状况分组	**By Economic Activity Status**						
劳动人口	Economically Active Population	56.2	34.6	27.3	19.0	20.0	8.4
非劳动人口	Non-economically Active Population	57.9	26.6	26.8	34.2	22.2	7.9

5-2-2 澳门会展业基本情况
Basic Statistics on Exhibition Industry of Macao,China

指 标	Index	2011	2012	2013	2014
举办会议数(个)	Number of Conventions (unit)	994	961	964	706
举办商业展览数(个)	Number of Commercial Exhibitions (unit)	51	61	66	87
参与会展人次(千人次)	Number of Persons Participated (1000 person-times)	1278	1613	2034	2586

5-2-3 澳门表演及文化展览情况
Basic Statistics on Public Performance and Cultural Exhibitions of Macao,China

单位：场，人次 (show,person-time)

指 标	Index	2010	2011	2012	2013	2014
总 计	**Total**					
场次	Number of sessions	14575	14715	34820	38593	41431
观众人次	Number of Audiences	3151360	3713827	6929448	7500776	6710179
舞 蹈	Dance					
场次	Number of sessions	170	214	257	220	414
观众人次	Number of Audiences	167918	165848	85553	57978	119415
音乐会	Concerts					
场次	Number of sessions	312	445	498	1143	1387
观众人次	Number of Audiences	179634	204281	347980	427194	481850
综合表演	Variety Show					
场次	Number of sessions	230	1304	791	1375	1010
观众人次	Number of Audiences	181489	300273	1085615	1387970	1148838
戏 剧	Theatres					
场次	Number of sessions	228	565	738	825	835
观众人次	Number of Audiences	93435	187006	197033	265609	201764
电 影	Movies					
场次	Number of sessions	9166	9734	31243	34042	36130
观众人次	Number of Audiences	631831	647549	1854029	1711503	1724450
文化展览	Cultural Exhibitions					
场次	Number of sessions	479	901	462	583	691
观众人次	Number of Audiences	1024201	1416795	2442807	2348133	2390072
其 他	Others					
场次	Number of sessions	3990	1552	831	405	964
观众人次	Number of Audiences	872852	792075	916431	1302389	643790

5-2-4 澳门公共图书馆及阅览室情况

Basic Statistics on Public Libraries and Reading Rooms of Macao,China

指　标	Index	2010	2011	2012	2013	2014
图书馆及阅览室（个）	Number of Libraries and Reading Rooms (unit)	55	54	60	65	66
图书馆工作人员（人）	Number of Staff (person)	268	301	313	346	359
坐席数（个）	Seating Capacity (unit)	4450	4617	4971	5215	7581
购书总支出（千澳门元）	Total Expenditure on Purchase of Books (1000 MOP)	54136	58677	67780	68609	81813
藏书量（册）	Number of Books (copy)	1821262	2003949	1946457	2158707	1908109
期刊杂志（份）	Number of Periodicals (piece)	10615	10531	10748	13669	13093
多媒体资料（套）	Multi-media Materials (Set)	1162029	4319431	2150336	2386799	2548149
#电子书籍	Electronic Books	878641	4022912	1826444	1953972	2156780
电子期刊杂志	Electronic Journals	196413	214382	247711	338170	315971
接待人次（人次）	Number of Visitors (person-time)	4062561	4108584	4409936	4469786	4756487

5-2-5 澳门出版、博物馆及广播电影电视情况
Basic Statistics on Publishing, Museums,Radio, TV and Films

指 标	Index	2010	2011
出版	**Publishing**		
图书	Books		
出版种数（种）	Number of Publications (kind)	460	509
日报	Daily newspapers		
出版种数（种）	Number of Publications (kind)	14	14
发行量（千份）	Circulation (1000 pieces)	85366.2	90821.1
期刊	Periodicals		
出版种数（种）	Number of Publications (kind)	38	40
发行量（千份）	Circulation (1000 pieces)	7492.4	8481
博物馆	**Museums**		
个数（个）	Number of Museums (unit)	21	21
参观人次（千人次）	Number of Visitors (1000 person-times)	1804.6	2959.2
广电影视	**Radio,TV and Films**		
电视及广播发射台（个）	Number of Television and Radio Broadcasting Stations (unit)	10	10
电影院（个）	Number of Cinemas (unit)	4	5
银幕（个）	Number of Screens (unit)	7	16
坐席数（个）	Seating capacity (seat)	2857	3682
电影票房收入(千澳门元)	Ticket Sales (1000 MOP)		32322

注：1.图书指配有国际标准书号的图书。
2.部分刊物未能提供发行量。
3.部分博物馆未能提供入馆人次。
a)Books referrs to those with international standard book number.
b)Unavailability of data on circulation of some periodicals.
c) Unavailability of data on visitors of some museums .

5-2-5 续表 continued

指 标	Index	2012	2013	2014
出版	**Publishing**			
图书	Books			
出版种数（种）	Number of Publications (kind)	539	641	632
日报	Daily newspapers			
出版种数（种）	Number of Publications (kind)	16	16	17
发行量（千份）	Circulation (1000 pieces)	112921	111088	121417
期刊	Periodicals			
出版种数（种）	Number of Publications (kind)	38	44	54
发行量（千份）	Circulation (1000 pieces)	10 842	11 426	10 197
博物馆	**Museums**			
个数（个）	Number of Museums (unit)	21	21	22
参观人次（千人次）	Number of Visitors (1000 person-times)	3 634	4 057	4 553
广电影视	**Radio,TV and Films**			
电视及广播发射台（个）	Number of Television and Radio Broadcasting Stations (unit)	10	10	10
电影院（个）	Number of Cinemas (unit)	5	5	5
银幕（个）	Number of Screens (unit)	16	16	16
坐席数（个）	Seating capacity (seat)	3 682	3 682	3 682
电影票房收入(千澳门元)	Ticket Sales (1000 MOP)	91 933	106 316	123 288

5-3-1 台湾省文化创意产业企业情况

Basic Statistics on Enterprises of Cultural and Creative Industries of Taiwan,China

类 别	Category	2008	2009	2010	2011	2012
企业数（个）	**Total Number if Enterprises (unit)**					
视觉艺术	Visual Arts	2571	2503	2479	2498	2496
音乐及表演艺术	Music and Performancing Arts	1376	1517	1790	2007	2200
文化资产应用及展演设施	Use,Exhibition and Performance of Cultural Assets	51	54	61	80	103
工艺	Art and Antiques	10630	10535	10804	10997	11134
电影	Films	674	700	731	762	803
广播电视	Radio and Television	1548	1568	1579	1557	1561
出版	Press and Publication	7906	7749	7714	7717	7803
广告	Advertising	12543	12565	12845	13237	13543
流行音乐及文化内容	Pop Music and Cultural Content	1856	1837	1894	1921	1944
产品设计	Product Design	2182	2327	2503	2747	2964
视觉传达设计	Visual and Media Design	208	217	243	289	315
品牌时尚设计	Fashion Design	42	55	84	109	134
建筑设计	Architectural Design	6602	6455	6491	6562	6660
营业额（新台币百万元）	**Total Revenue (TWD million)**					
视觉艺术	Visual Arts	4536	3636	4103	4389	5461
音乐及表演艺术	Music and Performancing Arts	8654	7755	9055	10058	11181
文化资产应用及展演设施	Use,Exhibition and Performance of Cultural Assets	572	682	463	1171	1012
工艺	Art and Antiques	91612	95642	142335	139010	105773
电影	Films	13727	13318	14971	20013	20689
广播电视	Radio and Television	108206	111190	124076	127961	130797
出版	Press and Publication	110490	104146	114713	115091	115286
广告	Advertising	126159	112117	135680	144238	144965
流行音乐及文化内容	Pop Music and Cultural Content	19023	17672	18601	19588	19203
产品设计	Product Design	46073	47588	56358	55795	54459
视觉传达设计	Visual and Media Design	2229	2750	3639	2735	1671
品牌时尚设计	Fashion Design	142	159	208	288	318
建筑设计	Architectural Design	68113	56806	64178	64021	63212

5-3-2 台湾省文创产业营业额与本地生产总值

Total Revenue of Cultural and Creative Industries and GDP of Taiwan,China

项　目	Item	2008	2009	2010	2011	2012
文创产业营业额（新台币百万元）	Total Revenue of Cultural and Creative Industries (TWD million)	678339	648840	766128	784255	757424
本地生产总值（新台币百万元,现价）	Gross Domestic Product (current price, TWD million)	12620150	12481093	13552099	13674346	14042125
本地生产总值(现价)年增长率(%)	Increase Rate of GDP (%)		-1.10	8.58	0.90	2.69
文创营业额占本地生产总值的比率(%)	Total Revenue of Cultural and Creative Industries as % of GDP (%)	5.38	5.20	5.65	5.74	5.39

资料来源：“2013台湾地区文化创意产业发展年报”(以下相关表同)。

a)Data source: Annual Report on Development of Cultural and Creative Industries of Taiwan,2013. The same applies to the relevant tables following.

5-3-3 台湾省文创产业从业人员情况

Basic Statistics on Engaged Persons of Cultural and Creative Industries of Taiwan,China

类　别	Category	2008	2009	2010	2011	2012
从业人员（人）	**Engaged Persons (person)**	**169911**	**164542**	**170539**	**172903**	**172757**
出版	Press and Publication	30790	31463	31461	32466	31156
影片服务、声音录制及音乐出版	Films, Recording and Music	14614	13997	15115	15974	16168
传播及节目播送	Media and Broadcasting	18363	17935	17816	18149	18492
广告业及市场研究	Advertising and Market Research	28456	27407	27936	28842	28018
专门设计服务	Design	13359	13827	14746	16441	18737
艺术表演	Arts and Performance	3439	3634	3535	3617	3693
运动、娱乐及休闲服务	Sports, Entertainment and Leisure	52469	47259	50430	47414	46033
创意生活	Creative Life	8421	9020	9500	10000	10460

6

国际统计资料

International Statistical Indicators

6-1 世界主要国家文化产业增加值占GDP的比重
Contribution of Copyright Industries to GDP in Main Countries

国 家	Country	年 份 Year	文化产业增加值占GDP的比重 Value-added of Industries Related to Culture as Percentage of GDP (%)
阿根廷	Argentina	2013	4.70
澳大利亚	Australia	2011	6.60
不丹	Bhutan	2011	5.46
文莱	Brunei	2011	1.58
保加利亚	Bulgaria	2011	4.54
加拿大	Canada	2004	5.38
哥伦比亚	Colombia	2008	3.30
克罗地亚	Croatia	2007	4.27
多米尼加	Dominica	2012	3.40
格林纳达	Grenada	2012	4.83
芬兰	Finland	2010	4.60
匈牙利	Hungary	2010	7.42
印度尼西亚	Indonesia	2013	4.11
牙买加	Jamaica	2007	4.81
约旦	Jordan	2012	2.43
肯尼亚	Kenya	2009	5.32
韩国	Korea, Rep. of	2012	9.89
拉脱维亚	Latvia	2004	5.05
黎巴嫩	Lebanon	2007	4.75
立陶宛	Lithuania	2012	5.40
马拉维	Malawi	2013	3.46
马来西亚	Malaysia	2008	5.70
墨西哥	Mexico	2006	4.77
荷兰	Netherlands	2009	5.90
巴基斯坦	Pakistan	2010	4.45
巴拿马	Panama	2009	6.35
秘鲁	Peru	2009	2.67
菲律宾	Philippines	2006	4.82
罗马尼亚	Romania	2008	5.55
俄罗斯	Russia	2007	6.06
新加坡	Singapore	2007	6.19
斯洛文尼亚	Slovenia	2010	5.10
南非	South Africa	2011	4.11
圣基茨/尼维斯	St Kitts/Nevis	2012	6.60
圣卢西亚	St Lucia	2012	8.00
圣文森特	St Vincent	2012	5.60
坦桑尼亚	Tanzania	2012	4.56
泰国	Thailand	2012	4.48
特立尼达和多巴哥	Trinidad And Tobago	2011	4.80
乌克兰	Ukraine	2008	2.85
美国	Usa	2013	11.25

注：1.资料来自世界知识产权组织。
a) Data source:WIPO.

6-2 世界主要国家文化从业人员占从业总人员数的比重
Employed Persons Engaged in Copyright Industries as Percentage of Total Employed Persons

国 家	Country	年份 Year	文化从业人员占从业总人员数的比重 Employed Persons Engaged in Copyright Industries as Percentage of Total Employed Persons (%)
阿根廷	Argentina	2013	3.00
澳大利亚	Australia	2011	8.00
不丹	Bhutan	2011	10.09
文莱	Brunei	2011	3.20
保加利亚	Bulgaria	2011	4.92
加拿大	Canada	2004	5.55
哥伦比亚	Colombia	2008	5.80
克罗地亚	Croatia	2007	4.65
多米尼加	Dominica	2012	4.80
格林纳达	Grenada	2012	5.12
芬兰	Finland	2010	3.60
匈牙利	Hungary	2010	7.28
印尼	Indonesia	2013	3.75
牙买加	Jamaica	2007	3.03
约旦	Jordan	2012	2.88
肯尼亚	Kenya	2009	3.26
韩国	Korea, Rep. of	2012	6.24
拉脱维亚	Latvia	2004	5.59
黎巴嫩	Lebanon	2007	4.49
立陶宛	Lithuania	2012	4.92
马拉维	Malawi	2013	3.35
马来西亚	Malaysia	2008	7.50
墨西哥	Mexico	2006	11.01
荷兰	Netherlands	2009	8.80
巴基斯坦	Pakistan	2010	3.71
巴拿马	Panama	2009	3.17
秘鲁	Peru	2009	4.50
菲律宾	Philippines	2006	11.10
罗马尼亚	Romania	2008	4.19
俄罗斯	Russia	2007	7.30
新加坡	Singapore	2007	6.21
斯洛文尼亚	Slovenia	2010	6.80
南非	South Africa	2011	4.08
圣基茨/尼维斯	St Kitts/Nevis	2012	3.10
圣卢西亚	St Lucia	2012	4.40
圣文森特	St Vincent	2012	4.90
坦桑尼亚	Tanzania	2012	5.63
泰国	Thailand	2012	2.85
特立尼达和多巴哥	Trinidad And Tobago	2011	5.00
乌克兰	Ukraine	2008	1.90
美国	Usa	2013	8.35

注：1.资料来自世界知识产权组织。
a) Data source:WIPO.

6-3 世界创意产品进出口情况(2012年)

Basic Statistics on Imported and Exported Creative Goods (2012)

类 别	Category	出口 Exported		
		出口额 (亿美元) Value (USD 100 million)	构成 (%) Percentage	2003-2012年平均增长速度 (%) Average Increase Rate from 2003 to 2012
合计	**Total**	**4738**	**100.0**	**8.7**
工艺品	Art Crafts	343	7.2	4.9
音像产品	Audio Visuals	321	6.8	14.3
设计产品	Design	2849	60.1	9.0
新媒体	New Media	409	8.6	21.2
表演艺术	Performing Art	51	1.1	6.0
出版	Publishing	383	8.1	1.4
视觉艺术	Visual Arts	383	8.1	7.2

6-3 续表 continued

类 别	Category	进口 Imported		
		进口额 (亿美元) Value (USD 100 million)	构成 (%) Percentage	2003-2012年平均增长速度 (%) Average Increase Rate from 2003 to 2012
合计	**Total**	**4317**	**100.0**	**6.6**
工艺品	Art Crafts	277	6.4	1.7
音像产品	Audio Visuals	297	6.9	12.1
设计产品	Design	2551	59.1	6.2
新媒体	New Media	459	10.6	21.5
表演艺术	Performing Art	52	1.2	4.0
出版	Publishing	381	8.8	1.3
视觉艺术	Visual Arts	299	6.9	4.9

注：1. 资料来自联合国贸发会议。
2. 上表中的创意产品包括工艺品(挂毯、庆祝用品、纸制工艺品、柳编工艺品和纱制工艺品)，音像制品(包括电影、CD、DVD和磁带)，设计(包括建筑设计、时尚设计、玻璃器皿设计、室内设计、珠宝设计和玩具设计)，新媒体(包括录制媒体和视频游戏)，表演艺术(包括乐器和乐谱)，出版制品(包括书报刊和其他印刷品)，视觉艺术(包括古董、绘画、摄影和雕刻)以及其他创意品(以下相关表同)。

a)Data source: United Nations Conference on Trade and Development.

b)Creative goods in the table above refer to art crafts (including carpets,celebration,paperware,wickerware and yarn),audio visuals (including film,CD,DVD and tapes),design (including architecture,fashion,glassware,interior,jewellery and toys),new media (including recorded media and vedio games),performing arts(inculding musical insruments and printed music),pulishing (including books,newspaper and other printed matter),visual arts (including antiques,paintings,photography and sculpture) and others. The same applies to the relevant tables following.

6-4 世界创意产品出口情况
Values and Shares of Exported Creative Goods

单位：百万美元 (USD million)

国家(地区)	Country (Region)	2005	2006	2007	2008
世界总出口量	**World**	**287517.0**	**313107.8**	**364422.5**	**417285.3**
#中国	China	54850.9	61898.4	77632.3	90288.7
中国香港	China, Hong Kong SAR	26446.1	26959.2	32889.8	34789.7
中国澳门	China, Macao SAR	74.9	93.9	138.7	171.2
中国台湾	China, Taiwan Province	3107.0	3246.2		
澳大利亚	Australia	977.1	984.4	1118.9	1069.8
奥地利	Austria	4541.3	5048.6	5727.7	6436.3
白俄罗斯	Belarus	271.4	298.6		504.2
比利时	Belgium	7554.3	7590.8	9121.5	9628.4
巴西	Brazil	1044.3	1012.5		1107.5
保加利亚	Bulgaria	214.4	240.4	336.3	377.5
加拿大	Canada	10423.0	10264.9	9803.7	9337.5
智利	Chile	321.3	343.0	354.4	378.8
哥伦比亚	Colombia	426.5	455.0	636.2	729.1
捷克	Czech Republic	2344.9	3023.0	4228.4	5639.1
丹麦	Denmark	3128.3	3246.8	3922.6	4042.6
埃及	Egypt				595.1
爱沙尼亚	Estonia	227.5	244.2	311.9	334.5
芬兰	Finland	928.1	1026.0	1277.0	1220.7
法国	France	12279.3	13513.3	16357.1	17936.6
德国	Germany	21699.9	24644.0	32650.1	36572.9
希腊	Greece	632.1	740.2	831.6	954.3
匈牙利	Hungary	651.5	620.6	824.4	1005.4
印度	India	7442.5	8927.2		
印度尼西亚	Indonesia				
伊朗	Iran (Islamic Republic of)	810.1	841.9		
爱尔兰	Ireland	2170.6	2201.9	3314.6	3069.1
以色列	Israel	526.1	544.8	587.8	614.4
意大利	Italy	20239.3	22656.2	26495.8	27816.2
日本	Japan	5861.8	5203.7	11433.7	11578.6
韩国	Korea, Republic of	3747.4	3840.3	4872.7	5497.2
立陶宛	Lithuania	397.9	506.7	694.8	728.7
马来西亚	Malaysia	2691.2	2996.0		
墨西哥	Mexico	3536.6	3695.9		5364.6
荷兰	Netherlands	6030.8	6658.4	8819.6	11731.9
新西兰	New Zealand	367.1	288.2	306.4	288.5
挪威	Norway	344.3	340.9	379.1	461.0
巴基斯坦	Pakistan	1363.1	1300.8		1262.4
巴拿马	Panama	2.8	612.0		764.3
波兰	Poland	3146.3	3510.9	4585.2	5198.9
葡萄牙	Portugal	784.8	836.8	1083.9	1116.2
罗马尼亚	Romania	1229.4	1298.5	1374.6	1454.8
俄罗斯联邦	Russian Federation	1213.3	1338.5	1493.5	1749.2
沙特阿拉伯	Saudi Arabia	308.5	521.3	525.2	500.7
新加坡	Singapore	2188.5	2516.0	7612.4	8687.8
斯洛伐克	Slovakia	781.8	829.4	1175.6	1356.4
斯洛文尼亚	Slovenia	637.3	691.2	849.4	937.9
南非	South Africa	369.6	322.7	340.9	414.1
西班牙	Spain	4945.5	5042.6	5918.0	6286.6
瑞典	Sweden	3192.1	3493.4	4222.7	4956.9
瑞士	Switzerland	6365.3	7326.7	9185.1	10386.5
泰国	Thailand	3725.6	3815.8	4734.0	5436.5
土耳其	Turkey	3362.4	3514.2	4533.5	5024.3
乌克兰	Ukraine				
英国	United Kingdom	17964.6	18346.2	22888.2	21127.3
美国	United States	23110.3	26783.9	35278.2	37546.0
越南	Viet Nam	1579.0	1924.0		3137.8

6-4 续表 continued

单位：百万美元 (USD million)

国家(地区)	Country (Region)	2009	2010	2011	2012
世界总出口量	**World**	**375306.4**	**416323.0**	**489813.6**	**473791.4**
#中国	China	79715.4	101775.2	129032.7	151181.7
中国香港	China, Hong Kong SAR	29806.4	29829.6	33843.4	34197.5
中国澳门	China, Macao SAR	172.7	6.0		31.9
中国台湾	China, Taiwan Province	6555.7	8548.3	9569.9	9380.4
澳大利亚	Australia	891.2	999.8	1483.5	1340.5
奥地利	Austria	5233.9	5519.2	6074.4	5078.8
白俄罗斯	Belarus	352.8	415.8	511.2	562.9
比利时	Belgium	7988.5	7590.1	8385.8	7610.8
巴西	Brazil	888.5	904.9	945.5	917.4
保加利亚	Bulgaria	270.7	285.3	336.7	358.8
加拿大	Canada	6501.3	7005.7	7211.1	6253.9
智利	Chile	368.5	335.9	450.4	380.8
哥伦比亚	Colombia	514.1	408.2	448.9	452.1
捷克	Czech Republic	4777.3	4976.4	5524.4	5613.7
丹麦	Denmark	3355.8	3758.8	4073.5	3506.0
埃及	Egypt	1047.0	1074.6	1152.5	1144.1
爱沙尼亚	Estonia	297.9	370.5	516.2	535.4
芬兰	Finland	694.9	753.0	835.4	774.8
法国	France	15466.3	16130.7	19669.3	19774.1
德国	Germany	30815.9	29967.2	32892.2	28718.6
希腊	Greece	714.9	769.0	823.3	790.7
匈牙利	Hungary	868.6	958.8	1186.6	1142.9
印度	India	18155.7	13967.2	22211.9	25846.1
印度尼西亚	Indonesia		3004.6	2851.5	3055.2
伊朗	Iran (Islamic Republic of)			1567.2	
爱尔兰	Ireland	2139.4	2065.5	2010.4	1603.8
以色列	Israel	468.0	520.0	613.5	536.3
意大利	Italy	20800.8	23146.0	27022.2	
日本	Japan	8386.1	8909.9	9745.3	7721.0
韩国	Korea, Republic of	4767.7	5572.0	6103.4	5763.0
立陶宛	Lithuania	632.0	764.9	952.9	1025.6
马来西亚	Malaysia	4703.5	5461.4	6085.5	5810.2
墨西哥	Mexico	4394.3	4372.7	4521.1	4491.9
荷兰	Netherlands	9408.9	9208.9	10196.1	9395.2
新西兰	New Zealand	245.1	276.3	316.6	336.5
挪威	Norway	358.1	372.6	425.0	541.9
巴基斯坦	Pakistan	1191.6	1302.4	1244.5	2355.4
巴拿马	Panama	674.3	762.7	872.7	
波兰	Poland	3938.8	4525.0	5282.1	5011.4
葡萄牙	Portugal	933.3	1189.0	1332.9	1406.8
罗马尼亚	Romania	1076.8	1193.8	1424.5	1302.4
俄罗斯联邦	Russian Federation	1348.9	1198.1	1388.3	1617.6
沙特阿拉伯	Saudi Arabia	371.4	589.7	966.9	
新加坡	Singapore	7555.3	9666.3	10585.1	11344.0
斯洛伐克	Slovakia	1228.9	1264.3	1358.6	1288.6
斯洛文尼亚	Slovenia	699.4	630.5	734.2	672.4
南非	South Africa	310.0	363.4	363.7	362.9
西班牙	Spain	5354.3	5152.5	6029.0	5922.1
瑞典	Sweden	4280.9	4169.1	4675.7	4317.2
瑞士	Switzerland	8510.4	9952.6	13016.7	13073.3
泰国	Thailand	4724.9	5848.3	6496.5	6460.4
土耳其	Turkey	4064.4	4891.9	6000.5	7360.9
乌克兰	Ukraine			770.2	787.0
英国	United Kingdom	16793.4	19543.5	20748.4	23082.9
美国	United States	32451.2	33942.6	36262.2	37844.4
越南	Viet Nam	3720.6	5815.9	6115.2	

资料来源：联合国贸发会议。
Data source: United Nations Conference on Trade and Development.
注：中国数据来源于联合国贸发会议。

6-5 世界创意产品进口情况
Values and Shares of Imported Creative Goods

单位：百万美元　　　　(USD million)

国家(地区)	Country (Region)	2005	2006	2007	2008
世界总进口量	**World**	**308093.1**	**328633.8**	**395234.1**	**438496.3**
#中国	China	3610.0	3969.6	9439.5	9855.9
中国香港	China, Hong Kong SAR	19857.0	21832.3	28362.3	31345.5
中国澳门	China, Macao SAR	365.2	488.6	624.6	680.4
中国台湾	China, Taiwan Province	2087.2	2064.8		
阿尔及利亚	Algeria	195.2	179.2	350.7	446.8
阿根廷	Argentina	463.2	577.0	889.5	1086.1
澳大利亚	Australia	4657.6	4907.7	6439.4	7412.8
奥地利	Austria	4805.0	5118.3	6937.5	7312.0
比利时	Belgium	6672.7	6894.1	8293.7	9152.1
巴西	Brazil	658.6	921.8		2052.5
柬埔寨	Cambodia	521.0	714.3	517.8	215.1
加拿大	Canada	10430.0	11528.9	14182.7	15313.0
智利	Chile	672.1	843.1	1088.2	1348.4
哥伦比亚	Colombia	383.1	480.6	691.3	793.3
捷克	Czech Republic	2016.3	2458.5	3658.0	4551.5
丹麦	Denmark	2636.0	3023.0	3891.7	4228.8
埃及	Egypt				585.5
芬兰	Finland	1209.4	1336.4	1905.7	2094.6
法国	France	15557.4	16470.2	21571.8	23867.1
德国	Germany	20168.9	20201.8	26393.9	28453.2
希腊	Greece	2017.7	2126.0	2813.2	3556.3
匈牙利	Hungary	1121.7	1213.5	1672.2	1836.2
印度	India	1146.1	1522.2		
印度尼西亚	Indonesia				
爱尔兰	Ireland	1998.4	2325.6	2859.0	2830.7
以色列	Israel	875.7	929.7	1172.5	1300.7
意大利	Italy	9146.2	10090.5	12828.3	13512.7
日本	Japan	16032.6	16976.7	19612.2	19982.7
哈萨克斯坦	Kazakhstan	329.6	463.0		
韩国	Korea, Republic of	2698.7	3248.1	6297.8	6472.6
卢森堡	Luxembourg	520.4	556.1	804.8	783.6
马来西亚	Malaysia	840.2	899.3		
墨西哥	Mexico	3958.3	4664.1		7123.1
荷兰	Netherlands	6033.6	6579.8	8891.3	13140.8
新西兰	New Zealand	1081.5	1061.0	1311.6	1273.5
挪威	Norway	2277.9	2462.8	3149.6	3482.4
巴拿马	Panama	181.2	742.7		1160.7
巴拉圭	Paraguay	93.1	153.1	204.2	436.3
秘鲁	Peru	271.6	300.5		610.9
波兰	Poland	1758.9	2112.8	3134.7	3970.1
葡萄牙	Portugal	1660.6	1767.5	2258.0	2312.5
罗马尼亚	Romania	991.2	1149.8	1614.8	1847.3
俄罗斯联邦	Russian Federation	1938.8	2511.3	3969.7	5411.6
沙特阿拉伯	Saudi Arabia	1273.5	1358.2	1635.9	247.6
新加坡	Singapore	3079.1	3267.9	5391.1	6207.3
斯洛伐克	Slovakia	597.5	658.5	948.1	1325.1
南非	South Africa	1150.1	1517.7	1748.3	1695.2
西班牙	Spain	7893.8	7964.6	10741.1	11090.7
瑞典	Sweden	3006.2	3269.1	4171.8	4602.0
瑞士	Switzerland	9867.8	10076.5	12404.3	14031.1
泰国	Thailand	1020.9	1146.3	3510.3	4321.6
土耳其	Turkey	1959.1	2380.0	3305.4	3613.2
乌克兰	Ukraine				
英国	United Kingdom	24877.2	27192.6	35527.2	32566.1
美国	United States	83507.4	88071.9	99122.4	93417.2
越南	Viet Nam	760.2	703.3		952.1

6-5 续表 continued

单位：百万美元 (USD million)

国家(地区)	Country (Region)	2009	2010	2011	2012
世界总进口量	**World**	**369880.4**	**410073.5**	**453412.6**	**431703.4**
#中国	China	9377.2	11373.0	14054.1	14196.7
中国香港	China, Hong Kong SAR	27758.5	29511.8	36563.6	37699.3
中国澳门	China, Macao SAR	747.9	974.9		2057.7
中国台湾	China, Taiwan Province	3169.5	4375.1	4920.1	4473.5
阿尔及利亚	Algeria	418.2	457.8	538.2	636.0
阿根廷	Argentina	796.5	1026.4	1199.3	954.5
澳大利亚	Australia	6846.8	7410.7	8309.8	8263.0
奥地利	Austria	6506.9	6547.4	7252.4	6614.2
比利时	Belgium	7712.4	7514.5	8385.9	7389.8
巴西	Brazil	1802.3	2382.9	3122.4	3192.6
柬埔寨	Cambodia	283.0	475.9	719.9	792.6
加拿大	Canada	12951.3	14516.5	14527.0	14636.9
智利	Chile	1012.4	1453.2	1703.0	1869.9
哥伦比亚	Colombia	667.0	815.7	1063.0	1172.9
捷克	Czech Republic	3625.9	3384.6	3718.8	3490.4
丹麦	Denmark	3408.9	3648.2	3721.8	3209.3
埃及	Egypt	637.5	816.5	641.1	675.4
芬兰	Finland	1687.0	1731.2	1830.7	1673.3
法国	France	20255.4	21219.4	23876.4	23062.1
德国	Germany	26600.2	25706.8	29286.5	26460.7
希腊	Greece	2461.6	2035.3	1680.4	1282.0
匈牙利	Hungary	1459.1	1425.2	1529.6	1280.7
印度	India	4140.1	3714.8	5537.1	8916.6
印度尼西亚	Indonesia		1182.6	1463.0	1552.4
爱尔兰	Ireland	2162.3	2091.4	2017.8	1768.7
以色列	Israel	1098.9	1272.4	1436.7	1420.8
意大利	Italy	11244.3	12457.0	13788.2	
日本	Japan	18422.0	19161.3	21571.7	23424.2
哈萨克斯坦	Kazakhstan	654.7	623.2	1074.8	1070.7
韩国	Korea, Republic of	4844.2	6234.6	6840.5	6018.4
卢森堡	Luxembourg	700.0	608.9	678.5	596.0
马来西亚	Malaysia	1182.9	1426.7	1804.4	1972.8
墨西哥	Mexico	5802.2	6127.5	6247.5	5815.0
荷兰	Netherlands	10096.9	10423.9	11388.5	9775.2
新西兰	New Zealand	1111.2	1271.1	1418.5	1444.1
挪威	Norway	2878.6	3021.9	3359.6	3321.3
巴拿马	Panama	899.1	1074.6	1354.9	
巴拉圭	Paraguay	523.0	783.2	781.5	632.2
秘鲁	Peru	519.4	702.7	868.3	1049.9
波兰	Poland	3007.2	3506.5	3696.5	3342.3
葡萄牙	Portugal	1862.1	2075.2	1920.2	1559.6
罗马尼亚	Romania	1387.2	1410.2	1506.1	1258.8
俄罗斯联邦	Russian Federation	4312.0	5869.0	6954.9	8468.6
沙特阿拉伯	Saudi Arabia	601.6	2319.8	3071.5	
新加坡	Singapore	5127.7	6731.0	7631.4	9116.7
斯洛伐克	Slovakia	1185.4	1074.7	1256.9	1230.2
南非	South Africa	1447.7	1893.3	2170.4	2077.9
西班牙	Spain	8055.1	8533.0	8597.0	7337.2
瑞典	Sweden	3598.9	3849.3	4258.1	3828.8
瑞士	Switzerland	13760.1	16997.3	18773.9	18155.7
泰国	Thailand	3296.9	4034.0	4456.6	4084.3
土耳其	Turkey	2656.1	3259.6	3970.0	3687.4
乌克兰	Ukraine			990.1	1202.5
英国	United Kingdom	25584.4	27613.7	31012.8	31522.6
美国	United States	74247.8	84604.4	86394.1	88103.0
越南	Viet Nam	947.6	1406.5	1564.4	

资料来源：联合国贸发会议。
Data source: United Nations Conference on Trade and Development.

6-6 世界主要国家故事影片生产情况
Total Number of National Feature Films Produced in Main Countries

单位：部 (reel)

国 家	Country	2005	2006	2007	2008
阿根廷	Argentina	41	63	48	46
澳大利亚	Australia	25	28	26	33
奥地利	Austria	30	33	32	30
比利时	Belgium	46	69	37	38
巴西	Brazil	40	60	78	79
柬埔寨	Cambodia	41	62	35	25
加拿大	Canada	52	74	99	75
智利	Chile	18	11	12	24
古巴	Cuba	4	6	3	5
捷克	Czech Republic	31	45	30	39
丹麦	Denmark	31	33	29	34
埃及	Egypt	23	59	37	44
芬兰	Finland	20	26	17	25
法国	France	240	203	228	240
德国	Germany	146	174	174	185
希腊	Greece	24	22	33	29
匈牙利	Hungary	26	46	28	30
印度	India	1041	1091	1146	1325
印度尼西亚	Indonesia	50	60	77	88
伊朗	Iran (Islamic Republic of)	26	..	57	51
爱尔兰	Ireland	10	19	24	39
以色列	Israel	22	22	23	35
意大利	Italy	98	116	121	154
日本	Japan	356	417	407	418
卢森堡	Luxembourg	13	14	8	13
马来西亚	Malaysia	23	28	28	28
毛里求斯	Mauritius				
墨西哥	Mexico	53	64	70	70
摩洛哥	Morocco	16	12	15	13
荷兰	Netherlands	51	38	42	62
新西兰	New Zealand	3	6	11	11
尼日利亚	Nigeria	872		914	956
挪威	Norway	24	24	27	30
菲律宾	Philippines	84	65	106	121
波兰	Poland	30	37	40	45
葡萄牙	Portugal	22	32	15	17
韩国	Republic of Korea	87	110	124	113
俄罗斯联邦	Russian Federation	62	59	78	78
新加坡	Singapore	8	10	14	17
南非	South Africa	11	10	9	10
西班牙	Spain	142	150	172	173
瑞典	Sweden	53	46	29	36
瑞士	Switzerland	86	80	87	87
泰国	Thailand	39	42	55	54
土耳其	Turkey	28	35	40	50
英国	United Kingdom of Great Britain and Northern Ireland	106	107	124	279
美国	United States of America	699	673	789	773
越南	Viet Nam	12	10	16	11

6-6 续表 continued

单位：部 (reel)

国 家	Country	2009	2010	2011	2012	2013
阿根廷	Argentina	61		100	141	168
澳大利亚	Australia	45	37	43	29	26
奥地利	Austria	35	46	54	54	46
比利时	Belgium	47			55	70
巴西	Brazil	84	75	99	83	129
柬埔寨	Cambodia	28	26	13		
加拿大	Canada	81	98	86	98	93
智利	Chile	14	14	23	27	31
古巴	Cuba	8	11	10	..	..
捷克	Czech Republic	45	37	45	46	45
丹麦	Denmark	37	49	43	59	69
埃及	Egypt	46	37	28	25	33
芬兰	Finland	25	42	42	49	49
法国	France	230	261	272	279	270
德国	Germany	216	189	212	220	223
希腊	Greece	37	18	43	44	69
匈牙利	Hungary	27	24	..	32	38
印度	India	1288	1274	1255	1602	1724
印度尼西亚	Indonesia	80	82	84	86	..
伊朗	Iran (Islamic Republic of)	62	98	76	67	87
爱尔兰	Ireland	36	34	32	38	34
以色列	Israel	19	29	26	40	55
意大利	Italy	131	142	155	166	167
日本	Japan	448	408	441	554	591
卢森堡	Luxembourg	18	15	16	..	..
马来西亚	Malaysia	27	39	49	76	71
墨西哥	Mexico	66	69	73	112	126
摩洛哥	Morocco	14	19	24	22	22
荷兰	Netherlands	50	65	73	79	68
新西兰	New Zealand	14	21	25	24	25
尼日利亚	Nigeria	987	1074	997	..	..
挪威	Norway	27	27	35	26	29
菲律宾	Philippines	80	40	44	78	53
波兰	Poland	49	60	51	47	31
葡萄牙	Portugal	23	33	30	15	13
韩国	Republic of Korea	158	152	216	204	207
俄罗斯联邦	Russian Federation	78	133	111	109	139
新加坡	Singapore	6	14	15	12	13
南非	South Africa	18	23	22	19	25
西班牙	Spain	186	200	199	182	231
瑞典	Sweden	41	54	43	51	61
瑞士	Switzerland	80	88	84	93	103
泰国	Thailand	37	49	..	..	..
土耳其	Turkey	70	65	70	61	85
英国	United Kingdom of Great Britain and Northern Ireland	313	346	299	326	241
美国	United States of America	751	792	819	738	738
越南	Viet Nam	12	90	75	..	..

资料来源：联合国教科文组织。

Data source: UNESCO.

6-7 世界主要国家电影银幕情况

Total Number of Screens in Main Countries

单位：块 (unit)

国家	Country	2005	2006	2007	2008
阿根廷	Argentina	971	952	821	825
澳大利亚	Australia			1941	1980
奥地利	Austria	568	576	570	577
比利时	Belgium	503	507	513	491
巴西	Brazil	2045	2095	2160	2278
加拿大	Canada		2831		
智利	Chile	292	273	280	299
哥伦比亚	Colombia	444	475	439	472
古巴	Cuba	368	337	296	307
捷克	Czech Republic	667	701	681	689
丹麦	Denmark	389	385	394	397
埃及	Egypt			232	250
芬兰	Finland	332	330	309	313
法国	France	5308	5300	5202	5292
德国	Germany	4889	4848	4832	4810
希腊	Greece	490	500	540	
匈牙利	Hungary	485	440	400	418
印度	India	10500	11183	10189	10120
印度尼西亚	Indonesia		929	681	712
伊朗	Iran (Islamic Republic of)	243	239	240	247
爱尔兰	Ireland	386	415	426	435
意大利	Italy	3794	3785	3087	3141
日本	Japan	2926	3062	3221	3359
马来西亚	Malaysia	265	287	353	453
墨西哥	Mexico	3536	3700	4204	4499
荷兰	Netherlands	694	697	696	717
挪威	Norway	432	429	417	424
菲律宾	Philippines		690	765	770
波兰	Poland	937	931	1008	1043
葡萄牙	Portugal	519	479	546	572
韩国	Republic of Korea			1975	2004
俄罗斯联邦	Russian Federation	1079	1333	1576	1910
新加坡	Singapore	146	167	175	174
南非	South Africa	799	815	831	836
西班牙	Spain	4401	4299	4335	4208
瑞典	Sweden	969	972	933	848
瑞士	Switzerland	537	547	550	564
泰国	Thailand		671	704	737
土耳其	Turkey	1114	1299	1464	1575
英国	United Kingdom of Great Britain and Northern Ireland	3357	3440	3514	3610
美国	United States of America	38143	38415	40077	40194

6-7 续表 continued

单位：块 (unit)

国 家	Country	2009	2010	2011	2012	2013
阿根廷	Argentina	832	799	792	883	895
澳大利亚	Australia	1989	1994	1991	1997	2057
奥地利	Austria	577	584	577	565	548
比利时	Belgium	481	461		500	497
巴西	Brazil	2120	2206	2352	2517	2678
加拿大	Canada					
智利	Chile	301	311	320	342	363
哥伦比亚	Colombia	562	587	647	698	815
古巴	Cuba	313				
捷克	Czech Republic	695	688	668	633	684
丹麦	Denmark	400	399	396	406	414
埃及	Egypt	237	294		282	269
芬兰	Finland	300	289	283	281	279
法国	France	5342	5465	5465	5508	5587
德国	Germany	4734	4699	4640	4617	4610
希腊	Greece		370		482	482
匈牙利	Hungary	408	411			
印度	India	10070	10020			
印度尼西亚	Indonesia	726		763		
伊朗	Iran (Islamic Republic of)	247		438		
爱尔兰	Ireland	442	438	444	438	463
意大利	Italy	3208	3217		3240	3256
日本	Japan	3396	3412	3339	3290	3318
马来西亚	Malaysia	485	571	639		
墨西哥	Mexico	4568	4905	5166	5343	5547
荷兰	Netherlands	751	777	789	806	828
挪威	Norway	422	429	422	415	422
菲律宾	Philippines	770		693	714	747
波兰	Poland	1061	1076	1122	1162	1243
葡萄牙	Portugal	577	562	558	551	544
韩国	Republic of Korea	2055	2003	1974		
俄罗斯联邦	Russian Federation	2133	2424	2726		
新加坡	Singapore	176	169	187		
南非	South Africa	846	857		750	800
西班牙	Spain	4105	4080	4044	4003	3908
瑞典	Sweden	848	832	830	816	774
瑞士	Switzerland	559	558	547	536	533
泰国	Thailand	752	757			
土耳其	Turkey	1810	1874	1968	2093	2170
英国	United Kingdom of Great Britain and Northern Ireland	3651	3651	3767	3817	3867
美国	United States of America	39717	39547	39641	39662	39783

6-8 按产业分美国文化总产出及增加值(2012年)
Output and Value Added of Culture by Industry in America(2012)

单位：百万美元 (USD million)

产 业	Industry	总产出 Industry Output	中间消耗 Intermediate Consumption	增加值 Value-added
合 计	**Total**	**28693462**	**12448878**	**16244584**
核心文化艺术生产	**Core Arts and Cultural Production**	**728949**	**278534**	**450416**
表演艺术	Performing Arts	27900	11124	16776
独立艺术家，作家和表演者	Independent Artists, Writers, And Performers	33796	12801	20995
艺术家经纪人	Agents/Managers For Artists	7187	3026	4161
表演艺术推广	Promoters of Performing Arts and Similar events	23898	14760	9139
博物馆	Museums	12361	6916	5446
广告	Advertising	132889	50131	82757
建筑服务	Architectural Services	31092	11956	19136
风景园林设计服务	**Landscape Architectural Services**	**4304**	**1809**	**2495**
室内设计服务	Interior Design Services	11850	4920	6930
工业设计服务	Industrial Design Services	2359	831	1527
平面设计服务	Graphic Design Services	10597	3657	6939
所有其他设计服务	All Other Design Services	1465	429	1036
电脑系统设计	Computer Systems Design	160142	43283	116859
摄影与冲印服务	**Photography and Photofinishing Services**	**13959**	**5693**	**8266**
美术教育	**Fine Arts Education**	**12263**	**5685**	**6578**
教育服务	**Education Services**	**242888**	**101511**	**141377**
文化艺术辅助生产	**Supporting Arts and Cultural Production**	**6758711**	**2484085**	**4274626**
租赁	Rental and Leasing	30442	12782	17660
其他支持服务	Other Support Services	43851	20904	22948
出版	Publishing	290736	107313	183423
电影	Motion Pictures	120046	23190	96855
录音	Sound Recording	20191	3844	16347
广播	Broadcasting	504342	229092	275249
其他信息服务	Other Information Services	68691	33322	35369
印刷制品生产	Printed Goods Manufacturing	82199	44887	37312
珠宝和银器制造	Jewelry and Silverware Manufacturing	9652	5550	4102
乐器制造	Musical Instruments Manufacturing	1988	1030	957
定制木制品和金属制品制造	Custom Architectural Woodwork and Metalwork Manufacturing	46751	30325	16425
照相机和电影设备制造	Camera and Motion Picture Equipment Manufacturing	2358	994	1364
其他产品制造业	**Other Goods Manufacturing**	**42914**	**23062**	**19852**
赠款和赠与服务	Grant-Making And Giving Services	28657	11914	16743
工会	Unions	68279	18896	49383
政府	Government	1607128	443099	1164029
建筑	Construction	105288	53056	52232
批发及运输行业	Wholesale and Transportation Industries	2207092	870564	1336528
零售行业	**Retail Industries**	**1478107**	**550259**	**927849**
其他产业	**All Other Industries**	**21205802**	**9686259**	**11519543**

6-8 续表 continued

单位：百万美元 (USD million)

产 业	Industry	文化艺术生产卫星账户总产出 ACPSA Output	文化艺术生产卫星账户中间消耗 Consumption ACPSA Intermediate	文化艺术生产卫星账户增加值 ACPSA Value-added
合 计	**Total**	**1132254**	**433559**	**698695**
核心文化艺术生产	**Core Arts and Cultural Production**	**221181**	**92169**	**129011**
表演艺术	Performing Arts	26802	10686	16116
独立艺术家，作家和表演者	Independent Artists, Writers, And Performers	31062	11765	19297
艺术家经纪人	Agents/Managers For Artists	3650	1537	2113
表演艺术推广	Promoters of Performing Arts and Similar events	19753	12200	7553
博物馆	Museums	11520	6445	5075
广告	Advertising	47032	17742	29289
建筑服务	Architectural Services	22600	8691	13910
风景园林设计服务	**Landscape Architectural Services**	**3976**	**1672**	**2305**
室内设计服务	Interior Design Services	10787	4479	6308
工业设计服务	Industrial Design Services	2335	823	1512
平面设计服务	Graphic Design Services	10037	3464	6573
所有其他设计服务	All Other Design Services	903	264	639
电脑系统设计	Computer Systems Design	3695	999	2696
摄影与冲印服务	**Photography and Photofinishing Services**	**13586**	**5541**	**8045**
美术教育	**Fine Arts Education**	**5322**	**2467**	**2855**
教育服务	**Education Services**	**8120**	**3394**	**4726**
文化艺术辅助生产	**Supporting Arts and Cultural Production**	**869321**	**322319**	**547003**
租赁	Rental and Leasing	9116	3828	5288
其他支持服务	Other Support Services	838	400	439
出版	Publishing	123397	45547	77850
电影	Motion Pictures	118822	22954	95868
录音	Sound Recording	20137	3834	16303
广播	Broadcasting	221877	100785	121091
其他信息服务	Other Information Services	62073	30112	31961
印刷制品生产	Printed Goods Manufacturing	17769	9704	8066
珠宝和银器制造	Jewelry and Silverware Manufacturing	9139	5255	3884
乐器制造	Musical Instruments Manufacturing	1854	961	893
定制建筑木制品和金属制品制造	Custom Architectural Woodwork and Metalwork Manufacturing	5414	3512	1902
照相机和电影设备制造	Camera and Motion Picture Equipment Manufacturing	547	231	316
其他产品制造业	**Other Goods Manufacturing**	**4217**	**2266**	**1951**
赠款和赠与服务	Grant-Making And Giving Services	888	369	519
工会	Unions	1586	439	1147
政府	Government	132693	36585	96109
建筑	Construction	20875	10519	10356
批发及运输行业	Wholesale and Transportation Industries	47889	18889	29000
零售行业	**Retail Industries**	**70188**	**26129**	**44059**
其他产业	**All Other Industries**	**41753**	**19071**	**22681**

资料来源：美国经济分析局。
Data Source: BEA.
注：文化艺术生产卫星账户选择美国国内生产总值账户中文化艺术产品和服务的特定一部分，并提供相关信息(下表同)。
a) ACPSA(Arts and Cultural Production Satellite Account)provides information on a select group of arts and cultural goods and services that are currently in the U.S. GDP accounts. The same applies to the table following.

6-9 按产业分类的美国文化从业人员及劳动报酬(2012年)
Employment and Compensation of Culture by Industry in America(2012)

产 业	Industry	从业人员（千人）Total employment (thousands of employees)	劳动报酬（百万美元）Compensation (USD million)
合 计	**Total**	**139741**	**8619970**
核心文化艺术生产	**Core Arts and Cultural Production**	**4821**	**311855**
表演艺术	Performing Arts	104	7080
独立艺术家，作家和表演者	Independent Artists, Writers, And Performers	40	6791
艺术家经纪人	Agents/Managers For Artists	43	2194
表演艺术推广	Promoters of Performing Arts and Similar events	95	3110
博物馆	Museums	131	4458
广告	Advertising	377	32518
建筑服务	Architectural Services	141	14434
风景园林设计服务	**Landscape Architectural Services**	**23**	**2021**
室内设计服务	Interior Design Services	21	1521
工业设计服务	Industrial Design Services	25	919
平面设计服务	Graphic Design Services	65	3650
所有其他设计服务	All Other Design Services	4	750
电脑系统设计	Computer Systems Design	784	102811
摄影与冲印服务	**Photography and Photofinishing Services**	**80**	**3678**
美术教育	**Fine Arts Education**	**99**	**6041**
教育服务	**Education Services**	**2790**	**119880**
文化艺术辅助生产	**Supporting Arts and Cultural Production**	**42160**	**2587306**
租赁	Rental and Leasing	140	4345
其他支持服务	Other Support Services	184	13703
出版	Publishing	814	89990
电影	Motion Pictures	371	28143
录音	Sound Recording	13	2325
广播	Broadcasting	912	78238
其他信息服务	Other Information Services	53	13205
印刷制品生产	Printed Goods Manufacturing	460	25899
珠宝和银器制造	Jewelry and Silverware Manufacturing	28	2635
乐器制造	Musical Instruments Manufacturing	9	806
定制建筑木制品和金属制品制造	Custom Architectural Woodwork and Metalwork Manufacturing	252	12409
照相机和电影设备制造	Camera and Motion Picture Equipment Manufacturing	8	1101
其他产品制造业	**Other Goods Manufacturing**	**193**	**14457**
赠款和赠与服务	Grant-Making And Giving Services	151	11082
工会	Unions	697	45838
政府	Government	13491	1030833
建筑	Construction	464	33097
批发及运输行业	Wholesale and Transportation Industries	8889	666410
零售行业	**Retail Industries**	**15033**	**512789**
其他产业	**All Other Industries**	**92760**	**5720810**

6-9 续表 continued

产 业	Industry	文化艺术生产卫星账户从业人员(千人) ACPSA employment (thousands of employees)	文化艺术生产卫星账户劳动报酬(百万美元) ACPSA compensation (USD million)
合 计	**Total**	**4676**	**334944**
核心文化艺术生产	**Core Arts and Cultural Production**	**956**	**63544**
表演艺术	Performing Arts	100	6802
独立艺术家，作家和表演者	Independent Artists, Writers, And Performers	37	6242
艺术家经纪人	Agents/Managers For Artists	22	1114
表演艺术推广	Promoters of Performing Arts and Similar events	79	2571
博物馆	Museums	122	4155
广告	Advertising	134	11509
建筑服务	Architectural Services	102	10492
风景园林设计服务	**Landscape Architectural Services**	**21**	**1867**
室内设计服务	Interior Design Services	19	1385
工业设计服务	Industrial Design Services	25	910
平面设计服务	Graphic Design Services	61	3457
所有其他设计服务	All Other Design Services	2	462
电脑系统设计	Computer Systems Design	18	2372
摄影与冲印服务	**Photography and Photofinishing Services**	**78**	**3580**
美术教育	**Fine Arts Education**	**43**	**2622**
教育服务	**Education Services**	**93**	**4008**
文化艺术辅助生产	**Supporting Arts and Cultural Production**	**3537**	**260136**
租赁	Rental and Leasing	42	1301
其他支持服务	Other Support Services	4	262
出版	Publishing	345	38195
电影	Motion Pictures	367	27856
录音	Sound Recording	13	2319
广播	Broadcasting	401	34420
其他信息服务	Other Information Services	48	11933
印刷制品生产	Printed Goods Manufacturing	99	5599
珠宝和银器制造	Jewelry and Silverware Manufacturing	26	2495
乐器制造	Musical Instruments Manufacturing	8	752
定制建筑木制品和金属制品制造	Custom Architectural Woodwork and Metalwork Manufacturing	29	1437
照相机和电影设备制造	Camera and Motion Picture Equipment Manufacturing	2	255
其他产品制造业	**Other Goods Manufacturing**	**19**	**1421**
赠款和赠与服务	Grant-Making And Giving Services	5	344
工会	Unions	16	1065
政府	Government	1114	85111
建筑	Construction	92	6562
批发及运输行业	Wholesale and Transportation Industries	193	14460
零售行业	**Retail Industries**	**714**	**24350**
其他产业	**All Other Industries**	**183**	**11264**

资料来源：美国经济分析局。
Data Source: BEA.

6-10 加拿大文化产业基本情况
Basic Statistics on Culture Industries in Canada

单位：百万加元 (CAD million)

类 别	Category	2006	2007	2008	2009
期刊出版	**Periodical Publishing**				
营业收入	Operating Revenue		2362.1	2394.4	2182.6
营业支出	Operating Expenses		2094.7	2100.1	2058.9
报纸出版	**Newspaper Publishing**				
营业收入	Operating Revenue	5353.8	5394.5	5434.3	4876.5
营业支出	Operating Expenses	4646.2	4713.5	4767.3	4345.5
电影和视频	**Film and Video**				
营业收入	Operating Revenue	1839.8	1866.3	1976.4	2047.4
营业支出	Operating Expenses	1406.5	1577.9	1624.1	1625.7
表演艺术	**Performing Arts**				
营业收入	Operating Revenue			1381.6	1393.9
营业支出	Operating Expenses			1287.7	1324.0
非商业艺术博物馆和画廊	**Non-commercial Art Museums and Galleries**				
营业收入	Operating Revenue	253.4	250.5	255.9	275.7
营业支出	Operating Expenses	247.9	249.8	266.2	281.0
古迹和遗址	**Historic Parks and Sites**				
营业收入	Operating Revenue	87.0	90.7	87.9	89.4
营业支出	Operating Expenses	88.6	90.2	88.5	87.2
动物园和植物园	**Zoo and Botanical Garden**				
营业收入	Operating Revenue	246.4	255.3	255.4	252.6
营业支出	Operating Expenses	237.0	248.3	243.5	243.1
娱乐休闲	**Amusement and Recreation**				
游乐园和游乐场	**Amusement Parks and Arcades**				
营业收入	Operating Revenue	467.4	437.0	459.3	414.4
营业支出	Operating Expenses	411.7	374.8	398.0	367.0
其他娱乐休闲行业	**Other Amusement and Recreation Industries**				
营业收入	Operating Revenue	6665.5	6944.7	7334.8	7437.6
营业支出	Operating Expenses	6324.5	6570.1	6838.3	7059.2

资料来源：加拿大统计局。
Data source: Statistics Canada.

6-10 续表 continued

单位：百万加元 (CAD million)

类 别	Category	2010	2011	2012	2013
期刊出版	**Periodical Publishing**				
营业收入	Operating Revenue	2134.5	2088.0		1996.0
营业支出	Operating Expenses	1952.6	1940.4		1836.8
报纸出版	**Newspaper Publishing**				
营业收入	Operating Revenue	4943.1		4720.5	
营业支出	Operating Expenses	4323.4		4194.7	
电影和视频	**Film and Video**				
营业收入	Operating Revenue	1976.6	1854.9		1843.0
营业支出	Operating Expenses	1491.6	1512.4		1500.5
表演艺术	**Performing Arts**				
营业收入	Operating Revenue	1542.5		1481.0	
营业支出	Operating Expenses	1447.8		1428.7	
非商业艺术博物馆和画廊	**Non-commercial Art Museums and Galleries**				
营业收入	Operating Revenue	289.7			
营业支出	Operating Expenses	287.0			
古迹和遗址	**Historic Parks and Sites**				
营业收入	Operating Revenue	92.3			
营业支出	Operating Expenses	90.3			
动物园和植物园	**Zoo and Botanical Garden**				
营业收入	Operating Revenue	258.5			
营业支出	Operating Expenses	243.3			
娱乐休闲	**Amusement and Recreation**				
游乐园和游乐场	**Amusement Parks and Arcades**				
营业收入	Operating Revenue	412.3	457.7	472.9	
营业支出	Operating Expenses	390.3	411.4	384.6	
其他娱乐休闲行业	**Other Amusement and Recreation Industries**				
营业收入	Operating Revenue	7536.5	7495.2	7896.1	
营业支出	Operating Expenses	7197.3	7175.0	7561.7	

6-11 澳大利亚文化产业增加值基本情况(2008年)
The Added Value of Cultural Industries in Australia(2008)

单位：百万澳元 (AUD million)

类别	Category	产出 Output	雇员薪金 Employee Salary	营业盈余 Operating Surplus	产品税减补贴 Product Taxes Less Subsidies	增加值 Value-added
合　计	**Total**	**131932**	**40207**	**24019**	**1545**	**65772**
博物馆	Museum	1145	337	238	-23	503
文化遗址	Cultural Heritage	2194	421	604	-42	983
图书馆和档案馆	Libraries and Archives	1303	442	283	14	739
文学和印刷品	Literature and Prints	22971	6361	6158	250	12770
表演艺术	Performing Arts	3140	692	663	-59	1346
设计	Designing	55027	19194	6662	791	26647
广播、电子和数字传媒、电影	Broadcasting, Electronic and Digital Media，Film	18235	3659	3503	179	7341
音乐作曲和出版发行	Composing and Publishing	323	73	28	4	105
视觉艺术和工艺品	Visual Arts and Crafts	3834	1227	537	58	1823
时尚产品	Fashion Products	20164	6627	4887	329	11843
其他文化产品制造和销售	Manufacture and Sales of Other Cultural Products	2540	508	350	36	893
文化辅助活动	Cultural Support Activities	1057	666	105	9	779

资料来源：澳大利亚统计局。
Data source: Australian Bureau of Statistics.

6-12 英国文化产业增加值基本情况
The Added Value of Cultural Industries in UK

单位：亿英镑 (GBP 100 million)

类别	Category	2009	2010	2011	2012	2013
合　计	**Total**	**576.2**	**597.5**	**651.8**	**700.1**	**769.1**
广告和营销	Advertising and Marketing	69.7	68.4	81.3	93.4	102.5
建筑设计	Architecture	32.1	26.4	32.4	35.0	35.9
工艺品	Art and Antiques	2.2	2.7	2.6	2.5	1.7
产品、图表和时尚设计	Designer Fashion	18.9	20.5	25.0	25.0	30.9
电影、电视、视频、广播和摄影	Video, Film and Photography	63.0	79.7	99.9	98.2	93.1
信息技术、软件和计算机服务	Software, Computer Games and Electronic Service	264.0	269.9	276.7	305.5	350.7
出版	Publishing	89.7	95.8	92.9	96.2	99.4
音乐、表演艺术和视觉艺术	Music and the Visual and Performing Arts	37.8	34.3	41.8	45.8	54.5
文化产业增加值占总增加值的比重(%)	**The Added Value of Cultural Industries as % of Total Value-added(%)**	**4.28**	**4.27**	**4.52**	**4.74**	**5.04**

资料来源：英国文化、传媒和体育部。
Data source: UK Department for Culture, Media and Sport.

6-13 德国文化产业基本情况

Basic Statistics on Culture Industries in Germany

类 别	Category	企业数量(个) Number of Enterprises(unit)		
		2009	2010	2011
合 计(扣除重复计算)	**Total(No Double Counting)**	**238479**	**239534**	**244325**
音乐产业	Music Industry	13862	13723	13851
图书市场	Book Market	16232	16481	16859
艺术市场	Art Market	13763	13464	13634
电影产业	Film Industry	18312	17956	18223
广播产业	Broadcasting Industry	17853	17751	17932
表演艺术产业	Performing Art Industry	14993	15402	15895
设计产业	Design industry	48332	50111	52750
建筑市场	Architectural Market	39956	40159	40956
出版市场	Press Market	34317	33564	33117
广告	Advertising Market	37082	35330	35683
软件/游戏产业	Software/Games Industry	27018	28527	29802
其他	Other Activities	7353	7506	7523
占全国企业数的比重(%)	**as % of National Total**	**7.6**	**7.6**	**7.5**

6-13 续表 continued

类 别	Category	营业额(亿欧元) Total Turnovers (EUR 100 million)		
		2009	2010	2011
合 计(扣除重复计算)	**Total (No Double Counting)**	**1343**	**1373**	**1434**
音乐产业	Music Industry	63	63	65
图书市场	Book Market	148	142	136
艺术市场	Art Market	21	23	24
电影产业	Film Industry	87	89	95
广播产业	Broadcasting Industry	74	77	84
表演艺术产业	Performing Art Industry	33	35	36
设计产业	Design industry	176	182	194
建筑市场	Architectural Market	80	80	84
出版市场	Press Market	343	314	309
广告	Advertising Market	255	257	260
软件/游戏产业	Software/Games Industry	243	265	303
其他	Other Activities	16	16	17
占全国企业数的比重(%)	**as % of National Total**	**2.7**	**2.6**	**2.6**

资料来源：联合国教科文组织。
Data source: UNESCO.

6-14 法国文化产业增加值及构成
Value-added of Cultutal Industries and Its Composition in France

年 份 Year	文化产业 Cultural Industries	表演艺术 Performancing Arts	音 像 Video and Audio-visual	文化遗产 Cultural Heritage
增加值(亿欧元) Value-added (EUR 100 million)				
2011	399.8	73.8	96.8	47.3
构 成(%) Composition (%)				
2005	100.0	17.7	25.2	8.8
2010	100.0	18.4	24.7	11.3
2011	100.0	18.5	24.2	11.8

6-14 续表 continued

年 份 Year	文化教育 Cultural Education	出 版 Publishing	视觉艺术 Visual Arts	建筑设计 Architecture	广 告 Advertising
增加值(亿欧元) Value-added (EUR 100 million)					
2011	17.3	58	23.8	39.2	43.6
构 成(%) Composition (%)					
2005	4.3	18.3	6.6	8.3	10.8
2010	4.4	15.1	5.9	9.2	11
2011	4.3	14.5	6.0	9.8	10.9

注：1.资料来自法国国家统计局。
2.上表数据按现价计算。

a) Data source:INSEE.

b) Data in the table above is calculated in current price.

6-15 西班牙核心文化产业增加值
Value-added of Core Cultural Industries in Spain

类 别	Category	2009	2010	2011	2012
合 计(亿欧元)	**Total (EUR 100 million)**	**284**	**285**	**274**	**253**
文化遗产、档案馆和图书馆	Heritage，Archives and Libraries	21	21	21	20
书籍、报刊	Books, Newspapers and Magazines	104	108	106	96
造型艺术	Plastic Arts	44	40	40	36
表演艺术	Performing Arts	24	24	23	22
视听和多媒体	Audio-visual and Media	74	74	68	61
跨学科文化	Interdisciplinary Culture	17	18	17	17
构 成（%）	**As % of Total Value-added(%)**	**100**	**100**	**100**	**100**
文化遗产、档案馆和图书馆	Heritage，Archives and Libraries	7.4	7.3	7.3	7.8
书籍、报刊	Books, Newspapers and Magazines	36.5	37.9	38.5	38.2
造型艺术	Plastic Arts	15.6	14.1	14.8	14.4
表演艺术	Performing Arts	8.5	8.4	8.3	8.5
视听和多媒体	Audio-visual and Media	26.1	26.1	24.7	24.3
跨学科文化	Interdisciplinary Culture	6.0	6.2	6.4	6.8
占GDP的比重(%)	**As % of GDP(%)**	**2.8**	**2.8**	**2.7**	**2.5**
文化遗产、档案馆和图书馆	Heritage，Archives and Libraries	0.2	0.2	0.2	0.2
书籍、报刊	Books, Newspapers and Magazines	1.0	1.1	1.1	1.0
造型艺术	Plastic Arts	0.4	0.4	0.4	0.4
表演艺术	Performing Arts	0.2	0.2	0.2	0.2
视听和多媒体	Audio-visual and Media	0.7	0.7	0.7	0.6
跨学科文化	Interdisciplinary Culture	0.2	0.2	0.2	0.2

注：1.资料来自西班牙文化部。
　　2.按2008年可比价计算。

a) Data source: Ministry of Education, Culture and Sport, Spain.
b) Data in the table above is calculated at constant price base on year of 2008.

6-16 日本文化产业基本情况

Basic Statistics on Culture Industries in Japan

类 别	Category	企业数量(个) Number of Enterprises(unit)	
		2006年	占文化产业比重（%）
合 计	**Total**	**250172**	**100**
广告	Advertising	13379	5.3
建筑设计	Architectural Design	41245	16.5
工艺品、艺术品和古董销售	Crafts, Art, Antiques Trade	62161	24.8
设计	Design	9904	4.0
电影、视频和摄影	Film, Video and Photography	33018	13.2
音乐	Music	33824	13.5
表演艺术	Performing Arts	4515	1.8
艺术家、学术和文化组织	The Artist, Academic and Cultural Organization	2265	0.9
出版发行	Publishing	9814	3.9
计算机软件	Software and Computer	38400	15.3
电视和广播	TV and Broadcasting	1647	0.7
占全国企业数的比重(%)	**as % of Total Number of Enterprises**	**4.4**	

6-16 续表 continued

类 别	Category	从业人员数量(人) Engaged Persons (person)	
		2006年	占文化产业比重（%）
合 计	**Total**	**2191056**	**100**
广告	Advertising	156231	7.1
建筑设计	Architectural Design	244992	11.2
工艺品、艺术品和古董销售	Crafts, Art, Antiques Trade	191207	8.7
设计	Design	47159	2.2
电影、视频和摄影	Film, Video and Photography	244419	11.2
音乐	Music	155789	7.1
表演艺术	Performing Arts	44090	2.0
艺术家、学术和文化组织	The Artist, Academic and Cultural Organization	10887	0.5
出版发行	Publishing	180659	8.2
计算机软件	Software and Computer	850714	38.8
电视和广播	TV and Broadcasting	64909	3.0
占全国从业人员数的比重(%)	**as % of Total Engaged Persons**	**4.0**	

资料来源：日本社会发展研究小组。
Data source: Japan Social Development Research Group.

6-17 韩国文化产业统计(2012年)

Statistics of Korea's Creative Content Industry(2012)

类　别	Category	企业数量（个） Number of Enterprises (unit)	从业人员数量（人） Engaged Persons (person)	销售额（百万美元） Total Sales (million USD)	出口额（千美元） Exports (thousand USD)	进口额（千美元） Imports (thousand USD)
合　计	**Total**	**111587**	**611437**	**77474**	**4611505**	**1673787**
出版	Publication	26702	198262	18729	245154	314305
漫画	Manhwa	8856	10161	673	17105	5286
音乐	Music	37116	78402	3546	235097	12993
游戏	Games	16189	95051	8658	2638916	179135
电影	Movie	2630	30857	3910	20175	59409
动画	Animation	341	4503	463	112542	6261
广播	Broadcast	945	40774	12590	233821	136071
广告	Advertisements	5804	36424	11082	97492	779936
人物形象	Characters	1992	26897	6674	416454	179430
知识信息	Knowledge Information	9696	69961	8460	444837	508
文化产业解决方案	Contents Solution	1316	20145	2689	149912	453

资料来源：韩国内容产业振兴院。
Data source: KOCCA.

6-18 印度娱乐传媒业营业额基本情况

Business Revenue of Entertainment and Media Industry in India

单位：10亿卢比　　(INR billion)

类　别	Category	2011	2012	2013		
				营业额 Business Revenue	构成(%) as % of Total Revenue	比上年增长(%) Increase compared to last year(%)
合　计	**Total**	**805**	**965**	**1120**	**100.0**	**16.1**
电视	Television	340	383	420	37.5	9.7
出版印刷	Publishing and Printing	190	212	223	19.9	5.2
互联网	Internet	116	171	252	22.5	47.4
电影	Film	96	112	126	11.3	12.5
户外广告	Outdoor Advertising	16	17	19	1.7	11.8
广播	Broadcasting	14	15	18	1.6	20.0
音乐	Music	12	13	12	1.1	-7.7
游戏	Games	11	18	21	1.9	16.7
互联网广告	Internet Advertising	10	23	29	2.6	26.1

资料来源：PWC数据公司。
Data source: PWC Data Centre.

附录一

Appendix 1

中国入选世界文化遗产项目

Items Listing in World Cultural Heritage of China

1.中国入选“世界遗产名录”的文化和自然遗产项目

序号	名　称	项目	批准时间
1	泰山	文化与自然双重遗产	1987.12
2	敦煌莫高窟	文化遗产	1987.12
3	周口店“北京人”遗址	文化遗产	1987.12
4	长城[1]	文化遗产	1987.12
5	秦始皇陵及兵马俑	文化遗产	1987.12
6	明清皇宫[2]	文化遗产	1987.12
7	黄山	文化与自然双重遗产	1990.12
8	黄龙国家级名胜区	自然遗产	1992.12
9	武陵源国家级名胜区	自然遗产	1992.12
10	九寨沟国家级名胜区	自然遗产	1992.12
11	武当山古建筑群	文化遗产	1994.12
12	曲阜孔庙、孔府及孔林	文化遗产	1994.12
13	承德避暑山庄及周围寺庙	文化遗产	1994.12
14	布达拉宫和大昭寺[注3]	文化遗产	1994.12
15	峨眉山—乐山风景名胜区	文化与自然双重遗产	1996.12
16	庐山风景名胜区	文化景观	1996.12
17	苏州古典园林	文化遗产	1997.12
18	平遥古城	文化遗产	1997.12
19	丽江古城	文化遗产	1997.12
20	天坛	文化遗产	1998.11
21	颐和园	文化遗产	1998.11
22	武夷山	文化与自然双重遗产	1999.12
23	大足石刻	文化遗产	1999.12
24	皖南古村落：西递、宏村	文化遗产	2000.11
25	明清皇家陵寝[注4]	文化遗产	2000.11
26	龙门石窟	文化遗产	2000.11
27	青城山和都江堰	文化遗产	2000.11
28	云冈石窟	文化遗产	2001.12
29	“三江并流”	自然遗产	2003.7
30	高句丽王城、王陵及贵族墓葬	文化遗产	2004.7
31	澳门历史城区	文化遗产	2005.7
32	四川大熊猫栖息地	自然遗产	2006.7

续表

序号	名 称	项目	批准时间
33	殷墟	文化遗产	2006.7
34	中国南方喀斯特	自然遗产	2007.6
35	开平碉楼与古村落	文化遗产	2007.6
36	福建土楼	文化遗产	2008.7
37	三清山	自然遗产	2008.7
38	五台山	文化景观	2009.6
39	登封“天地之中”历史建筑群	文化遗产	2010.7
40	中国丹霞	自然遗产	2010.8
41	杭州西湖文化景观	文化景观	2011.6
42	元上都遗址	文化遗产	2012.6
43	云南澄江帽天山化石地	自然遗产	2012.7
44	云南红河哈尼梯田	文化景观	2013.6
45	新疆天池	自然遗产	2013.6
46	丝绸之路：长安-天山走廊的路网	文化遗产	2014.6
47	大运河	文化遗产	2014.6
48	土司遗址	文化遗产	2015.7

注：1. 2002 年 11 月辽宁九门口水上长城获批加入此项世界文化遗产。

2. 明清皇宫：包括北京故宫（北京）和沈阳故宫（辽宁），分别于 1987 年 12 月和 2004 年 7 月获批。

3. 2001 年 12 月拉萨的罗布林卡获批加入此项世界文化遗产。

4. 明清皇家陵寝：明显陵（湖北钟祥市）、清东陵（河北遵化市）、清西陵（河北易县）于 2000 年 11 月获批，明孝陵（江苏南京市）、明十三陵（北京昌平区）于 2003 年 7 月获批，盛京三陵（辽宁沈阳市）于 2004 年 7 月获批。

5. 丝绸之路：长安-天山走廊的路网为中国、哈萨克斯坦和吉尔吉斯斯坦三国联合申报并共有的项目。

2.中国入选世界“非物质文化遗产代表作名录”的项目

序号	名 称	批准时间
1	昆曲	2001
2	古琴艺术	2003
3	新疆维吾尔木卡姆艺术	2005
4	蒙古族长调民歌[注]	2005
5	中国传统桑蚕织技艺	2009
6	福建南音	2009
7	南京云锦织造技艺	2009
8	宣纸传统制作技艺	2009
9	侗族大歌	2009
10	粤剧	2009
11	《格萨尔》史诗	2009
12	龙泉青瓷传统烧制技艺	2009
13	青海热贡艺术	2009
14	藏戏	2009
15	新疆《玛纳斯》	2009
16	甘肃花儿	2009
17	西安鼓乐	2009
18	中国朝鲜族农乐舞	2009
19	中国书法	2009
20	中国篆刻	2009
21	中国剪纸	2009
22	中国传统木结构营造技艺	2009
23	端午节	2009
24	妈祖信俗	2009
25	中国雕版印刷技艺	2009
26	蒙古族呼麦	2009
27	中医针灸	2010
28	京剧	2010
29	中国皮影	2011
30	中国珠算	2013

注：该项目为与蒙古国共同申报。

3.中国列入“急需保护的非物质文化遗产名录”的项目

序号	名 称	批准时间
1	羌年庆祝习俗	2009
2	黎族传统纺染织绣技艺	2009
3	中国木拱桥传统营造技艺	2009
4	麦西来甫	2010
5	帆船水密舱壁制作	2010
6	木版活字印刷术	2010
7	赫哲族伊玛堪说唱	2011

4.中国世界文化遗产预备名单

序号	名 称
1	北京中轴线（含北海）（北京市）
2	中国白酒老作坊：杏花村汾酒老作坊（山西省汾阳市）、成都水井街酒坊（四川省成都市）、泸州老窖作坊群（四川省泸州市）、古蔺县郎酒老作坊（四川省泸州市）、剑南春酒坊及遗址（四川省绵竹市）、宜宾五粮液老作坊（四川省宜宾市）、红楼梦糟房头老作坊（四川省宜宾市）、射洪县泰安作坊（四川省射洪县）
3	辽代木构建筑：应县木塔（山西应县）、义县奉国寺大雄殿（辽宁义县）
4	山陕古民居：丁村古建筑群（山西省襄汾县）、党家村古建筑群（陕西省韩城市）
5	红山文化遗址：牛河梁遗址（辽宁省朝阳市）；红山后遗址、魏家窝铺遗址（内蒙古自治区赤峰市）
6	中国明清城墙：南京城墙（江苏省南京市）、兴城城墙（辽宁省兴城市）、临海台州府城墙（浙江省临海市）、寿县城墙（安徽省寿县）、凤阳明中都皇城城墙（安徽省凤阳县）、荆州城墙（湖北省荆州市）、襄阳城墙（湖北省襄阳市）、西安城墙（陕西省西安市）
7	扬州瘦西湖及盐商园林文化景观（江苏省扬州市）
8	江南水乡古镇：角直（江苏省苏州市）、周庄（江苏省昆山市）、千灯（江苏省昆山市）、锦溪（江苏省昆山市）、沙溪（江苏省太仓市）、同里（江苏省吴江市）、乌镇（浙江省桐乡市）、西塘（浙江省嘉善县）、南浔（浙江省湖州市）、新市（浙江省德清县）
9	中国海上丝绸之路（江苏省南京市、扬州市，浙江省宁波市，福建省泉州市、福州市、漳州市，山东省蓬莱市，广东省广州市，广西壮族自治区北海市及高邮菱塘清真寺、普哈丁墓园、郑和墓、南越国宫署遗址等50个申遗遗产点）
10	良渚遗址（浙江省杭州市）
11	中国古代瓷窑遗址（浙江省慈溪市、龙泉市）
12	鼓浪屿（福建省厦门市）
13	三坊七巷（福建省福州市）
14	“明清皇家陵寝”扩展项目：潞简王墓（河南省新乡市）
15	凤凰古城（湖南省凤凰县）
16	侗族村寨（湖南省通道侗族自治县、绥宁县；广西壮族自治区三江县；贵州省黎平县、榕江县、从江县）
17	南越国遗迹（广东省广州市）
18	灵渠（广西壮族自治区兴安县）
19	花山岩画文化景观（广西壮族自治区崇左市）
20	白鹤梁题刻（重庆市涪陵区）
21	古蜀文明遗址：金沙遗址、古蜀船棺合葬墓（四川省成都市），三星堆遗址（四川省广汉市）
22	藏羌碉楼与村寨（四川省甘孜藏族自治州、阿坝藏族羌族自治州）
23	苗族村寨（贵州省台江县、剑河县、榕江县、从江县、雷山县、锦屏县）
24	普洱景迈山古茶园（云南省澜沧拉祜族自治县）
25	西夏陵（宁夏回族自治区银川市）
26	坎儿井（新疆维吾尔自治区吐鲁番地区）
27	中国阿尔泰：喀纳斯国家级自然保护区（新疆维吾尔自治区布尔津县）新疆阿尔泰山两河源自然保护区（新疆维吾尔自治区富蕴县，青河县）
28	东寨港自然保护区（海南省文昌县）

续表

序号	名　称
29	敦煌雅丹国家地质公园（甘肃省敦煌市）
30	梵净山（贵州省铜仁市）
31	天坑地缝风景名胜区（重庆市奉节县）
32	帕米尔喀喇昆仑：塔什库尔干自然保护区（新疆维吾尔自治区塔吉克自治县）帕米尔高原湿地国家级自然保护区（新疆维吾尔自治区阿克陶县）
33	鄱阳湖自然保护区（江西省九江市）
34	青海可可西里国家级自然保护区（青海省玉树藏族自治州）
35	神农架自然保护区（湖北省神农架林区）
36	塔克拉玛干沙漠——胡杨林（新疆维吾尔自治区阿克苏地区）
37	安徽扬子鳄国家级自然保护区（安徽省宣城市）
38	五大连池风景名胜区（黑龙江省黑河市）
39	新疆雅丹地貌（新疆维吾尔自治区哈密地区）
40	大理苍山洱海风景区（云南省大理白族自治州）
41	海坛风景名胜区（福建省平潭县）
42	华山（陕西省华阴市）
43	武夷山扩展项目：北武夷山——井冈山（江西省铅山县 江西省井冈山市）
44	天水麦积山风景名胜区（甘肃省天水市）
45	楠溪江风景名胜区（浙江省永嘉县）
46	古蜀道：金牛道（四川省广元市巴中市 绵阳市 德阳市 南充市 达州市）
47	泰山扩展项目："五岳"另外四座提名场所包括：南岳衡山（湖南省衡山市）西岳华山（陕西省华阴市）中岳嵩山（河南省郑州市洛阳市）、北岳恒山（山西省大同市）
48	天柱山（安徽省安庆市）
49	土林-古格风景名胜区（西藏自治区阿里地区）
50	西藏雅砻（西藏自治区山南地区）
51	雁荡山（浙江省温州市）
52	长江三峡风景区（湖北省）

注：2015年1月更新。

附录二

Appendix 2

主要统计指标解释

Explanatory Notes on Main Statistical Indicators

主要统计指标解释

国内生产总值(GDP)　指按市场价格计算的一个国家（或地区）所有常住单位在一定时期内生产活动的最终成果。国内生产总值有三种表现形态，即价值形态、收入形态和产品形态。从价值形态看，它是所有常住单位在一定时期内生产的全部货物和服务价值与同期投入的全部非固定资产货物和服务价值的差额，即所有常住单位的增加值之和。

对于一个地区来说，称为地区生产总值或地区 GDP。

人口数　年度统计的年末人口数指每年 12 月 31 日 24 时的人口数。年度统计的全国人口总数内未包括香港、澳门特别行政区和台湾省以及海外华侨人数。

城镇人口和乡村人口　城镇人口是指居住在城镇范围内的全部常住人口；乡村人口是除上述人口以外的全部人口。

就业人员　指在 16 周岁及以上，从事一定社会劳动并取得劳动报酬或经营收入的人员。

法人单位　指有权拥有资产、承担负债，并独立从事社会经济活动（或与其他单位进行交易）的组织。法人单位应同时具备以下条件：（1）依法成立，有自己的名称、组织机构和场所，能够独立承担民事责任；（2）独立拥有（或授权使用）资产或者经费，承担负债，有权与其他单位签订合同；（3）具有包括资产负债表在内的账户，或者能够根据需要编制账户。法人单位包括五种类型：企业法人、事业单位法人、机关法人、社会团体和其他成员组织法人、其他法人。

全社会固定资产投资　是以货币形式表现的在一定时期内全社会建造和购置固定资产的工作量以及与此有关的费用的总称。

城镇居民家庭可支配收入　指家庭成员得到可用于最终消费支出和其他非义务性支出以及储蓄的总和，即居民家庭可以用来自由支配的收入。它是家庭总收入扣除交纳的个人所得税、个人交纳的社会保障支出以及记账补贴后的收入。计算公式为：

城镇居民家庭可支配收入=家庭总收入-交纳个人所得税-个人交纳的社会保障支出-记账补贴

农村居民家庭纯收入　指农村住户当年从各个来源得到的总收入相应地扣除所发生的费用后的收入总和。计算公式为：

农村居民家庭纯收入=总收入-家庭经营费用支出-税费支出-生产性固定资产折旧-赠送农村内部亲友支出。

恩格尔系数　指食品支出在消费支出中所占的比例。计算公式为：

$$\text{恩格尔系数}=\frac{\text{食品支出}}{\text{消费支出}}\times 100\%$$

货物进出口总额　指实际进出我国国境的货物总金额。出口货物按离岸价格统计，进口货物按到岸价格统计。

财政收入　指国家财政参与社会产品分配所取得的收入，是实现国家职能的财力保证。主要包括：（1）各项税收：包括国内增值税、国内消费税、进口货物增值税和消费税、出口货物退增值税和消费税、营业税、企业所得税、个人所得税、资源税、城市维护建设税、房产税、印花税、城镇土地使用税、土地增值税、车船税、船舶吨税、车辆购置税、关税、耕地占用税、契税、烟叶税等。（2）非税收入：包括专项收入、行政事业性收费、罚没收入和其他收入。财政收入按现行分税制财政体制划分为中央本级收入和地方本级收入。

财政支出　指国家财政将筹集起来的资金进行分配使用，以满足经济建设和各项事业的需要。财政支出根据政府在经济和社会活动中的不同职权，划分为中央财政支出和地方财政支出。

旅游收入 指游客在中国（大陆）境内旅行、游览过程中用于交通、参观游览、住宿、餐饮、购物、娱乐等全部花费。

入境游客 指报告期内来中国（大陆）观光、度假、探亲访友、就医疗养、购物、参加会议或从事经济、文化、体育、宗教活动的外国人、港澳台同胞等游客（即入境旅游人数）。统计时，入境游客按每入境一次统计 1 人次。入境游客包括入境过夜游客和入境一日游游客。

国内游客 指报告期内在中国（大陆）观光游览、度假、探亲访友、就医疗养、购物、参加会议或从事经济、文化、体育、宗教活动的中国（大陆）居民人数，其出游的目的不是通过所从事的活动谋取报酬。统计时，国内游客按每出游一次统计 1 人次。

文化及相关产业 指为社会公众提供文化产品和文化相关产品的生产活动的集合。《文化及相关产业分类(2012)》规定文化及相关产业包括文化产品的生产、文化产品生产的辅助生产、文化用品的生产和专用设备的生产等。按业态不同，可分为文化制造业、文化批零业和文化服务业。

核心文化产品 依据联合国教科文组织（UNESCO）制订的文化贸易统计框架，文化产品贸易划分为核心层和相关层两个层次。核心文化产品具体范围包括：文化遗产、印刷品、声像制品、视觉艺术品、视听媒介和其他六个类别。

规模以上文化制造业企业 指《文化及相关产业分类(2012)》所规定行业范围内，年主营业务收入在 2000 万元及以上的工业企业法人。

R&D（研究与试验发展） 指在科学技术领域，为增加知识总量、以及运用这些知识去创造新的应用而进行的系统的、创造性的活动，包括基础研究、应用研究、试验发展三类活动。

R&D 人员全时当量 指报告期企业 R&D 全时人员（全年从事 R&D 活动累积工作时间占全部工作时间的 90%及以上人员）工作量与非全时人员按实际工作时间折算的工作量之和。

R&D 经费内部支出 指企业在报告年度用于内部开展 R&D 活动的实际支出。包括用于 R&D 项目（课题）活动的直接支出，以及间接用于 R&D 活动的管理费、服务费、与 R&D 有关的基本建设支出以及外协加工费等。不包括生产性活动支出、归还贷款支出以及与外单位合作或委托外单位进行 R&D 活动而转拨给对方的经费支出。

限额以上文化批零业企业 指《文化及相关产业分类(2012)》所规定行业范围内，年主营业务收入在 2000 万元及以上的批发业企业法人和年主营业务收入在 500 万元及以上的零售业企业法人。

规模以上文化服务业企业 指《文化及相关产业分类(2012)》所规定行业范围内，从业人员在 50 人及以上或年主营业务收入在 500 万元及以上的服务业企业法人。

文化服务业事业单位 指《文化及相关产业分类(2012)》所规定行业范围内，执行事业单位会计制度的法人，不包括实行企业化管理的事业单位。

文化服务业其他单位 指《文化及相关产业分类(2012)》所规定行业范围内，执行民间非营利组织和其它会计制度的法人。

少年儿童读物 指供初中及初中以下少年儿童阅读的书籍。

出版物纯销售 指向读者实际销售的出版物以及直接向国外出口的出版物。

版权合同登记 指根据国际条约和中国有关法律法规，申请人到著作权行政管理部门登记著作权质权等各类授权合同的行为。

作品自愿登记 指作者、其他享有著作权的公民、法人或者非法人单位和专有权所有人及其代理人，自愿到著作权行政管理部门登记应予以保护作品的行为。

版权输出和引进 指以受版权保护的作品的财产权为标的物，与国外的出版单位等相关机构进行的交易行为，其内容涉及图书、报刊、影视、动漫、戏剧、音乐、软件等。

广播（电视）节目综合人口覆盖率 指根据国家广电总局制定的《广播电视人口覆盖率统计技术标准和方法》进行统计调查的，在对象区内能接收到中央、省、地市、或县通过无线、有线或卫星等各种技术方式转播的各级广播（电视）节目的人口数占全部总人口的比重。

有线广播电视用户数　指通过广播电视有线传输网收看电视节目的家庭用户数，包括接收模拟信号和接收数字信号的有线电视用户数。不包括宾馆、单位、写字楼等集体用户。

数字电视用户数　指通过广播电视有线传输网收看数字信号电视节目的家庭用户数。

全年广播（电视）节目制作时间　指广播电视节目制作机构全年自采、自编、自录的及合作制作、加工制作的各类广播（电视）节目（包括直播节目）的总时长。

公共广播（电视）节目套数　指经国家广电总局批准的、广播电视播出机构开办的不向听众收取收听（收看）费用，以为大众提供公共广播（电视）服务为主要目的，用固定频率（频道）播出，并编有整套自办节目时间表的广播（电视）节目套数。

全年公共广播（电视）节目播出时间　指广播电视播出机构自办节目频率（频道）内公共节目全年播出的时间（含节目重复播出时间）。

艺术表演团体　指由文化部门主办或实行行业管理（经文化市场行政部门审批或已申报登记并领取相关许可证），专门从事表演艺术等活动的各类专业艺术表演团体，含民间职业剧团。不包括群众业余文艺表演团体。

艺术表演场馆　指由文化部门主办或实行行业管理（经文化市场行政部门审批或已申报登记并领取相关许可证），有观众席、舞台、灯光设备，公开售票、专供文艺团体演出的文化活动场所。

博物馆　指为了研究、教育、欣赏的目的，收藏、保护、展示人类活动和自然环境的见证物，向公众开放，非营利性、永久性社会服务机构，包括以博物馆（院）、纪念馆（舍）、美术（艺术）馆、科技馆、陈列馆等专有名称开展活动的单位。

总藏量　指公共图书馆已编目的古籍、图书、期刊和报纸的合订本、小册子、手稿，以及缩微制品、录像带、录音带、光盘等视听文献资料数量之和。

藏品　指文博机构根据收藏品的文化属性、自然属性等情况，所划分的文物藏品、标本藏品、模型藏品（含具有收藏、展示价值的雕塑、绘画等艺术作品）和复制品藏品的总和。本指标所统计的藏品是指报告期末，该机构已经整理并登记入账的藏品数。

国家综合档案馆　指归口中央或地方各级档案行政管理部门直接管理的，按行政区划或历史时期设置的，收集和管理所辖范围内多种门类档案的档案馆。

国家级风景名胜区　指经国务院审定公布的风景名胜区。

娱乐场所　指以营利为目的，并向公众开放、消费者自娱自乐的歌舞、游艺等场所，以及各地文化行政部门依据相关规定管理并发放《娱乐场所经营许可证》的其它娱乐场所。

网吧　指通过计算机等设备向公众提供互联网上网服务的营业性娱乐文化服务场所。

动漫企业　指经文化部、财政部、国家税务总局三部门联合认定的从事漫画创作、动画创作、网络动漫（含手机动漫）创作、动漫舞台创作、动漫软件开发和动漫衍生产品研发等动漫业务的企业。

移动个性化回铃用户　指报告期末电信企业开通的、可由用户自己选择回铃音的移动电话用户。包括使用套餐由电信企业提供多种回铃音的移动电话用户。

互联网宽带接入用户　指报告期末在电信企业登记注册，通过 xDSL、FTTx+LAN、FTTH/O 以及其他宽带接入方式和普通专线接入公众互联网的用户。

互联网普及率　指报告期末互联网网民占行政区域总人口的比率。互联网网民是指通过定期调查进行估算的过去半年内使用过互联网的 6 周岁及以上中国居民。

网页长度（总字节数）　指报告期内中国所有网站所含网页的总长度。网站是指以域名本身或者“www.+域名”为网址的 web 站点，其中包括中国的国家顶级域名.CN 和类别顶级域名（gTLD）下的 web 站点，该域名的注册者位于中国境内。

网站数　指报告期内中国所有网站的总数量。网站是指以域名本身或者“www.+域名”为网址的 web 站点，其中包括中国的国家顶级域名.CN 和类别顶级域名（gTLD）下的 web 站点，该域名的注册者位于中国境内。

互联网宽带接入端口　指用于接入互联网用户的各类实际安装运行的接入端口的数量，包括 xDSL 用户接入端口、LAN 接入端口、FTTH/O 端口及其他类型接入端口等，不包括窄带拨号接入端口。

互联网国际出口带宽　指基础电信企业与其他国家和地区相连的网络出口带宽总数。

互联网及相关服务企业数　指获得工业和信息化部或省、自治区、直辖市通信管理局颁发的《增值电信业务经营许可证》、在中国大陆境内经营全国或区域性增值电信业务的服务商数。

互联网及相关服务收入　指企业经营《增值电信业务经营许可证》中注册的业务所获得的收入总和。

更多指标解释可参见《中国统计年鉴》和相关专业统计年鉴。

附录三
Appendix 3

文化及相关产业分类(2012)

Classification of Culture and Related Industries (2012)

文化及相关产业分类(2012)

一、目的和作用

（一）为深入贯彻落实党的十七届六中全会关于深化文化体制改革、推动社会主义文化大发展大繁荣的精神，建立科学可行的文化及相关产业统计制度，制定本分类。

（二）本分类为界定我国文化及相关单位的生产活动提供依据，为当前的社会主义文化建设、文化宏观管理提供参考，为文化及相关产业统计提供统一的定义和范围。

二、定义和范围

（一）定义

本分类规定的文化及相关产业是指为社会公众提供文化产品和文化相关产品的生产活动的集合。

（二）范围

根据以上定义，我国文化及相关产业的范围包括：

1．以文化为核心内容，为直接满足人们的精神需要而进行的创作、制造、传播、展示等文化产品（包括货物和服务）的生产活动；

2．为实现文化产品生产所必需的辅助生产活动；

3．作为文化产品实物载体或制作（使用、传播、展示）工具的文化用品的生产活动(包括制造和销售)；

4．为实现文化产品生产所需专用设备的生产活动(包括制造和销售)。

三、分类原则

（一）以《国民经济行业分类》为基础

本分类以《国民经济行业分类》（GB/T 4754—2011）为基础，根据文化及相关单位生产活动的特点，将行业分类中相关的类别重新组合，是《国民经济行业分类》的派生分类。

（二）兼顾部门管理需要和可操作性

根据我国文化体制改革和发展的实际，本分类在考虑文化生产活动特点的同时，兼顾政府部门管理的需要；立足于现行的统计制度和方法，充分考虑分类的可操作性。

（三）与国际分类标准相衔接

本分类借鉴了联合国教科文组织的《文化统计框架—2009》的分类方法，在定义和覆盖范围上可与其衔接。

四、分类方法

本分类依据上述分类原则，将文化及相关产业分为五层。

第一层包括文化产品的生产、文化相关产品的生产两部分，用“第一部分”、“第二部分”表示；

第二层根据管理需要和文化生产活动的自身特点分为10个大类，用“一”、“二”……“十”表示；

第三层依照文化生产活动的相近性分为 50 个中类，在每个大类下分别用“(一)”、“(二)”、“(三)”……表示；

第四层共有120个小类，是文化及相关产业的具体活动类别，直接用《国民经济行业分类》(GB/T

4754—2011）相对应行业小类的名称和代码表示。对于含有部分文化生产活动的小类，在其名称后用“*”标出。

第五层为带“*”小类下设置的延伸层。通过在类别名称前加“—”表示，不设代码和顺序号，其包含的活动内容在表 2 中加以说明。

五、文化及相关产业分类表

表 1　文化及相关产业的类别名称和行业代码

类　别　名　称	国民经济行业代码
第一部分　文化产品的生产	
一、新闻出版发行服务	
（一）新闻服务	
新闻业	8510
（二）出版服务	
图书出版	8521
报纸出版	8522
期刊出版	8523
音像制品出版	8524
电子出版物出版	8525
其他出版业	8529
（三）发行服务	
图书批发	5143
报刊批发	5144
音像制品及电子出版物批发	5145
图书、报刊零售	5243
音像制品及电子出版物零售	5244
二、广播电视电影服务	
（一）广播电视服务	
广播	8610
电视	8620
（二）电影和影视录音服务	
电影和影视节目制作	8630
电影和影视节目发行	8640
电影放映	8650
录音制作	8660
三、文化艺术服务	
（一）文艺创作与表演服务	
文艺创作与表演	8710
艺术表演场馆	8720
（二）图书馆与档案馆服务	
图书馆	8731
档案馆	8732
（三）文化遗产保护服务	
文物及非物质文化遗产保护	8740
博物馆	8750
烈士陵园、纪念馆	8760
（四）群众文化服务	
群众文化活动	8770
（五）文化研究和社团服务	
社会人文科学研究	7350
专业性团体（的服务）*	9421
—学术理论社会团体的服务	
—文化团体的服务	

续表 1

类　别　名　称	国民经济行业代码
（六）文化艺术培训服务	
文化艺术培训	8293
其他未列明教育 *	8299
—美术、舞蹈、音乐辅导服务	
（七）其他文化艺术服务	
其他文化艺术业	8790
四、文化信息传输服务	
（一）互联网信息服务	
互联网信息服务	6420
（二）增值电信服务（文化部分）	
其他电信服务 *	6319
—增值电信服务(文化部分)	
（三）广播电视传输服务	
有线广播电视传输服务	6321
无线广播电视传输服务	6322
卫星传输服务 *	6330
—传输、覆盖与接收服务	
—设计、安装、调试、测试、监测等服务	
五、文化创意和设计服务	
（一）广告服务	
广告业	7240
（二）文化软件服务	
软件开发 *	6510
—多媒体、动漫游戏软件开发	
数字内容服务 *	6591
—数字动漫、游戏设计制作	
（三）建筑设计服务	
工程勘察设计 *	7482
—房屋建筑工程设计服务	
—室内装饰设计服务	
—风景园林工程专项设计服务	
（四）专业设计服务	
专业化设计服务	7491
六、文化休闲娱乐服务	
（一）景区游览服务	
公园管理	7851
游览景区管理	7852
野生动物保护 *	7712
—动物园和海洋馆、水族馆管理服务	
野生植物保护 *	7713
—植物园管理服务	
（二）娱乐休闲服务	
歌舞厅娱乐活动	8911
电子游艺厅娱乐活动	8912
网吧活动	8913
其他室内娱乐活动	8919
游乐园	8920
其他娱乐业	8990

续表 2

类　别　名　称	国民经济行业代码
（三）**摄影扩印服务**	
摄影扩印服务	7492
七、**工艺美术品的生产**	
（一）**工艺美术品的制造**	
雕塑工艺品制造	2431
金属工艺品制造	2432
漆器工艺品制造	2433
花画工艺品制造	2434
天然植物纤维编织工艺品制造	2435
抽纱刺绣工艺品制造	2436
地毯、挂毯制造	2437
珠宝首饰及有关物品制造	2438
其他工艺美术品制造	2439
（二）**园林、陈设艺术及其他陶瓷制品的制造**	
园林、陈设艺术及其他陶瓷制品制造 *	3079
—陈设艺术陶瓷制品制造	
（三）**工艺美术品的销售**	
首饰、工艺品及收藏品批发	5146
珠宝首饰零售	5245
工艺美术品及收藏品零售	5246
第二部分　文化相关产品的生产	
八、**文化产品生产的辅助生产**	
（一）**版权服务**	
知识产权服务 *	7250
—版权和文化软件服务	
（二）**印刷复制服务**	
书、报刊印刷	2311
本册印制	2312
包装装潢及其他印刷	2319
装订及印刷相关服务	2320
记录媒介复制	2330
（三）**文化经纪代理服务**	
文化娱乐经纪人	8941
其他文化艺术经纪代理	8949
（四）**文化贸易代理与拍卖服务**	
贸易代理 *	5181
—文化贸易代理服务	
拍卖 *	5182
—艺（美）术品、文物、古董、字画拍卖服务	
（五）**文化出租服务**	
娱乐及体育设备出租 *	7121
—视频设备、照相器材和娱乐设备的出租服务	
图书出租	7122
音像制品出租	7123
（六）**会展服务**	
会议及展览服务	7292
（七）**其他文化辅助生产**	
其他未列明商务服务业 *	7299
—公司礼仪和模特服务	

续表 3

类　别　名　称	国民经济行业代码
—大型活动组织服务	
—票务服务	
九、文化用品的生产	
（一）办公用品的制造	
文具制造	2411
笔的制造	2412
墨水、墨汁制造	2414
（二）乐器的制造	
中乐器制造	2421
西乐器制造	2422
电子乐器制造	2423
其他乐器及零件制造	2429
（三）玩具的制造	
玩具制造	2450
（四）游艺器材及娱乐用品的制造	
露天游乐场所游乐设备制造	2461
游艺用品及室内游艺器材制造	2462
其他娱乐用品制造	2469
（五）视听设备的制造	
电视机制造	3951
音响设备制造	3952
影视录放设备制造	3953
（六）焰火、鞭炮产品的制造	
焰火、鞭炮产品制造	2672
（七）文化用纸的制造	
机制纸及纸板制造 *	2221
—文化用机制纸及纸板制造	
手工纸制造	2222
（八）文化用油墨颜料的制造	
油墨及类似产品制造	2642
颜料制造 *	2643
—文化用颜料制造	
（九）文化用化学品的制造	
信息化学品制造 *	2664
—文化用信息化学品的制造	
（十）其他文化用品的制造	
照明灯具制造 *	3872
—装饰用灯和影视舞台灯制造	
其他电子设备制造 *	3990
—电子快译通、电子记事本、电子词典等制造	
（十一）文具乐器照相器材的销售	
文具用品批发	5141
文具用品零售	5241
乐器零售	5247
照相器材零售	5248
（十二）文化用家电的销售	
家用电器批发 *	5137
—文化用家用电器批发	
家用视听设备零售	5271

续表 4

类　别　名　称	国民经济行业代码
（十三）其他文化用品的销售	
其他文化用品批发	5149
其他文化用品零售	5249
十、文化专用设备的生产	
（一）印刷专用设备的制造	
印刷专用设备制造	3542
（二）广播电视电影专用设备的制造	
广播电视节目制作及发射设备制造	3931
广播电视接收设备及器材制造	3932
应用电视设备及其他广播电视设备制造	3939
电影机械制造	3471
（三）其他文化专用设备的制造	
幻灯及投影设备制造	3472
照相机及器材制造	3473
复印和胶印设备制造	3474
（四）广播电视电影专用设备的批发	
通讯及广播电视设备批发 *	5178
—广播电视电影专用设备批发	
（五）舞台照明设备的批发	
电气设备批发 *	5176
—舞台照明设备的批发	

表2 对延伸层文化生产活动内容的说明

序号	类别名称及代码		文化生产活动的内容
	小类	延伸层	
1	专业性团体（的服务）（9421）	学术理论社会团体的服务	包括党的理论研究、史学研究、思想工作研究、社会人文科学研究等团体的服务。
		文化团体的服务	包括新闻、图书、报刊、音像、版权、广播、电视、电影、演员、作家、文学艺术、美术家、摄影家、文物、博物馆、图书馆、文化馆、游乐园、公园、文艺理论研究、民族文化等团体的服务。
2	其他未列明教育（8299）	美术、舞蹈、音乐辅导服务	包括美术、舞蹈和音乐等辅导服务。
3	其他电信服务（6319）	增值电信服务(文化部分）	包括手机报、个性化铃音、网络广告等业务服务。
4	卫星传输服务（6330）	传输、覆盖与接收服务	包括卫星广播电视信号的传输、覆盖与接收服务。
		设计、安装、调试、测试、监测等服务	包括卫星广播电视传输、覆盖、接收系统的设计、安装、调试、测试、监测等服务。
5	软件开发（6510）	多媒体、动漫游戏软件开发	包括应用软件开发及经营中的多媒体软件和动漫游戏软件开发及经营活动。
6	数字内容服务（6591）	数字动漫、游戏设计制作	包括数字动漫制作和游戏设计制作等服务。
7	工程勘察设计（7482）	房屋建筑工程设计服务	包括房屋（住宅、商业用房、公用事业用房、其他房屋）建筑工程设计服务。
		室内装饰设计服务	包括住宅室内装饰设计服务和其他室内装饰设计服务。
		风景园林工程专项设计服务	包括各类风景园林工程专项设计服务。
8	野生动物保护（7712）	动物园和海洋馆、水族馆管理服务	包括动物园管理服务，放养动物园管理服务，鸟类动物园管理服务，海洋馆、水族馆管理服务。
9	野生植物保护（7713）	植物园管理服务	包括各类植物园管理服务。
10	园林、陈设艺术及其他陶瓷制品制造（3079）	陈设艺术陶瓷制品制造	包括室内陈设艺术陶瓷制品、工艺陶瓷制品、陶瓷壁画、陶瓷制塑像和其他陈设艺术陶瓷制品的制造。
11	知识产权服务（7250）	版权和文化软件服务	版权服务包括版权代理服务，版权鉴定服务，版权咨询服务，海外作品登记服务，涉外音像合同认证服务，著作权使用报酬收转服务，版权贸易服务和其他版权服务。文化软件服务指与文化有关的软件服务，包括软件代理、软件著作权登记、软件鉴定等服务。
12	贸易代理（5181）	文化贸易代理服务	包括文化用品、图书、音像、文化用家用电器和广播电视器材等国际国内贸易代理服务。
13	拍卖（5182）	艺（美）术品、文物、古董、字画拍卖服务	包括艺（美）术品拍卖服务，文物拍卖服务，古董、字画拍卖服务。
14	娱乐及体育设备出租（7121）	视频设备、照相器材和娱乐设备的出租服务	包括视频设备出租服务，照相器材出租服务，娱乐设备出租服务。
15	其他未列明商务服务业（7299）	公司礼仪和模特服务	公司礼仪服务包括开业典礼、庆典及其他重大活动的礼仪服务。模特服务包括服装模特、艺术模特和其他模特等服务。
		大型活动组织服务	包括文艺晚会策划组织服务，大型庆典活动策划组织服务，艺术、模特大赛策划组织服务，艺术节、电影节等策划组织服务，民间活动策划组织服务，公益演出、展览等活动的策划组织服务，其他大型活动的策划组织服务。
		票务服务	包括电影票务服务，文艺演出票务服务，展览、博览会票务服务。

续表

序号	类别名称及代码		文化生产活动的内容
	小类	延伸层	
16	机制纸及纸板制造 (2221)	文化用机制纸及纸板制造	包括未涂布印刷书写用纸制造，涂布类印刷用纸制造，感应纸及纸板制造。
17	颜料制造 (2643)	文化用颜料制造	包括水彩颜料、水粉颜料、油画颜料、国画颜料、调色料、其他艺术用颜料、美工塑型用膏等制造。
18	信息化学品制造 (2664)	文化用信息化学品的制造	包括感光胶片的制造，摄影感光纸、纸板及纺织物制造，摄影用化学制剂、复印机用化学制剂制造，空白磁带、空白磁盘、空盘制造。
19	照明灯具制造 (3872)	装饰用灯和影视舞台灯制造	包括装饰用灯（圣诞树用成套灯具、其他装饰用灯）和影视舞台灯的制造。
20	其他电子设备制造 (3990)	电子快译通、电子记事本、电子词典等制造	包括电子快译通、电子记事本、电子词典等电子设备的制造。
21	家用电器批发 (5137)	文化用家用电器批发	包括电视机、摄录像设备、便携式收录放设备、音响设备等的批发。
22	通讯及广播电视设备批发 (5178)	广播电视电影专用设备批发	包括广播设备、电视设备、电影设备、广播电视卫星设备等的批发。
23	电气设备批发 (5176)	舞台照明设备的批发	包括各类舞台照明设备的批发。